本书为河北省教育厅人文社会科学研究重大课题攻关项目"太行山东麓的古村落及其历史文化研究——以井陉县为中心"（ZD2014023）的结项成果

太行山东麓的古村落及其历史文化研究
——以井陉域内为中心

谷更有 史广峰 著

A Study on the Ancient Villages and Their
History and Culture in the Eastern Piedmont of Taihang
———— Taking Jingxing Region as the Center

中国社会科学出版社

图书在版编目（CIP）数据

太行山东麓的古村落及其历史文化研究：以井陉域内为中心／谷更有，史广峰著 . —北京：中国社会科学出版社，2019.8
ISBN 978 - 7 - 5203 - 4945 - 1

Ⅰ.①太… Ⅱ.①谷…②史… Ⅲ.①村落文化—研究—井陉县 Ⅳ.①K292.24

中国版本图书馆 CIP 数据核字(2019)第 195830 号

出 版 人	赵剑英
责任编辑	宋燕鹏
责任校对	冯英爽
责任印制	李寡寡

出　　版	中国社会科学出版社
社　　址	北京鼓楼西大街甲 158 号
邮　　编	100720
网　　址	http://www.csspw.cn
发 行 部	010 - 84083685
门 市 部	010 - 84029450
经　　销	新华书店及其他书店
印　　刷	北京明恒达印务有限公司
装　　订	廊坊市广阳区广增装订厂
版　　次	2019 年 8 月第 1 版
印　　次	2019 年 8 月第 1 次印刷
开　　本	710×1000　1/16
印　　张	15
字　　数	202 千字
定　　价	78.00 元

凡购买中国社会科学出版社图书，如有质量问题请与本社营销中心联系调换
电话：010 - 84083683
版权所有　侵权必究

前　　言

　　太行山东麓是中华文明的重要发祥地。泥河湾早期人类遗址，平山沕沕水旧石器文化遗址，磁山、裴李岗等地新石器文化遗址，呈现出系统而完整的史前文明发展脉络。进入历史时期，因其险要而关键的地理位置成为历代兵家必争之地。因军事与战争等原因，在历史上形成了各种类型的古村落。从太行山东麓的古村（聚）落入手，进而探讨与此相关的历史文化，以小见大，从乡野的角度来呈现民族和国家发展变迁的大历史，是本书研究的重要立意。

　　历史上的中国是传统的农业社会，村落是最大多数群体——农民生死相依的居所。村落的历史、村落的文化、村落的社会，甚至村落的地理环境、村落的布局与建筑，都是深入了解中国历史与传统的最重要的对象。随着工业化和城镇化速度加快，中国的传统村落正在一点点被蚕食，村落日益减少，古村落也面临消亡的危机。研究古村落、保护古村落，以及开发利用古村落，都成为今天我们新农村建设的重要课题。因此，开展古村落研究具有十分重要的学术价值和现实借鉴意义。

一　相关学术史研究述评

（一）综合性研究

　　村落既是一个空间单元，又是一个社会单元。因此，从20世纪30年代开始，中国村落研究逐渐受到很多学者的关注，从各自不同的学

科视角探讨了村落的规模、景观形态、空间分布、社会结构以及村落发展与自然环境、人口、耕作制度的关系等问题，拓展了村落研究的领域和视野。其中，尤以地理学、历史学以及人类学的成果最为显著。但由于受到资料的限制，村落研究尚有待深化，特别是在村落发展史的理论与研究方法方面需要进一步加强。

在地理学界，20世纪上半叶，法国学者阿·德芒戎的研究代表了西方农村聚落研究的新的高度，中国较早的研究有台湾学者胡振洲的《聚落地理学》①。大陆地区的相关研究则迟至20世纪80年代人文地理学恢复以后，最重要的著作是金其铭的《中国农村聚落地理》②。

历史学方面，黄宗智、杜赞奇等美国学者利用满铁资料较早对华北村落的社会结构和经济形态、土地关系进行了系统研究。但他们只是借此揭示更为宏观的命题，具象的村落被其抽象化了。日本学者最先进行了真正意义上的村落研究，旗田巍、石田浩等探讨了华北村落的社会组织、发展过程等问题。

国内较早开展历史聚落研究的主要是历史地理学界。侯仁之、陈桥驿对北京、绍兴早期聚落的研究颇具指导意义。20世纪90年代以来，农村历史聚落的研究受到了高度重视，以尹钧科《北京郊区村落发展史》③为代表。复旦大学的学者对不同区域的村落景观展开研究，张晓虹、王建革等考察了华北村落。丛翰香主编的《近代冀鲁豫乡村》④一书则体现了历史学与社会学、人类学的相互渗透。

人类学方面，20世纪三四十年代，费孝通、杨懋春、林耀华等人的村落研究水平极高，但其后国内的研究至今少有突破。台湾学者则卓有成就，张光直筹划的浊水、大肚两溪流域人地研究计划、庄英章的林圮埔研究都注重在历时性的变化中展开人类学的分析。

---

① 三民书局股份有限公司1977年版。
② 江苏科学技术出版社1989年版。
③ 北京大学出版社2001年版。
④ 中国社会科学出版社1995年版。

文化旅游方面，《中国古村落丛书》①分别对石桥村、张壁村、新叶村、诸葛村、西文兴村等11个著名古村落进行了介绍，内容涉及各古村落的历史概况、建筑特色、文化风俗等方面。刘沛林著《古村落：和谐的人聚空间》②一书重点对古村落的空间意象与文化景观进行了研究。朱晓明编著的《历史、环境、生机——古村落的世界》③一书以古村落为着眼点，从文化传承的角度，对其历史渊源、环境特征、保护策略进行了论述。

总之，虽然众多学科对村落进行了多角度的研究，但仍有很多不足：地理学、社会学、建筑学、文化旅游学的研究多局限于村落的现时状态，缺乏历时性的考察；历史学对生态环境在村落的形成与发展中的作用、村落发展演变的具体过程及其规律、村落内部的整合与村落社区的演变等方面的探讨尚欠深入。

（二）区域古村落研究

1. 华东地区

何锋等著《徽州古村落文化丛书》④一书选择了古徽州区域内有个性化特征和代表性的10个古村落作为考察研究对象，对每个村落的历史渊源、个性特征、文化底蕴和历代名人做了较为深入系统的考探。邱枫著的《宁波古村落史研究》⑤一书对宁波古村落的历史地理环境、物质形态特征、宗族演化、风俗及其演化等进行了系统研究。马学强《上海古村落变迁研究——宋元以来淡井村、永泉村、龙华村的演变》⑥一文选取上海地区3个典型的古村落，对其自宋元以来的发展演

---

① 河北教育出版社2002—2004年版。
② 上海三联书店1997年版。
③ 中国建材工业出版社2002年版。
④ 合肥工业大学出版社2007年版。
⑤ 浙江大学出版社2011年版。
⑥ 《传统中国研究集刊》（第五辑），上海人民出版社2008年版。

变进行了研究。廖荣富著《山陬海隅客家歌——厦门客家古村落研究》① 一书对厦门客家古村落的形成背景、发展演变、特色及精神文化进行了研究。廖楚强《"原汁原味"的唐宋古村落——访闽南长泰马洋溪畔的山重村》② 一文对福建山重村的历史发展概况进行了介绍。

2. 华南地区

卢道典、曾娟《增城古村落的形成发展与空间分布特征》③ 一文对广东增城古村落的形成发展过程与空间分布特征进行了论述。容小定主编的《超越·崛起——广西古村落文化十大品牌》④ 一书选取10个具有代表性的广西古村落,对古村落的选址、习俗、建筑风格和文化内涵进行了论述,并对其保护现状与保护对策进行了探讨。

3. 华北地区

孙克勤、李慧愿著《北京斋堂古村落群》⑤ 一书对北京斋堂镇各古村落进行了介绍,内容涉及历史遗址、文化、风俗等方面。梁婧《太行建筑瑰宝——石头村》⑥ 一文对河北井陉古村落石头村的基本概况与建筑特色进行了论述。葛亮、余雪悦《河北井陉大梁江古村落》⑦ 一文对河北大梁江古村落的基本格局和建筑特色进行了论述。

此外,还有一些论著对贵州、湘西等地区的古村落进行了研究,内容也基本涉及古村落的概况、发展演变、建筑特色、文化风俗等,这里不再一一介绍。

---

① 厦门大学出版社2009年版。
② 《炎黄纵横》2013年第1期。
③ 《中国名城》2014年第2期。
④ 广西人民出版社2008年版。
⑤ 中国画报出版社2006年版。
⑥ 《石家庄职业技术学院学报》2009年第1期。
⑦ 《城市规划》2013年第6期。

（三）关于古村落的具体问题研究

1. 古村落的成因

陆林、葛敬炳《徽州古村落形成与发展的地理环境研究》[①]一文从自然与人文两个方面分析了徽州古村落形成的环境。程旭兰、孙玉光《宁波古村落形成因素探讨》[②]一文认为宁波地区古村落形成的主要因素是自然经济贸易演进历程与家族繁衍及衣锦归乡的观念交互作用的结果。

2. 古村落的特点

刘沛林《徽州古村落的特点及其保护性开发》[③]一文认为徽州古村落具有组团的家族性、布局的整体性、民居的艺术性、建筑的历史性和景观的独特性等特点。袁雪峰等《河北太行山区古村落民居的特点与价值》[④]一文以王硇村为例，从选址与规划布局、建筑特点、民居装饰细部等方面分析了古村落民居的特点。

3. 古村落的分布

李亚娟等《中国历史文化名村的时空分布特征及成因》[⑤]一文对古村落的时空分布进行研究，得出结论：我国历史文化名村主要沿河流分布，多是历史上的经济文化中心、交通要塞和文明的发祥地，并形成了三大集中区、三大相对集中区和四大过渡扩散区，孕育了6个文化区；中国历史文化名村建造时间跨度较大，但多集中在唐宋明清4个朝代，明朝保留下来的古村落最多，分布范围最广。程尧《武安市古村落时空演变分析与保护研究》[⑥]一文对武安市古村落时空分布演变

[①]《安徽师范大学学报》（自然科学版）2007年第3期。
[②]《宁波大学学报》（人文科学版）2011年第6期。
[③]《衡阳师专学报》1997年第1期。
[④]《邢台职业技术学院学报》2011年第6期。
[⑤]《地理研究》2013年第8期。
[⑥]硕士学位论文，中国地质大学，2014年。

情况进行了研究。

4. 古村落的保护与开发

关于古村落保护与旅游开发方面的研究成果最多。20世纪上半叶以来,法国等欧洲国家名胜古迹、建筑与遗产保护等法规包括历史文化村镇,其后一系列宪章、公约已明确将历史小城镇、乡土建筑遗产作为保护对象。

我国对历史文化村镇的保护起步较晚,但发展较快。《中华人民共和国文物保护法》已注意历史文化村镇;历史文化名镇(名村)评价指标体系,为分析古村落特色因素、规划及更好的发展提供依据。

2005年9月,《中国古村镇保护与发展碛口宣言》;2008年4月,《历史文化名城名镇名村保护条例》正式颁布。涉及方面逐渐广泛,保护措施逐渐完善。2019年5月25日,又发布了《中国古村镇保护与发展碛口新宣言》。

随着国家对古村落保护愈加重视,学术界对其研究也逐步深入。单霁翔、赵勇、朱晓明、吴承照、张松对古村落的评判准则、历史文化村镇评价体系、古村落发展存在的普遍问题、发展策略保护的意义,保护现状及存在问题,保护理念、保护内容、原则、措施等,旅游开发对传统古村落发展的意义及开发策略等做了专门探讨。王德刚著《古村落保护与开发:北方古村落保护与旅游开发典型案例研究》[①] 以北方地区的3个古村落为案例,对古村落的保护与旅游规划进行了探讨。任俊卿《古村落的保护与发展研究——以王硇古村落为例》[②] 一文对王硇古村落的保护与发展进行了研究。其他如王崇印《宗族文化传承与古村落保护研究——以永嘉芙蓉古村落为个案》[③]、刘春腊、刘沛林《北京山区沟域经济建设背景下的古村落保护欲开发研究》[④]、王

---

① 山东大学出版社2013年版。
② 硕士学位论文,河北师范大学,2001年。
③ 硕士学位论文,温州大学,2009年。
④ 《经济地理》2011第11期。

淑佳《社区营造视角的古村落旅游开发与保护研究——以徽州古村落为例》① 等都涉及了古村落的保护与开发。

陆林等《徽州古村落的景观特征及机理研究》② 一文从宗法观念、文化氛围和园林情调三方面对徽州古村落的景观特征进行了分析。武启祥等《江西婺源古村落空间布局探析》③ 一文以婺源古村落为研究对象，从自然空间、人工空间及其相互关系三个层面对婺源古村落的空间布局进行了剖析。李爱珍《明清以来桂北古村落民间信仰研究——以临桂县岩口行政村为例》④ 一文以岩口行政村为例，对桂北古村落的民间信仰问题进行了研究。刘媛、陆阳著《塞北、江南古村落对比研究——以新平堡和礼社为例》一书⑤借助社会学方面，从村落位置、建筑特色和风俗文化等方面，对大同新平堡与无锡礼社进行对比研究。陈晓芬《桂阳阳山古村民居建筑装饰形成因素探析》⑥ 一文以湖南桂阳阳山古村的建筑为研究对象，从桂阳的地理位置、人文、风水、历史文化、经济背景等方面分析了该地域所特有的建筑形式和风格，进一步探索了其装饰风格形成的内在原因。

通过对古村落问题研究成果的梳理，可以得出以下几点认识。

（1）从研究的区域来看，以往对古村落的研究属华东地区的成果最多，对华北太行山等其他地区的古村落的研究还有待进一步加强。

（2）从研究的内容来看，以往对古村落的研究内容主要涉及基本概况、发展演变、建筑特色、文化风俗、保护与开发等方面，缺乏对古村落的社会构成、村落管理乃至村落社会与政府政治的关联等深层问题的探讨。

（3）从研究的方法来看，以往对古村落的研究主要是局限于历史

---

① 硕士学位论文，华南理工大学，2013年。
② 《地理科学》2004年第6期。
③ 《规划师》2010年第4期。
④ 硕士学位论文，广西师范大学，2012年。
⑤ 中国文史出版社2013年版。
⑥ 《艺术科技》2014年第3期。

学或地理学等较为单一的研究方法,全面研究古村落还需要吸收人类学田野调查的方法,借鉴考古学、建筑学等其他学科的研究成果。

二 本书的总体框架、研究目标、基本内容

本书所言的太行山东麓指太行山脉以东,北起燕山山脉,南抵沁河平原的低山和丘陵地区。太行山东麓古村落主要指处于本地区的低山区和丘陵地带的民国以前既有的村落。本书所研究的古村落一般为具有突出的历史文化特征的村落,或者具有别具一格的土木建筑物,或是民居,或是寺庙,或是门楼、牌坊等;或是村的形成具有典型意义,如井陉于家石头村,是明代名臣于谦的后代为避罪逃难而致等;或能反映当时政治社会环境的村落,但它们不论特征各异,都有共同的特征:具有丰富的历史文化遗产,是一条联结古今的纽带,反映着中国乡土地域文化的传统与变迁。

太行山延袤千里,百岭互连,千峰耸立,万壑沟深。以此为界,中国北方被分割为山东、山西。山东与山西之间的重要通道,太行山自然形成的 8 个断裂带,俗称"太行八陉",自北而南分别是军都陉、蒲阴陉、飞狐陉、井陉、滏口陉、白陉、太行陉、轵关陉。这些陉口历来为兵家必争之地,朝廷在此建雄关,派重兵把守,所谓"一夫当关,万夫莫开",由此,在这些重要军事交通要道旁自然也会有人定居下来形成村落。

由于地势西高东低,发源于山西的河流,通过太行山的峡谷流经山东,东流入海,自南而北主要有 6 条大河,穿太行而过,依次为沁河、丹河、漳河、滹沱河、唐河、桑干河,这些河的流域土地肥沃、资源丰富,自然也成为人类宜居之地,自然也成为村落形成之地。

本书共分为三部分:

第一部分:中国历史上村落的形成及其变迁——以唐宋为中心的

考察，即本书的第一章。这是从整体聚落史的角度，以唐宋时期为中心，对此时期家乡村落的特点进行了概括式分析。唐宋时期的村落最重要的特征即是"人、鬼、神"三位一体家乡村落的构建，它不同于之前先秦秦汉时期的聚落，也不同于魏晋南北时期的坞壁，它们之间不呈递进的发展序列。唐宋时期的家乡村落，到明清时期得到强化，发展成为村落共同体，使家乡的特征进一步固化。由此可以说村落的形成是我们今天所说的"乡愁"的起点。

第二部分：**太行山东麓地区及该地域古村落概说**，即本书的第二章。在概括太行山东麓文化地理的基础上，对滏口陉和蒲阴陉所在地域的古村落的文化及特征做了概说。本部分对滏口陉和蒲阴陉所在地域，按现代行政区域划分为磁县—武安—涉县和易县—唐县—曲阳县两个区域带，分别从文化成因的角度，对两个地域带的古村落历史形成做了总览。

第三部分：**井陉域内古村落及其历史文化研究**，主要包括第三章井陉域内的古村落概说、第四章井陉县域古村落考古及文物调查、第五章井陉域内古村落的形成类型及历史文化考察、第六章井陉村民传统生活的日常与精神世界。这部分以井陉域内的古村落为个案，对太行山东麓古村落的历史文化做了重点梳理与剖析。

三　本书的研究目标

本书主要有以下三个研究目标。

目标之一：竖起太行山文化的标牌，挖掘其深刻内涵。太行山是一座文化资源厚重的历史名山，它有着如画的自然风景，是联系传统与现代的文化纽带，浓缩了中华民族形成、变迁与发展的大部分历史，是中华文化的重要象征。全面挖掘与研究、开发利用太行山文化，对加快推动时下正在大力进行的经济转型升级和社会、文化建设，具有

非常重要的意义。

  目标之二：传承和发扬民间优秀文化传统，提高农村百姓的文化道德修养，提升民族素质。受商业大潮的影响，很多农民也受到拜金主义影响，过去推崇的朴实、本分、勤俭的农村优良传统在一点点丧失。农村中邻里之间不和睦、亲朋好友之间互相攀比、各种违法犯罪低龄化的现象，都成为新农村建设中必须大力解决的问题。而传承和宣扬民间的优秀文化传统是从根本上解决此类问题的重要举措。

  目标之三：通过研究太行山东麓的古村落，找出这一地区古村落的灵魂，从而激发我们深刻思考中国传统文化的根脉在哪儿。随着城镇化的速度加剧，传统村落在飞速减少，曾经熟悉的乡村图景在渐渐消失。只有看到曾经的照片和影像时，儿时的乡村记忆才会重新被唤醒。村落是中国多数人的家乡，如何让村落成为人们向往的热土？如何让山区的乡村和城市一样，不再有贫穷和落后？认真考察乡村历史，广泛挖掘村落文化，让古村落成为"乡村振兴战略"的一块重要基石，让古村落的历史文化为振兴乡村作出重要贡献，也是本书的重要旨归。

目　　录

第一章　中国历史上村落的形成及其变迁
　　　　——以唐宋为中心的考察 …………………………（ 1 ）
　第一节　如何理解唐宋以后的村落 ……………………………（ 1 ）
　第二节　唐宋时期村落的形成过程 ……………………………（ 3 ）
　第三节　唐宋时期"人、鬼、神"三位一体村落家乡的
　　　　　构建 ……………………………………………………（ 7 ）

第二章　太行山东麓地区及该地域古村落概说 …………（ 13 ）
　第一节　太行山东麓地区的文化地理特征 ……………………（ 13 ）
　第二节　太行山东麓地区的古村落 ……………………………（ 16 ）

第三章　井陉域内的古村落概说 ……………………………（ 42 ）
　第一节　晚近历史文献中有关井陉及井陉村落的记述 ………（ 45 ）
　第二节　井陉县内古村落调查总述 ……………………………（ 50 ）

第四章　井陉县域古村落考古及文物调查 ………………（ 60 ）
　第一节　井陉域内早期人类文明遗址（迹）及古村落碑刻
　　　　　文献考述 ………………………………………………（ 60 ）
　第二节　井陉域内古村落的文物遗存 …………………………（ 72 ）

第五章　井陉域内古村落的形成类型及历史文化考察 …（113）
　第一节　井陉域内古村落形成类型及姓氏构成 ………………（113）
　第二节　井陉村落的祖坟、村庙与庙会 ………………………（151）

第六章　井陉村民传统生活的日常与精神世界 …………（165）
　第一节　井陉村民传统生活的日常 ……………………………（166）

　　第二节　井陉村民的精神世界 …………………………………（180）

附录　作为家乡的村落
　　　　——平山县张齐村的历史变迁 ………………………（207）
参考文献 ……………………………………………………………（215）
后　记 ………………………………………………………………（222）

第一章 中国历史上村落的形成及其变迁
——以唐宋为中心的考察

第一节 如何理解唐宋以后的村落

在本书中，如何理解"村落"是一个非常重要的基础，也是非常重要的切入点。关于"村落"词语的使用，考古学者、地理学者对它的使用，更多的是使用其"聚落"的含义。[1] 如果从人文主义的角度来探讨"村落"，它不仅仅是一个物化的聚落，更是一个体现鲜明历史人类学特征的文化社区。这样的聚落除了一般的生活的空间的含义外，还内含生活在这个空间的人们的身份变化和精神世界。[2] 说得通俗点，本书所探讨的"村落"是讲其家乡化的过程及影响。聚落是人们生活的空间，生活在此聚落的人认同其为家乡，是唐以后逐渐形成并固化的。因此唐以后的村落与史前的聚落、先秦时的邑或里、秦汉时期的

---

[1] 关于"聚"与"聚落"的重要文章有：孙家洲《从内黄三杨庄聚落遗址看汉代农村民居形式的多样性》，《中国人民大学学报》2011年第1期；邢义田《从出土材料看秦汉聚落形态和乡里行政》，载黄宽重主编《中国史新论·基层社会分册》，联经出版事业有限公司2009年版。

[2] 探讨历史上"村落"和"聚落"关系的新成果，可参见侯旭东《汉魏六朝的自然聚落——兼论"邨"、"村"关系与"村"的通称化》，载黄宽重主编《中国史新论·基层社会》，联经出版事业有限公司2009年版。另，关于村落、聚落研究的学术史方面，梳理得较为全面的，唐以前的首推该文；唐之后的可参见傅俊《南宋的村落世界》，博士学位论文，浙江大学，2009年。

聚、魏晋南北朝时的坞壁或坞堡，有着根本的不同。

乡村民户对自身所在的生活空间的强烈认同感，已经使此时的"村落"打上了深深的情感印记，不再是以前的"聚落"性质，只颇具地缘性质或在战乱背景下为避祸而形成的"聚"或"坞壁（堡）"。① 因受当时户籍制度和初期均田制的影响，隋唐以后的"村落"越来越固定，从而为形成今天的千年古村落打下了重要基础。唐代前期对村的行政化管理②，既是由于村落社区化而致，同时也使村落的社区性质进一步加强，形成了乡村出生人的重要的家乡观念。也大约是从此时开始，政府对人口的管理有了"籍"与"贯"的区别。唐中后期，伴随着人口流动的加强，这一情况更加突出，对于一般民户有土户和客户的区分。政府分配各种资源，特别是对各行政区分配科举录取的名额比例，审查考生的身份时，大都是以祖籍为基准。这与过去士庶分明的贵族社会重视郡望的时代有了根本的区别。

中唐以后贵族时代趋于结束，平民化时代来临。由于科举制的广泛推行，不少出身乡村的平民子弟，因中举入仕，流向城市，他们作为一个纽带，把城市和乡村联系起来，从而强化了人们心中的"家乡"观念。

村落就是出生在此地的空间意义上的"家"，是他们心中最核心意义上的"家乡"。翻检历史文献不难注意到，县以下的行政单位抑或行政组织的乡、亭、里、社、保、甲等名称中，唯有"乡"是差不多每个朝代都保留了下来，而且变化不是特别大。尽管到唐贞观十五年（641）取消乡正（长）的裁讼权之后，"乡"的行政性质在弱化③，但作为户籍单位却长期存在；我们还注意到，每个乡的名称多冠以表彰或教化的含义，保、里、甲等却在后来因蜕变为赋役单位，冠以数序

---

① 参见齐涛《魏晋隋唐乡村社会研究》，山东人民出版社 1995 年版；马新《两汉乡村社会史》，齐鲁书社 1997 年版；[韩] 具圣姬《两汉魏晋南北朝的坞壁》，民族出版社 2004 年版。
② 参见谷更有《唐宋国家与乡村社会》，中国社会科学出版社 2006 年版。
③ 同上。

的方式，全县统一排列划分。① 村与乡的稳固化，使家与乡结合起来，形成了中国人最为重视的"家乡"观念。

第二节 唐宋时期村落的形成过程

秦汉以来的"聚"与唐代以后的"村落"最大的不同，在于居住的民户对"聚"与"村落"的心理认同的差别。这种心理认同的差别即是"家乡"概念的形成与否或程度的大小。

笔者认为"家乡观念"的形成是和战国以来小农经济密切相关的。战国时期以商鞅变法为代表的政治改革，既适应了当时的社会形势，又推动了社会的发展。这样的变法最主要的成果就是形成了小家庭和小土地私有制相结合的自耕农经济，亦即小农经济。小农经济盛行下的战国、秦、西汉前期，土地兼并不严重，战争之外的时期，农民大都能够安居乐业，因为有"恒产"，所以有"恒心"。家庭稳定又有属于自己的田产，二者形成聚居在一起人们心中的"家乡"，离开家乡的人便视此为"故乡"。远走他乡的人，在外不顺，混不下去时，首先想到的就是回家。

战国、秦汉时人已有了浓厚的"家乡"情结。但这种"家乡"情结，与唐以后的"家乡"情结的含义，笔者认为还是有差别的。战国、秦汉时期的"家乡"情结，除了有普遍含义的对亲人和故土的留恋外，其特别重要的原因是当时社会的"父老—子弟"秩序。② 战国、秦、西汉前期，当时的基层社会中，"父老"作为权威领袖，支配当时的社会秩序。如果想在某地干成某项事业的话，必须得到当地"父老"的

---

① 这样的例子，在《宋元方志丛刊》有关南宋的方志中记载很普遍。这种方式一直到晚清的方志中记载大致未变。

② 参见［日］守屋美都雄《父老》，载刘俊文主编《日本学者研究中国史论著选译》第3卷，中华书局1993年版，第574—575页。

支持。所以刘邦在进入秦都咸阳后，为了很好地统治咸阳，就必须与咸阳父老"约法三章"。楚霸王项羽垓下战败后，拒绝乌江亭长救他回江东的好意，感慨道："天之亡我，我何渡为！且籍与江东子弟八千人渡江而西，今无一人还，纵江东父兄怜而王我，我何面目见之?"① 还有前文提到的刘邦与"故人父老子弟纵酒"，都反映出"父老"在当时社会中的重要性。

根据传世文献记载和现有的研究成果，"城居"和"里居"是当时比较普遍的居住方式，因此我们观察到的"父老—子弟"秩序也更多地呈现在城中和里中。散居于城外、里外的"聚"，其实可能是由于垦殖或其他原因形成的并不太稳固的居住场所。② 因此，此时人的家乡观念更多的是指某里或某邑，正如刘邦所言："游子悲故乡。吾虽都关中，万岁后吾魂魄犹乐思沛。"他所言的故乡指他少时"里居"所属的"沛"。因此，此时的"聚"还不具有当时人"家乡"的概念。

汉武帝以后伴随着土地关系的改变，大土地所有者逐渐形成并增多，最后经光武中兴后形成豪强地主，他们因在政治、经济上的优势地位，控制着大量的土地和人口资源，把大量的编户齐民变成私属个人的隶农和部曲。他们的田庄实际就变成个人的安全岛——坞壁。坞壁的形成过程、类型千差万别，但都属于防卫型的居所和经济体。这种形式从西汉中后期出现一直延续到唐代初期。

坞壁是战乱时期避险的产物，是非正常时期出现的一种防卫型的居住形式。豪强大族或豪族对坞民的人身及财产有支配关系，有强烈的人身依附性，俗称宗主督护，破坏了国家正常的乡里组织。在较为偏僻的边远地区也存在零星的类似"桃花源记"式的坞壁，这里的坞民多为前代避乱至此，游离于国家统治之外，其社会关系互助性强，

---

① 司马迁：《史记》卷7《项羽本纪》，第 336 页。
② 相关研究参见孙家洲《从内黄三杨庄聚落遗址看汉代农村民居形式的多样性》，《中国人民大学学报》2011 年第 1 期；齐涛《魏晋隋唐乡村社会研究》，山东人民出版社 1995 年版。

较为融洽。坞壁形成的独特背景是坞主与坞民的极不平等的社会关系，难以形成"恒产者有恒心"的家乡观念。这也是坞壁与后世村落的根本区别。

"聚""坞壁""村"是不同历史时代城居之外普通百姓的居住方式，都是对"城居"居住方式的突破，但其出现都是各自特定时代的产物，都有着各自鲜明的特点，并不都呈现递进发展的序列。"聚"多出现在战国、秦、西汉前期，"坞壁"出现在西汉末至南北朝时期，"村"作为聚落最早出现在东汉末三国时期。"聚"存在于战国、秦、西汉前期小土地私有制为主要特征的时代中，是对当时主要居住方式城居和里居方式的补充，并没有脱离政权有效管辖之外；"坞壁"是战乱时代的特殊产物，有强烈的防卫性质，南北朝时期的北方表现得更为典型。"村"的出现更多地与庄园制经济有很大关系。东汉以后，豪强地主兴起，他们建立起规模庞大的田庄，形成一个集安全防卫、生产、生活于一身的独立生活体和经济体。田庄内劳动者对豪强地主有很强的人身依附关系，成为豪强地主的附属，被称为部民、部曲或典客等。二者之外的一些自耕农，他们拥有少量的土地，自发地聚集形成田庄之外的聚居体，被称为"村"。

由于战乱，这时期的村并不是太稳定，因此这里村民要么躲进人迹罕至的深山，成为世外桃源；要么就是加入豪民队伍中成为他们的部民，并被放到坞壁中。

南方地区，南迁地主和江南地主成为强大的门阀势力，他们建立了庄园和别墅，占有了大量的人口，与皇帝分庭抗礼，形成所谓的"王与马共天下"的局面。其中也有一些自耕农，他们被登录于国家户籍，成为政权重要的财政和军队基础。这些农民因地而安，自发聚居，形成一个个散居的小村落。

北魏统一北方后，分裂为东、西魏，进而分化为北齐、北周，总称为北朝。众所周知的史实，北魏孝文帝时期，包括冯太后在内一些重大改革，旨在削弱豪族势力，加强中央集权。其中最主要的措施，

就是推行"三长制"和"均田制"。这两项措施的重要作用就是让越来越多的土地和人口归属到中央政府控制之下。通过均田制,让广大流民与无主荒地相结合,成为自耕农;同时也吸引大量原属豪族的私属人口,脱离其宗主统治,分到国家土地,因而也成为占籍国家的自耕农。

在村落的形成史上,北魏至唐的均田制具有非常重要的作用。其所颁布的均田令中除颁授田地外,还有一个重要措施,就是颁授住宅地。均田令中对给授园宅的规定,使原来有园宅的规定得到法律认可,受到民法的保护;没有园宅的农民或流民得到了园宅,从此有了安定的居所、稳定的家园。村落成为城市之外最普遍的居住形式。所以到唐代建立后,在颁布的律令中,除了继续完善均田令外,便是对现有村落的规范和管理。村落还有一种特殊的形成方式即屯田。

因屯田形成的城垒,兵屯者因军兵家属聚居,民屯者因屯民聚居互相通婚而固定,成为官府或军方控制的带有军事或半军事化性质的居所,一旦改朝换代,这些城垒中的居民将失去旧有军事化色彩,成为新朝代的平民,其居所也就失去旧有地位,渐转化为村落。

中唐以后,两税法实施,从法律上认可土地私有制,使土地兼并加重,贫富分化加剧。社会中的租佃关系非常普遍,不仅属于官田的官庄是典型的租佃经济,私人化的庄园也是如此。在这些官私庄园中,大量的佃农租用其中的土地,有的甚至一家几代人都长期租用同一块土地,带有很强的永佃特征。这些佃农不仅以此养家,有的甚至因此而富起来。公私庄园的佃户和以此为生的贫下人户,在宋代被称为"客户"。以某一大庄为中心,周边会有一个或多个村落的村民租佃该庄的土地养家糊口,这个庄园和其周围的村落连成一体,庄主与村民形成共同的利益体。

随着科举制的扩大,村落中一些优秀的读书人通过科举考试获取功名,走上了仕途,住进了城市里,从此城里一个家、故乡一个家,家乡成为从农村走出来的官员士子的牵挂。特别是当以皇帝为中心的专制主义加强时,迫使他们不得不在家乡寻求宗族的力量来与皇权相

· 6 ·

抗衡。北宋以来家训日益普遍化，乡约和义庄出现并日益增多的现象并不是偶然的。① 与之相伴随的就是民间宗族势力的崛起。宗族势力的崛起反过来更强化了村落的家乡（故乡）特征。

第三节　唐宋时期"人、鬼、神"三位一体村落家乡的构建

　　唐宋时期村落"家乡"概念的构建，不仅仅是一处简单的村民的血缘和地缘相结合的过程，它还和村民的精神体系紧密相连。就血缘来讲，在村民的概念中，已不仅仅是现世的家庭和家族的自己与长晚辈，还包括往生的祖辈，以及未来延续家庭和家族血脉的来世子孙。就地缘来讲，其含义在于，所在的村落是村民心中的风水宝地，这一宝地不仅是现世村民的居住地，更是往世祖辈的阴居地，现世村民相信，他们的生活是受着祖宗亡灵的护佑。村民还相信，他们生活的世界，还受天帝世界的制约，他们的吉凶祸福与管理他们地域的神祇紧密相关。因此，村落的意义也仅仅就是现世村民和居住地的关系，他们的生存、延续与祖宗的亡灵——鬼，和上天对村落的管理者——神，紧密联系在一起。因此，村落家乡的构建，也是人、鬼、神三位一体的家乡构建。

　　结合前文中对村落与聚落、坞壁等的比较分析，我们特别强调村落的家乡特性。这样的村落在唐以后才逐渐稳定下来。中唐以后，尤其是到宋代，随着门阀贵族制瓦解，以往的士庶两分制社会，逐渐让位于官民相分的社会架构，除官户（当然也包括特殊的皇亲国戚）之外，不管你贫富如何悬殊，从法律的角度，全都属于"民"的阶层。

---

　　① 参见谷更有《唐宋时期的乡村控制与基层社会》，天津古籍出版社 2013 年版，第 155—172 页。

　　这时的村落，大都是在人为选择——卜村的基础上形成的，因此村民首先从心理上认同这片土地。土地的私有化，尤其是富人们广占田地，还有因富在村落的优越感，都使他们无比珍视这块宝地。从村落中走出去的因科举而获取官位的村民，在经历过官场的险恶后，不仅没有因为离开村落时间长与村民产生疏离感，反而由于感情及政治安全的需要，与村落、村民，尤其是同一宗族的村民走得越近。为了拉近与同族人的距离，不惜将自己的辉煌归结于几世祖宗的阴德。村民将自己的命运和生活在此中的祖辈与族人紧密相连，甚至更进一步，将自己的命运同家族的祖墓宅址紧密相连。因此，他们将自己的出生地或者家族所在地定为"家乡"。

　　作为家乡的村落，便不仅仅是由住宅和田地组成，还有一个特别重要的组成部分——祖坟。

　　唐宋时期的文献中已有用"坟墓"代指"家乡"的用法。到宋代，以大姓为主的宗族化村落比较突出，村民常把家族的兴衰与祖茔的选址紧密相连。当时的官员在待阙、致仕时常回到村里，在官位遇到不顺时也常把村中的族人作为自己重新振作的依赖，因此村里人的守土观念、外出村人的恋土观念，都将村落植入浓浓的家乡情结。对属于村民心目中家乡的村落，不唯家人、邻民和住宅、田土，更有那和自己、家族命运紧紧相连的祖茔。这即意味着，祖宗虽已离开人世，但并未离开村落，只是以另一种方式和家人、族人生活在一起。

　　唐宋以来的村落的另一个重要特征就是村落共同体的色彩日益浓厚。其具体表现是，同一村落的村民之间命运与共的理念深入人心，不同村落之间的公共利益有强烈的排他性。在村民的观念中，村落的社区观念远重于国家的行政区观念。村落社群的共同体观念对国家的政治控制起了非常大的张力作用。为此国家不得不通过各种手段，在基层设立邻保、保甲、乡里、乡都等各种行政组织，来弱化或破坏村落的共同体力量。通过对照唐宋以来村落的历史现象和国家基层政治行政控制方面的措施，我们会发现中国国家与民间社会之间非常有意思的互动关系。在很大程度上，就是这种互动关系在影响着中国历史的走向。唐宋以来，国家对基层控制的力度在加强，它从另一侧面反映了村落社会的共同体性质也在强化。除了前文我们提到的村落的宗族化特性外，另一个重要特性也在形成，即村落的神圣化。村民通过设立排他性的村庙，把自己的村落作为天帝管辖区的一部分，庙神就是代天帝管辖村落的行政官。由此他们所在的村落既是世俗国家控制的区域，还是天帝控制的合法领域，村民既是皇帝的子民，还是天帝的子民。无疑这种行为对世俗皇帝要求子民对国家的绝对忠诚和绝对服从而言，是非常不利的。因此，历史上出现代表国家意志的中央发布诏令，或地方官下命令等，对地方崇拜和民间信仰等所谓的"淫祀"进行严厉打击，就不难理解了。但历史事实往往是旧的"淫祀"未死，新的"淫祀"又兴起，国家与民间的这种张力是不会因为政府的强势而消逝的。作为政府来讲，其打击"淫祀"的态度也在不断调适，一方面仍然是打击；另一方面对民间势力强烈认可的信仰和崇拜对象，不得不加以合法化，加以认可。关于村落的村庙的形成史实际上也是这样一个过程。

中唐以前村落的村民信仰，更多的是一种社会信仰，其所崇拜物多是一个地方或区域的共主。三国两晋南北朝时期是"村落"一词出现，并作为一个新的农民居住区逐渐发展壮大的时期。这一时期佛教对社会的影响最大，上自皇帝、贵族，下至一般平民百姓，崇佛是一种共同的信仰，造像、刻经成为私人生活中十分普遍的行为，因此侯旭东先生将之称为"造像的世界"。① 到隋唐时期，村落中村民崇佛的现象仍十分普遍，并且他们常常结成社邑，对各自所崇奉的佛进行奉献礼拜。在敦煌文献中，社邑文书占了不小的比重，很能说明问题。边疆村民如此，内地发现的各种石刻文献证明内地村民对佛教的崇信

---

① 参见侯旭东《五六世纪北方民众佛教信仰——以造像记为中心的考察》，中国社会科学出版社1998年版；《北朝村民的生活世界：朝廷、州县与村里》，商务印书馆2005年版。

也一样普遍。其中规模较大的造像或刻经通常由全村人共同合作实行，一般常整个家庭或某几个家庭成员来实行。

从民间发现及出土的宋代石刻文献看，生活在村落中的基层民众对佛教也是情有独钟，他们也和以前朝代的民众一样或家庭，或结社，或整村、多村联合进行敬佛、礼佛的活动。崇佛已成为当时人的重要风俗，各地村民或个人，或家庭，或结社，纷纷在村落中造心经幢①、舍利塔②、造香炉③、建寺院④等。神宗熙宁年间颁发敕令，对村落中经舍寺院的数额进行了规范，从而使这些经舍寺院完全固定下来，并持续下去，成为一种风俗。因此在重要的佛教节日或地方性重要礼佛时就成为当地的庙会和重要节日。

除普遍的佛教信仰外，在唐宋时期的村落中其他的民间信仰也有逐渐形成并固定化的趋势。三国以来，村落逐渐成为城外居民的一种居住方式。村落与过去的城居方式的不同：一方面是以散居为主，流动性强，管理困难；另一方面是村民信仰多元化。与城居方式下的城社信仰体系不同，村民的信仰杂乱，不仅包括正统的天神、地祇，其心中敬仰或惧怕的山川草木、妖魔鬼怪，都有可能成为其祭拜对象，

---

① 参见王怀信《造心经幢记》（大中祥符六年），曾枣庄、刘琳主编《全宋文》卷268，第13册，第293页。

② 参见盛延德《海清寺塔记》（天圣三年十一月），曾枣庄、刘琳主编《全宋文》卷361，第17册，第333页；苏辛《李家场村修塔记》（熙宁元年三月），曾枣庄、刘琳主编《全宋文》卷1637，第75册，第132页；吴从吉《独修第五级大悲塔记》（熙宁四年九月），曾枣庄、刘琳主编《全宋文》卷1708，第78册，第278页。

③ 参见盖可行《造香炉记》（天禧五年四月八日），曾枣庄、刘琳主编《全宋文》卷327，第16册，第133页；王明《造香炉记》（景祐五年八月），曾枣庄、刘琳主编《全宋文》卷331，第16册，第233页；孙元《供香炉记》（天圣二年九月），曾枣庄、刘琳主编《全宋文》卷331，第16册，第234页；冯遂《慈云寺石经幢记》（天圣五年九月），曾枣庄、刘琳主编《全宋文》卷361，第17册，第337页；邓方《安香炉疏》（宝元二年闰十二月），曾枣庄、刘琳主编《全宋文》卷554，第26册，170页。

④ 参见余靖《广州南海县罗汉院记》，曾枣庄、刘琳主编《全宋文》卷579，第27册，第69页；严逊《石篆山佛惠寺记》，曾枣庄、刘琳主编《全宋文》卷1514，第69册，第349—350页；陈舜俞《海惠院藏经记》，曾枣庄、刘琳主编《全宋文》卷1544，第71册，第85页；黄由《普光教院记略》，曾枣庄、刘琳主编《全宋文》卷6461，第284册，第406页。

这就导致官府所谓的"淫祀"在民间泛滥。"淫祀"崇拜严重冲击了政权社稷观念的神圣性,为此历代王朝对打击"淫祀"都不遗余力,各级地方官也常常把打击"淫祀"看作一项重要政绩,作为自己向皇帝表忠,从而得到晋升的资本。

"淫祀"与"正祀"的对垒,不是绝对的。"淫祀"中有一些是巫觋利用百姓的无知和"有病乱投医"的心理,假托神妖鬼怪等赤裸裸地对老百姓巧取豪夺,对此必须进行严厉和无情的打击。还有一些是对当地神化的人物、山川树木等所谓的神,在祈雨、去疾、救难等重要事项上,因所谓的逢求必应的"灵验",致使此种崇拜在当地民众心中的地位甚高。类似这样的"淫祀",如果是一味打击,显然不仅不会成功,反而会激化官民的严重对立。因此,官府往往会将这样的"淫祀"合法化,纳入"正祀"的范围。列入祀典的"正祀"的内容不是一成不变的,它与民间的"淫祀"实际是一种博弈,不只是冲突,也有融合。正是在这种冲突与融合中,村落中的一些被官府合法化的"淫祀",就成为村神,成为村民心中的保护神,其庙宇(村庙)自然也就成为村落的重要组成部分。村民定期举办庙会进行的敬神、娱神活动,也就成为该村落中每年的重要大事。村神、村中庙会在明代以后逐渐定型,唐宋时期是村神、村庙趋于固定化的阶段。

随着村落的稳固性和村落社会凝固性的增强,官府在打击"淫祀"过程中,其灵活性也越来越强。

一方面官府对一些愚弄百姓,带有欺骗、诈骗性质的祭祀给予严厉打击;另一方面还对一些结社聚会,容易引起群发事件的行为给予禁止。例如,自唐代以来关中的法门寺香火大盛,很多民众结社聚会,大兴拜佛,俨然形成固定的大庙会,官府对此警惕不已。"访闻关右民每岁夏首于凤翔府岐山县法门寺为社会,游惰之辈,昼夜行乐,至有奸诈伤杀人者。宜令有司量定聚会日数,禁其夜集,官吏严加警察。"[①]

---

① 李焘:《续资治通鉴长编》卷73,真宗大中祥符三年四月戊寅,第1667页。

但另一方面，一些旧有破败的古庙在乡间富人或民望的支持下又重新葺新，作为一村或几个村共同祭拜的神圣。官府对此种行为一般多不干预，这从庙的碑记中不难看出。新庙完葺后，为记事传以后人，主持人往往会请当地官员或地方名人为此作记，所请者也多乐意作文对此记颂。作为朝廷及其利益代言人的各级官员，他们试图通过各种路径向民众灌输皇权国家一体的社稷观念。宋代由于门阀士族的社会贵族优越性不再，科举出身的官员大多来自基层，他们没有旧有门阀贵族官员抗衡皇权的资本，从而成为皇帝的棋子。因此感觉身单影孤的官员有意识拉拢乡族势力，二者的合力更加促进地方中心观念的加强。这种地方中心观念首先就是从村落中心或称村落共同体观念形成开始的。

村落共同体一般由本村富裕人户，或从本村走出的官员作为连接，通过资助族人、扩大祖坟等方式，让自己成为村民、族人的权威领袖。支持修建庙宇，是一种强化村落或地方共同体的有效途径。宋代民众的地方中心观念已十分浓厚。他们这种观念的体现就是曾经的各种活动凝固为风俗。一旦民事活动风俗化后，就意味着民众公共观念的形成，这时候国家再想用强权将其消灭掉，已经不可能。为社会安定计，国家不得不对此种地方风俗加以认可。地方观念的增强，首先是与村落家乡共同体观念密不可分的。

明代以后的村落，奠定了中国传统古村落的格局。以笔者所熟悉的太行山东麓的古村落为例，就村落中的各种庙宇而言，比较典型的大概有以下几种：观音堂、关帝庙、五道爷庙和村里独有的其他神庙。这些神庙，稍大的村坊有时会很齐全；一般的小村庄只会有一两个；但五道爷庙，基本上每个村落都有，即使没有固定场所，村中大路的路口就是临时的五道爷办公处，因为他是主管人死的，每个人死后，家属都要在五道爷庙跟前焚烧纸钱，向他汇报，求其保佑亡人阴途平安。而除五道爷外，其他每个庙都有可能成为村的庙会。村庙的形成使村落的共同体特征进一步得到加强。

第二章 太行山东麓地区及该地域古村落概说

第一节 太行山东麓地区的文化地理特征

太行山是一座古老而年轻的山脉，历史文化内涵丰富。大约从7000万年前的白垩纪开始，在燕山造山运动的作用下，"古太行"就是由华北西部的古陆地地层逐渐隆起形成的。而开始于200万—300万年前的喜马拉雅造山运动再次抬升和加高了太行山脉，塑造了太行山的基本走向、地形地貌、高度落差等。[①]

太行山可以说是一座关山，它既是通过"八陉"连通中国西北与华北的重要道路，又是联结北方草原民族与中原汉族的文化桥梁。太行山与黄河一起，成为中国历史上北方最重要的关山阻河。太行山东麓的腹地是广阔而肥沃的华北平原，历史上的黄河曾纵穿平原注入渤海。古老的沁水、淇水、漳河、绵蔓河、滹沱河、桑干河横穿而过的山川河谷，保留着璀璨的早期人类文明的印迹。战国时期的燕、赵、中山文化，融北方草原民族和中原汉族文明为一体；魏晋以来，河北一带多次为胡族所统治；隋唐时期地处"胡化区"；辽金元时期又为此地更加深刻地打上了游牧民族的烙印；元明清以来，此地成为畿辅之地，畿辅文化成为此后河北重要的地域文化特征。以上这些大历史所导致的社会环境，深深地影响了此地域人民的文化性格。太行山的山性、

---

① 参见张祖群《"太行八陉"线路文化遗产特质分析》，《学园》2012年第6期。

华北平原的土性、季节性河流的水性、交融文化的容性、战争文化的坚性，汇成了这里土生土长的乡人的民性。这种民性的特质就是：山性的忠诚、土性的朴实、水性的智慧、容性的包容和坚性的坚韧。

　　早在先秦时期，太行山东麓因其特殊的地理位置，就已成为连接中原与北方之间的文化走廊。"太行山东麓地区西依太行山，东临古黄河，北据燕山，南望嵩山，自成一个相对独立的地理单元。这一地理单元平面呈南北走廊的态势，北达燕山漠北，南通中原腹地；同时东西又存多条孔道，西接黄土高原，东连泰山及海滨。"这一地区"不仅是一个相对独立的地理单元，更是一个客观而凸显的文化区域。……在中国历史上具有十分重要和特殊的走廊意义"。"这条地理走廊，不仅是南北方向的交通要道，而且也是东西方向的沟通桥梁。南北向的狭长山前平原是主干，基本上呈单孔道流向；东西向的众多河谷陉道为支流，呈多孔道沟通。东西向沟通最终汇入南北向的主流，从本质上可以说，四方交流汇集的走廊最终是呈南北向的。因此，太行山东麓地区在历史上成为中原文化和北方文化、黄土高原文化同东方海滨文化互相交流融合的文化走廊，其中最终凸显的乃是中原与北方的交流与交锋，而这种交流与交锋直接关联着先秦时代中原核心区域和华夏族团的形成。""太行山东麓地区在历史上最为显著的意义和价值，乃是横通高原与海滨、纵贯中原与北方交流的文化走廊地带。在这条走廊上，中国历史的一条主线千百年来凸显纵穿，那就是中原农业民族与北方游牧民族的碰撞与融合。从史前到宋代，千万年来中原与北方的碰撞与交流一，中原是华夏族团的发祥地、形成地和核心居住地。中原的形成，胚胎于史前，诞生或言初步形成于夏代，最终成熟于秦汉。史前时代，四境八方文化在中原一带集聚交汇，经历了凝聚、沉淀、融合与升华，为中原核心的形成奠定了基础。"[1]

---

　　[1] 张渭莲、段宏振：《太行山东麓地区先秦文化的认识历程》，《中原与北方之间的文化走廊——太行山东麓地区先秦文化的演进格局·前言》，文物出版社2015年版。

第二章 太行山东麓地区及该地域古村落概说

太行山东麓地区是一条南北长、东西窄的条块形，是历史上经济较早发展的地区。"太行山脉蜿蜒于冀豫两省和山西省之间，层峦高耸，阻隔着东西，东西两面的地区也因之而迥然不同。由太行山下直至渤海湾头，由北面的燕山山麓，南至黄河岸上，平原千里，一望无垠……这个平原的轮廓是南北较长，而东西窄。它的经济地区的发展却是由西向东，经历着几个不同的发展阶段。远在战国秦汉时期，太行山的东麓就比渤海湾的西岸为繁荣。由汉魏之间起，平原的中部也得到更多的发展。直至隋和唐初，东部地区才有了广泛的促进。"这一地区经济较早发展，与此地很早就有一条南北通道有很大关系。"《史记·货殖列传》记战国秦汉时期全国主要的道路，太行山东平原就有一条主要的南北通道成为全国交通网的一个组成部分。它是由黄河岸上的温、轵，或其东的濮阳道达于北部的燕国（蓟）。由温、轵南行，渡河至于洛阳。西行，越王屋山而抵于现在山西东南部为当时所谓的上党。由濮阳南行，渡河可达于郑国（即后来的韩国），东南行，渡河而和定陶相通。也就是说，可以通到全国其他重要都会尤其是中原的地区。燕国是这条道路的终点。但是还可以更向前引伸，通到北方或东北的一些少数民族的居地。这条道路大致就是现在京广铁路的北段，而小有违异。"先秦时期大概沿这条古道沿线出现了大的经济都会，《史记·货殖列传》中记载的温、轵、邯郸、燕、中山等，还有曾为商都的邢、殷墟，及秦汉的常山（真定）、定州等城市、重镇都出现在太行山东麓地区。

太行山自古号称"天下脊梁"，其东麓汇集了邯郸、邺城、北京三个古都，其他的古都诸如咸阳、长安、洛阳、开封等成败兴亡，也和太行八陉之关道密切相关。秦以来的郡县城邑，早已成为历史，只能在古籍与零星的残破遗迹中想象与回味。万幸的是，在太行各陉道的山川河谷中还有不少保存完好的古村落，它就像珍贵的历史活化石一样，承载着千年的人世风尘。

第二节　太行山东麓地区的古村落

历史上太行山东麓的村落一般出现在战国以后，先是散居在太行八陉河谷以及其他近河的依山傍水的盆地中，逐渐扩大到穿陉河东流经过的山麓东部平原上。这个特点在太行八陉的滏口陉、井陉及蒲阴陉地域体现得尤为明显。因为井陉古村落将在后文重点研究，所以本节试以分属滏口陉和蒲阴陉两地的磁县—武安—涉县区域带、易县—唐县—曲阳县区域带的村庄的成因为例加以说明。

一　磁县—武安—涉县区域带

这个区域带属于太行八陉的第四陉滏口陉范围。此域涉及今天的武安、涉县、磁县和峰峰矿区行政辖域。据杨金廷、张润泽先生研究，滏口陉早在春秋时期，就发挥着重要作用，在三家分晋事件中，赵国的强大与势力扩张及最后能够定都邯郸而独立建国，与赵简子、赵襄子通过滏口陉的东进战略密切相关。[①] 但滏口陉在历史上的更大的名声是与其东部的邺城密切联系在一起的。"魏晋时，其（滏口陉）东口正好对着邺都，是晋东南长治地区东出的要道。今天邯长公路大致依此道而筑。战国时，秦军由滏口陉东出，直接威胁赵国都城邯郸。十六国时，后燕慕容垂自邺西攻盘踞在长子的西燕慕容永。一军入自滏口，另一军入自壶关，慕容永误以为垂军必自长子南面的太行、轵关陉入，偷偷派军堵之。结果为慕容垂所灭。"[②] 因此，魏王曹操、后赵、前燕、东魏、北齐先后在此建都，对中国的历史产生着重要的影响。而邺城的辉煌阶段，也就是滏口陉在中国历史地位最为重要的时期。

[①] 参见杨金廷、张润泽《赵简子、赵襄子的东进战略与滏口陉》，《光明日报》2009年8月4日第12版，"史学"。

[②] 李孝聪：《中国区域历史地理》，北京大学出版社2004年版，第182页。

滏口陉所在域内有两条古老的河流——漳河和滏阳河；其中漳河对当地及华北一带的影响尤大。著名的磁山文化遗址，就出现在漳河流域。磁山文化遗址，位于河北省南部武安市磁山村东约1千米处的南洺河北岸台地上，东北依鼓山，距武安城17千米，是我国最初发现的一种新的新石器时代早期文化遗址，距今约7300年，突破了新石器时代仰韶文化考古的年代，因其具有典型的代表意义，考古学上定名为"磁山文化"。磁山文化还是北方旱作农业文明的典型代表。磁山被确认为世界上粮食粟、家鸡和中原核桃最早发现地。从原始农业的发展阶段来说，属于"定居农业或乡村农业时期"。其特点是有了固定的居住区，并形成聚落，能够种植粮食作物和饲养家禽，能够制作陶器。磁山文化已有了房屋遗址，还发现有189个粮窖及其中储存的粟类粮食作物。如从1976年到1978年在发掘的2579平方米中发现88个粮窖，平均每29.31平方米就有一个。在1985年发掘的900平方米中，发现有37个粮窖，平均每24.32平方米就有一个。在1986年发掘的890平方米中，有64个粮窖，平均每14.14平方米就有一个。窖穴底部都遗留粮食厚度，以1976年至1978年发掘的88个窖穴为例，一般是在0.3—2米，也有3个是超过了2米的。这88个窖穴中粮食堆积的体积约为109立方米，折合重量为138200斤。①"从磁山遗址粮窖分布的普遍、收获量的巨大，都是磁山文化农业已达到相当发展水平的有力物证。磁山文化具有一个以陶盂和靴形支架为代表性器物的明显文化特征的陶器群。因此，磁山文化已进入了'定居农业或乡村农业'的时期。"② 随着农业的不断发展，会形成一定规模的聚落。磁山遗址就是黄河流域较大的一处聚落遗址。③

磁山文化具体为早期农业文明的特征。这时的人类逐渐选择依山

---

① 参见佟伟华《磁山遗址的原始农业遗存及其相关的问题》，《农业考古》1984年第1期。
② 参见马新爱《论磁山文化的特证与源流》，《河北学刊》1995年第4期。
③ 参见沈志忠《我国原始农业的发展阶段》，《中国农史》2000年第2期。

傍水的台地定居下来,学会建造房屋,并在附近沿河地带依靠种植为生,形成相对稳定的农业社会。令人惊奇的是,这里还是神话传说中中华人类始祖之一的女娲的发源地之一。据《山海经》之《北山经》记载:

> 又北二百里,曰发鸠之山,其上多柘木。有鸟焉,其状如乌,文首、白喙、赤足,名曰精卫,其鸣自詨。是炎帝之少女名曰女娃,女娃游于东海,溺而不返,故为精卫。常衔西山之木石,以堙于东海。漳水出焉,东流注于河。

> 又东北百二十里,曰少山,其上有金玉,其下有铜。清漳之水出焉,东流注于浊漳之水。

这里的"女娃"即"女娲"。① 女娲神话传说较早见于战国时期成书的《山海经》《楚辞》等书,反映出至迟到战国时期女娲传说已在社会上广为流传。女娲信仰至今都长盛不衰。以女娲传说发源地之一的漳河上游一带的涉县为例,这里有全国规模最大、肇建时间最早、影响地域最广的奉祀女娲的历史文化遗存——娲皇宫。娲皇宫始建于北齐,也就是公元550年到公元577年,至今已有1400多年的历史。因涉县女娲信仰浓厚,还有很多村子也都建了属于本村的女娲庙。据不完全统计建有女娲庙的村落有:固新镇昭义村、井店镇井店村东、井店镇禅房村青阳山、合漳乡白芟村、合漳乡段曲村、索堡镇曲畛村、辽城乡新桥村、辽城乡河南店村等。② 嘉庆四年(1799)《涉县志》记载:"娲皇庙,本邑南关、河南店、王堡北冈等处皆有,以在县西二十里唐王峧者为盛。"唐王峧娲皇庙即现今位于涉县县城西北14.5千米

---

① "女娃和女娲,实是同一传说的演变和分化。许多学者对此早有论述。……女娲神话涉及的三个地点,昭示了它的真正发源地:从豫南汝水流域,经晋南漳水之源的发鸠山,北到河套,是女娲神话产生和最早流传的地方。"详见李炳海《伏羲女娲神话的地域特征与文化内涵》,《河南大学学报》(社会科学版)1992年第2期。

② 参见刘芬芬《涉县娲皇宫庙会与古上巳之遗风》,《寻根》2011年第2期。

的索堡镇索堡村东唐王山悬崖绝壁之上的娲皇宫。

涉县地区自古就形成了祭祀女娲的组织——"社"。祭祀时间常在阴历的三月,逐渐形成固定性庙会,当地常称为"上社"或"摆社"。这里通常有七道社,分别是:曲峧社、温村社、三原社、索堡社、桃城社、石门社和唐王峧;以七社为联结,逐渐在涉县形成以女娲为主体的区域信仰圈。① 当对地村落的形成和延续产生了非常重要的影响。

从历史源渊看,涉县的民间文化受太行山西麓的上党文化和中原农业文化影响较深。② 其邻县武安与此不同,在历史上一直属于太行山东麓的河北域内③,《嘉靖武安县志》卷一《地理志》载:

> 武安本禹贡冀州之域,春秋属晋,战国属赵,秦封白起为武安君,即此地也(按:白起攻破楚国首都郢而受封武安君,远在长平之战前。武安为赵国西部屏障,列国名郡,白起被封武安君或许与武安其名有关,但武安并非白起之封地)。后秦并天下,属邯郸郡。汉置县,属魏郡。曹魏属广平郡,后魏属魏郡。隋开皇十年(590)析其地置阳邑县,大业中复省阳邑入武安,属广平郡。唐初属洺州,永泰元年(765)改属磁州。宋属洺阳郡,元初省入邯郸,属广平,寻复旧。国朝改属磁州,编户三十四里。

因太行第四陉——滏口陉贯穿其全境,一直是山陕通往冀鲁地区的重要通道,交通、军事地理位置异常重要,被称为"形胜",所谓

---

① 参见常玉荣《河北涉县地区女娲信仰圈的形成》,《河北工程大学学报》(社会科学版)2015年第1期。
② 从涉县的地理位置和行政区划的历史变迁而言,隋至宋时期,它一直归上党郡(潞州)管辖,尽管州郡的名称有所变化;进入元代,有过一段短暂的属于真定路的管辖时期,从明洪武二年(1369)至中华人民共和国成立前,基本都属于河南省的管辖范围。参见河北省地名资料档案馆编著《河北政区聚落地名由来大典》上册,九州出版社2016年版,第594页。
③ 此处的"河北"是泛指黄河以北,并非行政上的"河北省"之义。事实上,武安自明洪武二年归属河南省,直到1949年8月才划归河北省邯郸专区。

太行山东麓的古村落及其历史文化研究

"北接畿甸,南通吴楚,魏博当其左,泽潞抱其右"①。历史上著名的曹操击溃袁尚,最后占领邺城的战役就发生在这里②。从此至隋统一的很长一段时间里,这里就成为国都邺城与晋陕以至塞外地区发生联系的纽带,无论是军事争战还是佛教传播③都在这里留下了历史的痕迹。除了相对稳定的县名外,更多的村镇名也是历史文化信息的传承者。

就武安而言,最古老的3个镇是午汲镇、邑城镇、阳邑镇。午汲镇是在原古城的基础上形成。据考古学者言,午汲古城就是《武安县志》中所记载的东古城和西古城。④ 明代嘉靖时知县陈玮在主持编纂《武安县志》时,即将之列为"古迹",该书卷一《地理志·古迹》载:"东古城在县西南郝家庄里。西古城在县西柏树里。"⑤《民国武安县志》附志卷一《区村镇分述上·区制》载:"午汲,古神庙门,亦称午集,在午溪北岸,有古城遗址,战国时营垒也。(午汲)镇临鲁晋往来大道,生旅塞途,在昔商货云集,贸易兴盛,为八小镇之一。"

关于"午汲"的得名也有许多传说。相传村北的古城遗址是战国时的"五氏城",五与"午"同音,午汲可能由此演变而来。一说战国时秦赵在此交战,战斗激烈,双方无法下河取水,后两军协商,只限中午停战,下河汲水,午汲可能由此而得。⑥

邑城镇,在《民国武安县志》附志卷一中有载:"邑城镇邑城,据传古代故城也。今村西犹有城里城外遗址,然荒渺难稽。镇居县境北鄙,壤接沙河,田园广阔,贸易繁盛,为武安八大镇之一。"该镇位于

---

① 陈玮:《嘉靖武安县志》卷15《形胜》。
② 李绳武:《民国武安县志》卷1《大事记》载:"建康九年,曹操破尹楷于武安毛城。初袁尚攻谭,曹操攻邺。袁尚使其将毛楷屯于武安毛城,以通上党粮道。操击破之;又以漳水灌邺城,袁尚败走。诏以操领冀州牧。"
③ 李绳武:《民国武安县志》卷1《大事记》载:"《齐志》:县南四十里鼓山,勒经岩壁,凿石成窟,名曰响堂,刻石佛为至精美。"
④ 参见孟浩、陈慧、刘来城《河北武安午汲古城发掘记》,《考古通讯》1957年第4期。
⑤ 《民国武安县志》卷2《地理志·古迹》记为:"西古城在县西南郝庄里(西店营村西);西古城在县西柏树里(午汲镇北)。"
⑥ 参见河北省地名资料档案馆编《河北政区聚落地名由来大典》上册,九州出版社2016年版,第733页。

· 20 ·

武安市北部，镇人民政府驻邑城村。邑城村，相传在春秋时期即有人居住。村西有春秋战国时期的古城遗址。此地田园广阔，贸易繁盛，明代以后，这里成为武安八大镇之一。

阳邑镇位于武安市西部，镇政府驻阳邑村。《嘉靖武安县志》卷一《地理志·古迹》载："阳邑古城在县西六十里。隋开皇十年，析其地置阳邑县，大业间省阳邑入武安。"阳邑村即是在旧阳邑城的基础上逐渐形成的。该村自古即是通往山西的交通要道，尤其在明清时期店铺林立，贸易繁盛，为武安八大镇之一。

这三镇历史悠久，都位于交通要冲，分别位于武安的中、北、西三部，呈三角形，承载着武安最丰富的文化内涵。以三镇为中心，在历史的不同阶段，聚集了众多的古村落。下面仅就唐宋及以前时期就存在的村落，粗略列表如下[①]：

表2-1　　　　　　　　唐宋以前武安古村落一览

午汲镇	邑城镇	阳邑镇
午汲，相传始于战国时期	邑城，相传建村于春秋时期	阳邑，相传建于汉代
下白石，相传，唐贞观十四年（640），吕英始居于此	紫罗，相传建于宋代	杏花村，相传建于隋末
大贺庄，相传建于唐代	丰里，相传建于隋末	北华、永安、经济，相传汉代时建村
	韩二庄，相传建于宋代	南、北丛井，北魏时建村

二　武安（含峰峰矿区）、磁县一带村落与崔府君信仰

崔府君信仰本是唐宋时期磁州的民间信仰之一。传说磁州的崔府

[①] 本表主要依据《河北政区聚落地名由来大典》之《邯郸市·武安市》部分整理而成。就历史上的"村"而言，学术界一般认为出现在东汉末或三国时期，之前，民众的最主要方式为城居或里居，有少数人以散居的方式居住，称为"聚"。《河北政区聚落地名由来大典》中关于村名的由来，很多是相传，并不是所有"由来"都有历史或考古依据。行政村的设置，是从唐代开始的，就此时村的形成来源看，前代古城废弃后，演变成村的数量不少。因此，我们可以把民间相传在东汉之前建村的，理解为从那时起开始有人居住，或那时为古城。

君为崔子玉，河东蒲州（今治山西永济县），唐太宗时为滏阳尉，有特异功能，能主阴阳事。① 其最早出现在"唐太宗入冥事"的传闻中。这件事在主要反映安史乱前事件的《朝野佥载》卷六中有简略记述：

> 太宗极康豫，太史令李淳风见上，流泪无言。上问之，对曰："陛下夕当晏驾。"太宗曰："人生有命，亦何忧也。"留淳风宿。太宗至夜半，奄然入定，见一人云："陛下暂合来，还即去也。"帝问："君是何人？"对曰："臣是生人判冥事。"太宗入见，冥官问六月四日事，即令还。向见者又迎送引导出。

这件事后来被佛教界做成变文，以故事的形式在各处广为传播。20世纪初在敦煌千佛洞发现的编号S2630的文书，即是详细记述唐太宗入冥的故事。情节大致如下：李世民经过玄武门政变，处死了哥哥李建成和弟弟李元吉，同时软禁了父亲李渊，并逼其退位，从而继承大统。但建成和元吉不服，到阴间后，一纸诉状，将太宗告到阎罗王那里。当时主管此案的人，叫崔子玉。他本是滏阳县尉，能主冥间事。为了提升自己的官位，他就和太宗皇帝做交易。为此，他偷改太宗的命禄，将阳寿延长10年。并且，不惜揭太宗的短，拿建成和元吉的阴辞来要胁他。最后太宗答应授崔子玉为"蒲州刺史兼河北廿四州采访使，官至御史大夫，赐紫金鱼袋，仍赐辅（滏）阳县正库钱二万贯"。同时，崔子玉代皇帝编好阎王质问他处死建成、元吉的原因，即"大圣灭族安国"，得到阎王的宽恕，又重回阳世。

在这则故事中，崔子玉为滏阳②县尉，能主阴阳事，因为让太宗皇

---

① 唐代笔记小说中关于生人判冥事，崔子玉不是孤例，如张鷟《朝野佥载》卷2中载："（武）周长安年初，前遂州长江县丞夏文荣，时人以为判冥事。"

② 《畿辅通志》卷14《建置》《广平府·磁州》载："汉武安县地，后周武帝置滏阳县，隋开皇十年置磁州。大业初州废，县属魏郡。唐武德元年复置磁州。贞观元年州废，县入相州。永泰元年复置磁州。天祐三年改曰惠州，属河北道。五代唐复曰磁州，宋曰磁州滏阳郡，属河北西路；金曰磁州，仍属河北西路。"

帝死而复生，而升为御史。崔子玉，后来被称为"崔府君"，先是在滏阳县所在磁州地区被民众所祀拜，死后为之立庙，被称作"崔府君庙"。由此在唐中期崔府君成为磁州一带的民间崇拜对象。

进入宋代以后，由于得到皇帝的重视而得到赐额，崔府君崇拜逐渐由地方崇拜，成为国家的正祀。《宋会要辑稿》礼二十一之二十五"护国显应公庙"载：

> 庙在东京城北，即崔府君祠也。相传唐滏阳令殁为神，主幽冥事。庙在磁州。太宗淳化初，民有于此置庙。至道二年，晋国公主石氏祈祷有应，以其事闻，诏遣内侍修庙，赐名，并送衣物供具。真宗景德元年重修，春秋二祀。磁州庙，咸平元年重修，五年赐额曰崔府君庙。朝廷常遣官主庙事。仁宗景二年七月，封护国显应公，仍令开封府、磁州遣官祭告，具上公礼服。一在西京庆州。神宗熙宁八年十二月，诏府君庙特加封号。

由此，可知在北宋时，从太宗到神宗，崔府君因为极有灵应，地位不断提高，被仁宗封为"护国显圣公"。之后，神宗皇帝还对崔府君特加封号。尽管如此，直到南宋高宗建炎之前，对崔府君的崇拜，似乎更多的是当地的官民。直到高宗赵构定都临安后，为巩固政权计，借用"神道设教"的方式，大力宣扬曾为之不屑的崔府君，民间更是编出"泥马渡康王"的传奇故事；之后的孝宗步高宗后尘，也自称其继统是"天命"。宋孝宗生于建炎元年（1127），生肖属羊，于绍兴二年（1132）被选入禁中，次年赐名瑗。跟崔府君的名字相同（传说中崔府君子玉又叫崔瑗）由此，他还让人编了其出生时的灵异故事。

李心传《建炎以来朝野杂记》甲集卷二载："建炎初，秀王夫人梦神人自称崔府君，拥一羊，谓之曰：以此为识。已而有娠，遂产孝宗。"孝宗原名赵昚，是宋太祖的七世孙。因宋高宗没有子嗣，被选为皇位继承人，登基大统，偶然因素极大。因此，尽管位极人臣，其内心总有"自己上位不那么天经地义的担心，因此趁机借高宗皇帝宣扬崔府君的东风，自己也搭上这架便车，假借神威来宣示自己为'真命天子'的正统性"①。孝宗以后的历代南宋皇帝，也对崔府君尊崇有加。诚如邓小南先生所言："南宋虽然大小神祠封赐甚多，但对于崔府君的祭祀，显然超乎一般。北宋时'因民所信向而封崇之'。南宋时却增添了帝王主动褒崇意义。宋廷南渡以后，在崔府君身上，曾经寄寓着不同社会阶层、政治势力的不同心绪与期望：统治集团'神道设教'的企图，北方民众重返故里的期待……都在他身上有集中体现。"②

自北宋始，磁州崔府君庙进入国家祀典，崔府君也被封为"护国显应公"，南宋以后，随着高、孝二帝大力提倡，"崔府君"更是得到史无前例的全国性崇拜，并且还制造了崔府君的生日为六月六日③，使这天成为京都民众的重要节日，吴自牧《梦粱录》卷四载：

> 六月初六日，敕封护国显应兴福普佑真君诞辰，乃磁州崔府君，系东汉人也④，朝廷建观在衮门外聚景园前灵芝寺侧，赐观额名曰"显应"，其神于靖康时高庙为亲王日出使到磁州界，神显灵卫驾，因建此宫观，崇奉香火，以褒其功。此日内庭差天使降香设醮，贵戚士庶，多有献香化纸。

"入元以后，此种情况有了加强，燕南、河北、山东、河东等地，

---

① 邓小南：《关于"泥马渡康王"》，《北京大学学报》（哲学社会科学版）1995年第6期。
② 同上。
③ 将崔府君诞辰日定为六月六日，早在北宋时，即已如此。孟元老《东京梦华录》卷八载："六月六日州北崔府君生日，多有献送，无盛如此。"
④ 据王颋先生研究，宋元时期，各地所祭拜的"崔府君"有人物的多元性特征，含东汉的"汲县令"崔瑗、唐的"滏阳令"崔某和仍是唐的"长子令"崔珏等。就三个"崔府君"之承认而言，以南宋宁宗为界限，之前为"汲县令"崔瑗，之后南方为"滏阳令"崔某，北方则同时列"汲县令"崔瑗和"长子令"崔珏。到元后期，三者被混淆起来。而当混淆起来的时候，其就有了生前"昼理阳、夜理阴"，死后入围"五岳"僚吏、统管"冥界"等更多的"神道"内容。而加爵，也径被挪到了宋前的唐朝。大约从明代以后，崔府君逐渐被统合为"祁州鼓城人"。详见王颋《宋、元代神灵"崔府君"及其演化》，《社会科学》2007年第3期。祁州，即属今天的河北晋州，在唐时属定州，即北朝时的博陵郡。而博陵崔氏，从北朝到隋唐，一直是北方的著名大族；在北方五大姓排名第一，依次为"崔、卢、李、郑、王"。

也就成了其香火地所在。"① 元之前，各地所奉祀的不同的"崔府君"，也逐步借助磁州崔府君正统地位与影响力，加以糅合，"通过借用磁州崔府君的封号和糅合二者的传说，混淆两个崔府君的本来面目，就成为长子崔府君信仰摆脱地方小神的有效途径，从而成功融入元代'崔府君'的大旗之下"②。到明清以后，崔府君籍贯与履历也趋于统一：《崔君景帝庙碑序》记载了明景泰年间民间对崔府君的崇拜情况："崔公乃沂（祁）[鼓]州城人，隋大业三年六月六日降生，讳子玉。"③ 另，明人纪杰的《崔府君墓碑》载：

> 府君讳珏，字子玉，祁州古城县附郭村人。……十五年，授长子县令。十六年，征迁滏阳令。十八年，迁卫县令。十九年，擢蒲州刺史，兼河北二十四道采访使。二十二年十月上旬，呼磁役郭宪、男敬嗣曰："吾将逝矣。遵吾之言，葬吾于鼓山之侧。"遂卒，享年六十四岁。④

其实，从唐以来的历史看，"崔府君"，更像是一个历代塑造的一个赋予多种特征的统合体，但自明代以后，逐渐煞有介事地将其作为一真实的人物出现，就在纪杰所撰的《崔府君墓碑》中记述："洪武年间，耕民得石刻，曰崔府君之墓。于磁之属邑武安和村镇西北二里许，即其葬地也，去墓所二里许，有故庙存焉。盖前人因其之所在，立以奉祀者耳。"据此《民国武安县志》卷二《地理志·古迹》言："崔府君墓，在县南和村里。明御史纪杰有碑记。"卷五《建置志·坛庙》：崔府君庙三：一在县南和村里，祀唐磁州刺史崔珏。始建无考。……

---

① 王颋：《宋、元代神灵"崔府君"及其演化》，《社会科学》2007年第3期。
② 宋燕鹏、王晨：《宋元时期长子崔府君信仰的嬗变》，《山西档案》2013年第2期。
③ 此碑存于桑岭村崔君庙内，原碑已毁，1987年全面修复本主庙时重刻。详见木易《白族本主崔君考》，《云南民族学院学报》（哲学社会科学版）1998年第1期。
④ 《乾隆武安县志》卷17《艺文·墓碣》，河北省磁县地方志编纂委员会编《磁县志》，新华出版社2001年版，第1030页。

一在和村名嘉应灵惠庙；一在康宿村名显圣庙，始建俱无考。"崔府君庙至晚应在北宋初就在此地存在，但是否就在今天的和村①，尚未有史料证实。

宋元以后，崔府君庙及崔府君崇拜，遍及全国各地。古磁州所在的今天的武安、磁县一带，作为崔府君崇拜的本源地，崔府君庙及碑记尤多。下列举较为典型的几例。

（一）磁县岳城村崔府君庙

岳城村，位于磁县城西南 16.5 千米处，为岳城镇人民政府驻地。相传，宋朝时建村。据《磁州志》记载：在县西南三十里，宋建炎初，岳武穆曾驻兵于此。故而建村时得名岳城。

村内有一座古老的崔府君庙，始建年代久远，殿房楼阁高大。该庙分前后两院。前院为主殿，殿内供奉崔府君塑像，后院为崔府君娘娘殿，另有马厩一处、古井一眼。原庙山门朝西，后改朝南，长期以来，香火鼎盛。中华人民共和国成立初，该庙因战事被毁。2003 年春，村民在原址对正殿和娘娘殿进行了重建，现基本恢复了原有的规模，并找回清同治重修岳城崔府君庙碑，一并新立于庙前。

磁县岳城村清同治《重修崔府君庙碑记》：

> 盖开创建庙宇非以壮观瞻，所以思旧德也。故凡有功德于民者，后人莫不为之立庙焉。兹庙之立不知始于何时。观其后院则有皮场王大殿三间，南北祠各三间，神厩三间。前院又有□□大殿三间，拜殿三间，以及山门、墙垣无一缺失，固巍然其可观也。一经地震而庙宇全颓，见之者有感于斯庙之修诚非易事矣。社首尹文魁概一以重修自任。因此社有香火地十余亩积蓄数□，前后院一一修成。其子子平又积蓄数载，因邀请村众欲修庙之前院，

---

① 和村，今天已属峰峰矿区和村镇。

而有志未逮。其孙龙现继之，同力捐资岑镇，捐化四方，极力修造。至同治十二年六月而功始告竣。因求序其事于予，予窃以为补修庙宇虽亦寻常之事，而祖孙相继数十年卒能有成，以祖□□□□□□□终者其贤否如□若何也？予是以乐为之序言。

候选儒学训导□晓坌撰文

大清同治十二年①

（二）磁县县城崔府君庙

磁县崔府君庙位于磁州镇滏阳街。《嘉靖磁州志》卷一《地理志·寺庙》载："崔珏庙，在州东北一里，唐开元六年建，宋咸平六年增广庙宇；金太（泰）和元年重修，永乐十五年乡人共议重修。珏旧为滏阳令，擢蒲州刺史，有异政，及□民思慕之，为之建祠，以崔府君称之，官民岁时致祭。"卷三《艺文·碑类》元代王德渊②《崔府君庙记》载：

> 磁有神庙，峙于东门之内，曰：灵惠齐圣广祐王。由古及今，历代之君封加享祭，恩礼不衰；由近及远，四方之民奔走祈祷，敬信不息。其灵验可知已。王姓崔，讳瑗，字子玉，名于隋唐之间，为滏阳令，有神政。太宗时召拜蒲州刺史，卒于官，临终遗命归葬滏阳。滏阳隶磁州，为附郭县。磁人思其德，立祠，祀之如生。
>
> 后唐天祐十二年，郡将靳侯迁神像于法观，汛扫香火之事，道者主之。宋咸平元年，召守如京，盖有宣室之问，遂令刘蒙正大修神宇，榜曰："府君庙"，右正言知制诰赵安仁奉敕文其碑。景祐二年，封"护国灵显公"；元符二年，诏以神之威力变化，其爵弗称，乃迹旧而王之，寻加"昭慧衮冕仪卫"，亦遵礼值；大观

---

① "世民的空间"博客（http://blog.sina.com.cn/worldpeopl）。

② 王德渊：生卒年不详，广平（今河北邯郸）人。至元二十四年（1287）任翰林修撰，大德年间任翰林直学士，诗文均有时名。

二年，太守韩景奉旨益崇庙貌，御笔书额赐之，勒于石，覆之以阁。徽钦板荡，阁烬石存。金有中原，以衡岳在宋境，命王权行南岳事，谓之"亚岳"。太和元年，郡幕官窦衍发所瘗墓志于西阁，得王世系，灵异事为最详，因请上党簿潘溪孟记之，亦磁人，文章德业为当时冠。金末兵乱，庙圮记完。

国初，以武功定天下，礼文未遑，则有五路万户开府史公谦泽首命本州掌官社旺水军总管刘涉八力为修葺。迫于世祖皇帝百废俱举，烟望祭祀，遍于群神。越至元十三年，赵宋告亡，地尽南海。十五年，归岳祀于衡山，改封以"齐圣广祐"之号，与五岳岁时同致祭焉。今上登极以来，敬神保民，道被幽显，其自古圣帝明王、忠臣烈士祠宇所在，恩渥有加。元贞二年春，平章政事荣禄大夫安公祐奏请加封，天子允之，诏曰：有功则祀，古今之常规，无感不通，神明之至德。齐圣广祐王礼严祀典，名著史编，历代褒崇洋洋，阐灵之如在；生人嘉赖简简，垂慧以无疆。曾司衡岳之权，久重滏阳之镇。灵懿夫人昔称柔则，克配英风，玉镯均调，顺阴功而内助，翠帷俨肃，祐多福以旁周，宜并锡于嘉名，用茂扬于休闻。呜呼！涣其大号即遗尔室家之荣，享于克诚，益赞我山河之固。齐圣广祐王可加"慧灵齐圣广祐王"，灵懿夫人可加"顺祐灵懿夫人"。主者施行，有司钦承。

以牺牢备物宣读诏闻，制诰于庙，三献礼终，韬置神室，寻复奉御宝圣旨，护持禁约，毋或浸亵庙主。提点熙贞大师赵宗贵、提领纯和大师梁岳正因议摹勒贞石金像，蒙古本字于上，汉译隶字于中，记文于下，植诸殿前，昭神威而侈国赐礼也。

大德三年，州之耆老复以庙制未极重贵，祈官为修理。州闻之广平路，路闻之中书礼部，部闻之省。今平章政事荣禄梁公德珪久钦神名，遥领外护，援据典礼，奏从其请，降中统楮币一万缗，期于祈完后已。是行也，提领梁纯和来京师，因陕西行台治书侍御史滏阳安公祐遣诣史馆，言于王德渊曰："子常居磁，下际耳目，于神为乡人，今载笔翰林院，职常纪述，于国或为史氏，以公以私记，将安在？"子闻之悚然，不敢以芜陋辞应之曰：谨按《周官》曰：宗伯掌邦礼，洽神人，和上下。《祀典》曰：御灾捍患，有功于民祀之。有功不祀，是为慢神，无功祀之，是为淫祠。非惟宗伯之失，神亦不为荣。惟是王祠，雨旸疫疠，有祷辄应，福祐方面，功不为轻。神受享，国奉神，两无愧矣。是碑之立，非徒炫目，实使人人瞻诵而生敬心。违触不恭，国有显刑，神有明祸，可不戒哉？其见于潘碑者，兹不叠出。

（三）峰峰矿区和村崔府君庙

前已介绍传说中的崔府君墓地和故庙所在地。现为邯郸市市级文物保护单位。

三 易县—唐县—曲阳县区域带

这一带也是中华文明的著名文化带。考古学发现这里有和磁山文化相似的，反映距今 7500 年前的新石器早期的文化遗存，以易县北福地遗址最为典型。[①] 这里是传说中的黄帝和尧活动频繁的地区。如位于此地域不远的徐水县釜山[②]，就传说是黄帝成为天下盟主的"合符"之地。之后，此地更多的是关于帝尧的传说，包括遗址、地名等都深深刻上了帝尧的印迹。如唐县的名字渊源，顺平县伊祁山，唐县的尧山、都山，以至望都县的名字渊源等都与尧的传说有关。

唐县，据说是尧的封侯之地，而现今顺平县的伊祁山一带传说是尧的出生地。关于此点唐尧文化研究会会长韩海山先生在综合相关研究成果的基础上又做了更为信实的论证：

---

① 参见段宏振主编《北福地易水流域史前遗址》，文物出版社 2007 年版。
② 目前对"釜山"的具体位置，学术界尚无统一观点。除徐水釜山外，还有涿鹿釜山说等。

唐尧诞生在今河北唐县尧母长居的庆都山,从母家,姓伊祁;因庆都山下的放水河而名"放勋"。今河北唐县就是史书广为记载的"唐"、"唐地"、"唐邑"、"唐侯国"、"古唐侯国"、"唐国"、"尧封之国"。四千多年后的今天,在唐县这片古老的唐尧大地上,还完好地保存着与唐尧有关的遗存物——元代"唐帝庙碑",清代"古唐侯国碑",庆都山上的"尧母泉",青龙山(又名尧山)尧庙前的"古尧泉"(又名"尧池"、"唐池"、"尧井"),古唐侯国遗址(北店头乡封庄、宋庄、南、北城子村、东杨庄一带)上的五百多米城墙、尧母灵井,帝都故城的古城残墙、尧庙旧址、龙母巉(尧母巉),北洪城记载尧之子丹朱曾在此居住"下围棋以修身养性"而名"丹朱城"的明代碑;有《畿辅通志》、《清·唐县志》记载的唐尧晚年求贤拜许由出山的"寻贤处"磨岩山水云洞,有《搜神记》记述的药师偓佺"赐仙药予尧"之处赵家庄槐山及上面三四千年树龄的古槐,有遍布唐县山川名寺的开头语都书"尧封"的古碑;还有近年庆都山上出土的仰韶文化时期的石镰、石斧,先人开凿的"石井"及生活遗存物柴草灰坑,有庆都山下南水北调渠线发掘出的夏代古村落遗址、建筑物墙基"长沟"及"城市垃圾"。有为纪念唐尧而改名的山川——尧山、唐岩山、唐河、马溺河;有"尧封国之城"长古城及邻近的大白尧、小白尧(原名"拜尧"),有唐尧拜嘉禾途中溺水上岸处的"伏城"(原名"伏亭")等村庄……都是对史书记载"唐尧在今唐县受封唐侯建唐国"的有力佐证。

当代学者王大有先生在他的《三皇五帝时代》里,把尧在唐县建帝都的事情讲得具体生动——公元前2366年至2357年,是放勋兄帝挚执政微弱的几年,也是唐侯在唐地日渐德盛的几年。其时,酷热干旱到了极限,就是史书上记载的"尧时,十日并出,焦禾稼,杀草木,万物焦枯,民无所食"。实际上,十日并出是一种假日现象,一日真九日假,这是地球气温升高到极限产生的灾变天象。面对严重的天灾，唐侯尧一方面带领唐国臣民开渠挖井、引水灌田抗旱；一方面组织臣民因地制宜地发展生产，开展贸易；使唐国顺利度过了灾难，还出现了灾后的经济繁荣局面，为其他氏族部落所仰慕。而在此时，东夷族发生政乱，成批难民向唐侯国中心地域逃来；到东海求雨的陈锋氏女丑被东夷族十日炙杀，引发了内地陈锋氏族与东夷十日氏族间的战争。帝挚不能制止，唐侯尧遵众托去东夷征伐。唐侯尧在唐县灵山文祖庙祭祖后，与安国的皋陶部会合，与在柏乡、隆尧、尧城一带的丹朱部会合，率师众于饶阳告天、誓师，至山东德州与东夷天文大觋羿会合，统编为唐军。击杀了十日氏族，驱逐了帝挚的母系亲族，翦除了可与唐国抗争的东夷酋长长老，大获全胜。而且为了使人们永远记住这次胜利，把主战场菏泽与单县之间的两个地方命名为"定陶"（平定于陶）和"成武"（成功于武），把德州之南、临清之东、晏城之西、茌平之北缴获大风氏风伯的战场命名"高唐"和"武城"。唐尧在山东半岛和豫北冀南的决定性胜利，把唐侯国周边的骚乱平定下来，居住在太行山南麓的各氏族也纷纷归顺唐尧。又命羿尾追向良渚文化区域逃亡的东夷龙山文化氏族到洪泽湖、高邮湖之东，于太湖洞庭山杀修蛇部，使夷越氏族皆归服。唐尧班师回唐县，帝挚服其义，乃率群臣造唐而致禅；唐侯自知有天命，乃受帝禅，为天子，称帝，于公元前2357年践帝位，国号"唐"，在唐县建帝都。尧在封地唐受禅，唐成为帝尧的第一个都城。根据诸种古籍的记载，尧都有多处，包括唐（河北唐县）、幽（今北京）、涿鹿、陶（山东定陶）、雷泽（山东永济）、冀（山西河津一带）、平阳（山西临汾）、晋阳（山西太原）、首山（河南偃师）等地。这是古代都城经常搬迁的一个例证。

　　宋郑樵《通志·五帝都》载："尧始都于唐，后徙晋阳，即位于平阳。"唐尧帝都被迫迁移是逐步的。据地方志记载，首先搬迁到唐地西部恒山之阳的平阳河畔（今阜平县平阳一带），不久又被恒山之水所毁。于是，他怀着恋恋不舍的沉痛心情，带领臣民和族众，浩浩荡荡，顺太行山东麓南下，过行唐（因从唐地南行而名"南行唐"，后改称"行唐"）、灵寿、平山，顺滹沱河折西到山西晋阳（即太原），在此建都。而后又顺汾水南下霍山、临汾。在唐尧氏族迁徙过程中，"族迁名随"，唐尧以旧居之名名其新邑，所以，河北有了"行唐"，山西晋阳、汾水河流域也有了"唐"、"唐国"、"唐城"等地名；到临汾后仍沿用唐地"平阳"帝都名。这就进一步说明——今山西汾水流域的许多地名，以及河南、山东、江苏等地的某些地名与河北唐县一带的古地名相同或雷同，其源头在唐县；都是陶唐氏族随唐尧大帝从古唐地出发迁徙到各地"名随帝王迁"而形成的地名。①

不唯在现今唐县，其他诸如今顺平、望都等县域都有许多与尧有关的地名和传说。顺平县原名完县，其域内与尧有关的地名和传说为：伊祁山，即尧山，传说为尧母生尧之地；坛山，传说在此地庆都与赤龙交而生尧，后人筑坛以祀龙母（庆都）；尧城，传说为帝尧所居之城，"尧台月色"为顺平县旧八景之一；大王、子城，即曲逆城，传说为尧子丹朱所居之城；下叔，传说为帝尧叔父所居之地；祁水即今曲逆河，传说尧母尝居祁水畔。望都县有尧母陵，尧母殂落所葬之地。

另外，这一带正处在太行第六陉和第七陉的飞狐陉和蒲阴陉交通要道上。飞狐陉也叫飞狐峪，也就是《山海经》中所提到的"飞狐岌"。诚如"飞狐"的字面含义，传说飞狐峪的地名与会飞的狐狸有关。《辽史》卷四十一《地理志四·西京道》载："飞狐县。后周大象二年置广昌县于五龙城，即此。隋仁寿元年改名飞狐。相传有狐于紫荆岭食五粒松子，成飞仙，故云。"飞狐陉两崖峭立，一线微通，蜿蜒百余里，这里最宽处二三十米，最窄处只能过一辆马车，确有"一夫

---

① 韩海山：《唐尧故里在河北唐县》，载《唐尧文化研究文集》，华夏出版社2012年版。

当关，万夫莫开"之势。飞狐陉北通坝上内蒙古草原，东与八达岭之军都陉相接，可直达怀来、北京，南为紫荆关、倒马关之外险，是太行以北诸州之咽喉，自古即是游牧民族铁骑南下的要冲之一。

飞狐陉旧属广昌县，《光绪广昌县志》卷一《舆地志·疆域说》：

> 按广昌为《禹贡》冀州之地……春秋称无终，属代；战国属赵；秦置广昌县属代郡；汉高时名蜚狐县，即郦食其所谓塞狐之口是也。东汉属中山，晋复属代郡，周治五龙城，隋属易州。唐初侨治易州之遂城，遥属蔚州，五代为石晋所弃。宋升飞狐军，辽复为广昌县，金元俱因之，以其地为涞水所出，又名涞源郡，明为广昌县，改灵昌州，寻复为广昌县，又置广昌守御千户所，县隶山西大同府，所隶宣府万全都司。

其载清光绪时的村庄情况是："县属村庄编分五里：东西南北四里，广德一里，分属四乡，共计村庄二百七十有七。"《光绪唐县志》卷二《舆地志·里社》记载清末时唐县村庄的情况是："唐邑村庄，陆居者二三，山居者七八……"并对赞党、乡遂、社、村的关系做了梳理，其言：

> 先王度地居民，分以赞党，统以乡遂。考道艺而厚风俗，良有由已。后世置社以领村，建村以处民。社立而村聚，村聚而民安，民安而世可长保矣。

同属该区域内的阜平县的情况与此类似，《同治阜平县志》卷二《地理·村社》载：

> 阜平界万山中，少平畴，圹野邑民随山隈水曲，族处成村，大者数十百家，小者十余，以至二三，萧索甚矣。

第二章 太行山东麓地区及该地域古村落概说

以上三县，广昌县现已不存，大部分并于涞源县和蔚县。唐县和阜平县对村庄的记载只是统而言之。与此相比，曲阳县志却保留了古村落的记载。《光绪重修曲阳县志》卷六《山川古迹考·古村镇》记载有曲阳最早的村落是北魏以前的伏亭村，今讹为伏城村。在县东北邻唐县界（见《水经注》）。另外，对从唐至元的村落也做了较为详细的记载，胪列如下：

1. **唐代的村**

孝墓里，在县西北耳宿而山之间，因孝子张务朝庐墓得名。初名孝墓里，今为南北两村（见旧志）。

2. **五代时期的村**

龙泉镇，今俗称南北，镇里旧有镇使副、瓷窑驾税使等官（见《五代史》及王子山院和尚舍利塔碑）。

3. **北宋时期的村**

诸侯村，在县南龙门山之东（见李绍遵罗汉堂幢），今为东西诸侯村。

北阳村，在县南五里（见杜氏经幢），今分为五，俗讹为羊村，旧志有羊村社。

葛仙乡，在县东（见正赵邱郑氏经幢），今无其称。

归善乡，在县东南。旧志北乡统曰"归善"，疑非此乡。

虎山里，在县东南，今无其名。

河流村，在县东南，今为东西中三村。

东郭村、西郭村，二村俱在县南尧山之阳，今为东西南北四村。

阐德村，在县西沙河之东，今讹为产德，分东西二村。

相如村，在县西沙河之东，今分为东西两村。

慧炬村，俗讹为慧拒，在县北慧矩寺旁，今无。

黄山镇，在县南黄山之左，今为阳平镇。

西河流村，即前河流村之一。

阳平村，俗讹羊平，在县南黄山之阳，今为东西二村。

十都，宋时县分十都，有第一至第十保，今为二十四社。

般枌都，疑即十都之一，名有副保正。

东王村，在嘉山之东，今分仝、尚、崔、王、程、杜六村，旧志作张李崔王程杜六村。

西王村，在嘉山西南，今又有阮西王在本村北。旧志作上西王村。

吴村，今不知所在。

赵邱村，在县东嘉山之麓。今为大赵邱李夏顾等村。

北砂村，今有砂城暨砂侯等村，未详孰是。

王遁村，今不知所在。

河泉村，今有泉子头村，不知是否？

赵常村，今不知所在。

濠寨村，今不知所在。

（以上都村十一，俱见北岳庙，引旧碑阴）

4. 金时期的村

南马村，疑即今南马古庄。

北峪村，不知所在。

（以上两村见文慧禅师碑阴）

摩罗村，在县东南交定州界（见满公禅师塔记），今作磨罗分东西二村。

从化乡，在县西南。旧志西乡统名从化，不知是此乡否？

苑内村，不知所在。（见董氏石塔记暨董公信孝思碑）考旧志，有苑内社为旧牧场，今黄山之阳南北养马村，疑即苑内村改名。

归善乡，在县北。旧志北乡统名归善，疑即此乡，与宋之归善乡异。

北马泥村，在县北马泥水之阳，今作马埿，分为董乔何刘四村。

齐村，在县西北沙河之西，今仍旧。

南留营村，在县东南接定州新乐界。

5. 元时期的村

南川村，在县南。旧志有南川社、南川店应即其地。

永静乡，未详所在。

大楼村，未详所在。今北乡接唐县境有小楼村，西南乡有钟楼村，不知孰是？

黄山乡，在县南。

东诸侯村，即宋诸侯村之一。

嘉山乡，在县东南。旧志东乡统曰嘉禾，不知即此乡否？

阎家疃，在黄山下，今未详所在。旧志有元疃村，疑即阎家疃之讹。

故张村，在黄山之阳，今为南北二村。有故张社。

龙冈村，在县南，今属行唐县。

下河镇，旧志作下河村，在县东北二十里。

平乐村，在县东南，接新乐县界，今为平乐社，分东北中三村。

刘家庄，讹作留家庄，在县南墩子山之阳。

以上都是清光绪年间还存在的古村落。现在这些古村落还存在吗？或者说除了县志的记载，还有哪些古村落？我们不妨以曲阳县为例，做一前后对比。2016 年，河北省地名区划档案资料馆出版了《河北政区聚落地名由来大典》，在其下册中专门对曲阳县的村聚落地名由来做了详细的汇集。为便于比照，只将北魏至金元之际的村落摘录。

曲阳县现辖 5 镇 13 乡，分别为恒州镇、灵山镇、燕赵镇、羊平镇、文德镇；路庄子乡、下河乡、庄窠乡、孝墓乡、东旺乡、晓林乡、邸村乡、产德乡、齐村乡、党城乡、郎家庄乡、范家庄乡、北台乡。其中除庄窠乡和范家庄乡尚无发现外，其他乡都存在古村落。列举如下①：

1. 战国秦汉时期

燕赵镇：燕赵，据传建于战国时，因地处燕赵交界处，故名。北、南、郑留营，据传建于战国时。

恒州镇：北、中、地平乐，建于西汉时期。

羊平镇：西、东羊平，建于西汉。南、北故张，建于东汉时期。

文德镇：西、东诸侯，据传建于春秋时。穆、王、申台北，据传建于东汉时期。

东旺乡：大、小盖都，建于战国时。李东旺，建于东汉永和年间。

邸村乡：东、西邸村，据传建村于新莽天凤年间。

产德乡：东、西相如，始于战国时，因该村是赵国蔺相如故里。

2. 北朝时期

恒州镇：北关、东关、大南关，相传始建于西魏大统年间。小南关，始建于东魏天平年间。贡家庄，据传，建于北魏雍[永]② 熙年间。

3. 隋唐时期

恒州镇：七里庄，始建于隋末唐初。

灵山镇：东、西燕川、磨子山，始建于唐朝开元年间。野北，建于唐咸通年间。东、西庞家洼、郭家庄、洼子、大赤涧、魏古

---

① 根据张亚杰主编《河北政区聚落地名由来大典》下册《保定市·曲阳县》相关记载整理而成，详见该书第146—157页，九州出版社2016年版。

② 北魏无雍熙年号，当为永熙之误。永熙为北魏孝武帝元修年号（532—534）。

庄、小赤涧、辉岭、涧磁，始建于唐贞观年间。北镇、南镇，建于唐开元间。

燕赵镇：寺留营，建于唐乾符年间。西郭，建于隋末唐初。文德镇：文德，建于唐初。东河流，建于唐光化年间。刘堡内，据墓碑载，建于唐贞观年间。

路庄子乡：曹家町，建于唐贞观年间。独古庄，建于唐开元年间。

下河乡：河北，据传建于唐贞观间。

孝墓乡：北、中孝墓，建于隋开皇年间。北南庄，建于唐贞观年间。小东庄，建于唐大顺年间。李家洼、杨砂侯、孙砂侯、侯家沟、郭家店、段砂侯建于唐天祐年间。

晓林乡：晓林，建于唐贞观年间。南庄，建于唐大中时。石门，建于唐初。崔家庄，建于宋开宝年间。刘家庄，建于唐开元时。东、西赵厂，建于唐开元时。杜家庄，建于唐开元年间。

党城乡：寨地，建于隋大业间。寨里，建于隋大业间。齐古庄、城南，建于唐天宝年间。

邱村乡：留百户，建于五代后贞明时期。

产德乡：砂城，建于唐大历年间。铺上，建村于唐天宝年间。

郎家庄乡：邓家店，建于隋皇年间。郎家庄，建于唐开元间。葫芦汪，建于唐显庆年间。南、北宋家庄，建于唐开元年间。

4. 北宋时期

灵山镇：南家庄，建于唐［宋］①开宝年间。崔古庄，建于宋元祐间。铁岭北，建于宋宣和年间。套里，建于宋绍圣年间。

燕赵镇：屯庄，建于北宋初。

文德镇：中河流，建于宋天圣年间。

路庄子乡：杨家庄，建于北宋乾德年间。路庄子，建于北宋

---

① 当为宋开宝之误。

乾德年间。东庄，建于北宋雍熙。

孝墓乡：南、北清阳贯，据传建于北宋。岭尔上，建于北宋乾德年间。

东旺乡：塔头，建于宋建隆年间。

晓林乡：荀、齐、孟、李王化，建于北宋中期。高庄，建于宋元丰时。南辛庄，始于北宋元祐时。

邸村乡：南、北东郭，建于宋绍圣年间。

齐村乡：南、北雅握，建于北宋开宝年间。

党城乡：贾家口，建于宋天圣年间。嘉峪，建于宋开宝年间。

郎家庄乡：三会，建于北宋天圣年间。仁景树，建于北宋咸平年间。

北台乡：土岭，建于宋代。

5. 金代及金元之际

灵山镇：王家村、韩家村、西坡，建于金代。

燕赵镇：南、北养马，建于金时。岸下，建于金时。田庄，建于金元时。

路庄子乡：涧北，建于金代。

下河乡：董、刘、何、李、乔家马，建于金代。

晓林乡：钟家庄，建于金代。张家庄，始于金元之示。

邸村乡：南、北洼里，建于金代。

产德乡：南水峪，建于金代。

齐村乡：小口村建于金代。

党城乡：下店，建于金代。

郎家庄乡：下庄，建于金代。

北台乡：韩家峪，建于金代。

从村的形成历史来看，"村"一般认为出现于东汉末三国时期，隋唐时期开始普遍化，唐初实行"村坊制"："在乡野居者为村，在城居者为坊",村设村正,设行政村,开始对村落进行规范化管理。因此,民间传闻村始建于东汉之前的,一般有两种情况:一种是从城外衍生出的"聚";另一种是原本为城,后城衰落后,形成村。比照清代地方志和现在地名志的情况,共同之处:(1)现代的孝墓乡,北、中孝墓村,是在唐代孝墓里的基础上发展来的。(2)现代的诸侯、相如、羊平、河流、沙村、齐村、产德等基本都还存在,有的只是字发生了变化,音同字不同,如北宋时期为"阐德",今为产德。宋代的阳平村,今天发展为羊平镇;金元以来的下河镇,今为下河乡。金时期的齐村,今发展为齐村乡。但大部分的村,要么是地方志上没记录,要么就是在时间的河流中,被迁移,被占领,或是消亡,金元之前的村名大部分都消失了,现在的村名,更多的是从明代以后逐渐固定化,而流传下来的。

太行山东麓属于山阳之地,临近渤海,位于季风性气候带,相对气候温暖,降水丰富。由于穿过太行山的漳河、滏阳河、滹沱河、易水河、桑干河等河流也带来丰富水源,加之山间盆地及临近山麓的平原地带土壤肥沃,因此,这里成为较早的人类栖息地。属于旧石器文化的平山沕沕水水帘洞遗址,新石器晚期的磁山文化和北福地文化,有力地证明了这一点。这里还是中国古代神话传说最丰富的地区之一,伏羲、女娲,尤其是女娲补天、精卫填海的故事,就发生在浊漳河的发源地首阳山上。漳河上游一带有普遍的女娲信仰,涉县的娲皇宫,代表女娲信仰的五千年传承史。这里还是五帝之一的尧的出生和早期的活动之地。今属唐县、顺平、望都、行唐、隆尧县一带,还是五帝之一帝尧建都和活动的地方,这里存有很多关于帝尧及母亲的遗址和传说。据学者考订,帝尧是从唐县经行唐,到晋阳(治今太原市),最后到平阳(治今临汾市),才安定下来。

太行山东麓还是古国和古都最密集的区域。商朝的古都早有历次迁徙,但基本都限定于这一地区,以至最后的都城固定于今河南安阳。像邢国、燕国和三家分晋后的赵国的国都都在这一地区。随着太行山东麓经济带的东移①，山前平原和东部湖泊沼泽地之间，自然形成一条纵贯南北的交通线，即大致相当于今天 107 国道的北半部分。这一线古都林立：从南向北依次为：安阳、邺城、邯郸、北京。其他如洛阳、开封等也和太行山有着非常密切的联系。大约从北朝以来，太行山东麓的山前平原地区，成为历史上人口密集、经济文化发达的中心地带。北朝以来，这里门阀制发达，著名国姓门阀"崔、卢、李、郑、王"中，其中的博陵和清河崔氏、范阳卢氏、赵郡李氏都出现在这里。北魏时，这些大姓作为宗主督护，控制了这里的大片土地，与中央分庭抗礼；孝文帝时，初期由其祖母冯太后主持推行"三长制"和"均田制"，很多农民获得了自由，以均田制为基础，形成了便于农耕的村落。这些村落相对固定，到唐代朝廷对之进行了行政化管理。因此，从村落形成史的角度看，现代村落的形成上溯，成形且规范化的村落应以唐代为多。当然并不否认，有的在唐以前已有人居住，且已以村相称。这一点，在隆尧县保存的唐《光业寺碑》所记载的李唐祖籍所在的赵郡一带的村落，很多至今一直存在。② 我们会在下一章中做明确说明。

---

① 著名历史地理学家史念海先生认为：历史上太行山东麓地区的经济发展，是从山麓地区到山前平原，再到东部平原，渐次演进的。参见史念海《战国至唐初太行山东经济地区的发展》，《北京师范大学学报》（社会科学版）1962 年第 3 期。

② 孙继民：《光业寺碑题记：唐代村落史的珍稀资料》，载孙继民《中古史研究汇纂》，天津古籍出版社 2016 年版，第 230 页；另参见李兰珂《隆尧唐陵〈光业寺碑〉与李唐祖籍》，《文物》1988 年第 4 期；曹隆政、李兰珂《李唐祖籍在隆尧》，（香港）银河出版社 2012 年版。

第三章　井陉域内的古村落概说

　　井陉是太行八陉中最著名的陉道之一。在这数千年陉道上发生的历史，贯穿古今，从春秋战国一直到中华人民共和国成立，很多重要的大事，诸如中山国的兴亡、背水一战、安史之乱、百团大战、三大战役等，或是在这里发生，或是作为指挥部麾令天下。井陉古驿道周边和滹沱河谷的古村落历史，是我们解剖中国传统与现代变迁的重要标本。

　　目前笔者手上有井陉县50多个古村落的田野调查资料，涉及每一个村落的起源、地理风貌、现有户口与姓氏、历史见证文献、物质文化遗产（包括古庙、古院落、关阁、古桥等古建，古树、古井、工具及生活器具等）、非物质文化遗产（包括传统舞蹈、音乐、曲艺、戏曲、社火、饮食等）、历史名人、历史大事等内容。

　　通过调查资料发现：这里有早期人类文明，如该县东北冶河流域一带有旧石器和新石器时代人类生活遗迹；古驿道周边村落有先商及商周的考古发现。春秋战国时期这里属于中山国的西南边界与赵国接壤。秦皇驿道贯穿整个井陉县的东西，西口为与山西平定县交界的故关，东口为与鹿泉市交界的土门关，"背水一战"的发生地就在今天县城所在微水村附近。这里还流传不少与东汉光武帝刘秀有关的传说，一些村名诸如割髭岭、测鱼、米汤崖等村的名称来源与之相关。这里还保存有一些唐宋时期的石窟及摩崖石刻。但这里的古村落绝大多数文化遗存都是明清时期的，即使最有名的古驿道和宋古城的建筑，大多也是明清时期的。

就村落的起源看，大多数村名固定于宋元明以后，除了一些村后来因人口增加，或因移民到来，分为东、西、南、北外，今天的村名基本都没有改变（一些村名是音同字不同）。从民间传说和历史遗存看，大多数村只是传说明清以前有人来居住，但尚未有形成村的证明。一些族谱和石刻文献记载，这里的很多村是从山西邻县，或县内其他村庄移民而来；还有些村虽得名于明以前，如罗庄、杨庄，但明清时期生活在此村的人早已不是之前的土著居民。

与此山区古村落更多定名于明清时期不同，平原区域的现在村名很多与唐代时期的村名一致或大致相同。如唐《光业寺碑》所记载的李唐祖籍所在的赵郡一带的村落名称。据李兰珂和孙继民等先生的研究，碑刻所载此地域"唐代村名保留和基本保留至现在的村名占唐代全部村名的34%强，超过了三分之一；与现在稍有出入的村名12个，说明唐代村名也有超过三分之一的数量在现在村名中顽强地保持了当时村名的部分要素；唐代村名在现在村名中完全看不到当时因素的村名只占25%，即四分之一的比重"。[①]

太行山东麓山区与平原地带的古村落因何有这样的差别，很值得思考。由此探讨这一地区唐宋至明清村落变迁，就显得非常必要和有意义。从生活史的角度看，人类的居住方式经历了从早期文明的山洞穴居到政治文明时期的城居的变化。从聚落地理的角度看，人类生活的区域经历了从山区到平原（盆地）的变迁，这与农业的发明紧密相关。就中国的历史而言，两汉之前的政治文明时期，平原（盆地）城居是人们最主要的生活地域和居住方式。战国以后，随着专制—集权体制国家的建立，土地与人口就成为当政者谋划政策与制度建设的重要目标。农田广阔与肥沃的平原（盆地）的沿河地带，就成为人口密

---

① 孙继民：《光业寺碑题记：唐代村落史的珍稀资料》，载孙继民《中古史研究汇纂》，天津古籍出版社2016年版，第230页；另参见李兰珂《隆尧唐陵〈光业寺碑〉与李唐祖籍》，《文物》1988年第4期；曹隆政、李兰珂《李唐祖籍在隆尧》，（香港）银河出版社2012年版。

集区，当然此地自然也就城邑林立，成为国家的重要控制区。太行山东麓的平原地带，先秦时期古国与封邑众多，秦汉时期封国与城邑遍布，不仅因其重要的地理位置，更因其优越的农业条件。

东汉末以后，由于战争和经济社会的发展，以及人口增加等因素，越来越多的人口打破封闭的城邑的居住方式，"村落"成为乡间农民居住的普遍方式。宋代以后由于人口的急剧增加，平原优越地带的人地关系分外紧张，不少人为生存计，开始转向条件相对恶劣，但却相对隐蔽的山区和丘陵地区。他们在山区建立了小村落，在山坡上开辟出层层梯田。唐末五代宋以后，乡村农民居住地向山区化转向，也是村落形成发展过程中的重要变化特征。

从太行山东麓地区的情况看，目前的石刻资料和考古发现也可以加以印证。井陉县唐代村落还不是太多，多位于古驿道旁和农业条件较好的河谷盆地中。如《许水滋唐砖墓志》载："泽州□公普□原献，公理务皇都上堂。任回，权居天长村。"[1] 天长村即今天的天长镇，是井陉古陉道的军事重镇。《柿庄唐尹勤惠墓志》载："大唐国恒州大都督府井陉县大化乡甘桃里障城村……南去侧鱼村廿里。"[2] 其中的障城村，今天已分为南障城村和北障城村；侧鱼村，即今天的测鱼村。它们属于深山区的村庄，但都位于条件较好的河谷平原和交通要道上。井陉仙台山护国寺唐代经幢"序文"中记载："南防口村施主□□、次男羡郎，女弟子李氏、女二娘子，在使弘□，专知刘茅、弘章，小作修释迦牟尼佛公义、公亮、公□，山下檀那周达操、宋远福、刘晟。……天祐元年（904）御书两道奉皇帝恩赐建造铭记。"[3] 这里所提到的南防口村和小作村是到现在一直存在的村名，它们都位于古驿道上。《良河东宋陀罗尼经幢》载："惟大宋帝镇府常山郡井陉县大化

---

[1] 梁建楼主编：《井陉县志》（1985—2004），新华出版社2006年版，第1095页。
[2] 同上。
[3] 同上书，第1087页。

乡上良都村山泉院，开宝二年岁次己巳三月戊寅建立佛顶尊胜陀罗尼幢子一所。"① 此文中的上良都村为现在的南良都村。另，北良都村东北山崖石洞中的宋代题刻记有："真定府井陉县清池管下良都村"，题刻时间为崇宁元年（1102），此下良都村地处现在的北良都村。南北良都村位于井陉县条件较好的金良河川，土地肥沃，条件较好。

井陉县为千年古县，许多村落名称一直沿用到现在。以宋以后较普遍，而以明清时期为最多。这在历史文献和田野调查资料中体现得较为翔实。

第一节　晚近历史文献②中有关井陉及井陉村落的记述

1986年版《井陉县志》第二篇"地理"中对清代以来基层行政的变化做了梳理，其中就涉及行政村。其言："井陉行政区划，历代多变，清时全县分14个里社、32个孤村、31个庄、231个村；民国初年，全县分5个区，275个乡。……建国初全县设6个区，95个乡……1984年改公社为乡建制，设6区、5镇、37个乡、318个村"③。这"318个行政村分布于山陬岭丛，交通闭塞，尤以南北两翼山区为甚，城乡物资进出极难，长期处于与世隔绝状态"④。

---

① 梁建楼主编：《井陉县志》（1985—2004），新华出版社2006年版，第1087页。
② 这里所言的"晚近历史文献"特指专门记述井陉历史的《雍正井陉县志》《光绪井陉续县志》《民国井陉县志料》及民国报刊中有关井陉的记述，此外，个别也会涉及1986年版《井陉县志》和2006年版《井陉县志》。
③ 前揭书，第46页。直到2004年行政村的数量一直是318个，没有变化。参见《井陉县志》，新华出版社2006年版，第70页。值得注意的是，1950年，井陉煤矿周边39个村划归石家庄市，成立井陉矿区；1958年撤销矿区，改井陉县为井陉区，属石家庄市管辖；1960年，井陉恢复县制，原井陉矿区析出，与井陉矿务局合并成立井陉煤矿人民公社，1963年，复置井陉矿区，管辖横涧乡、贾庄镇、凤山乡3个乡镇，32个行政村，44个自然村。参见石家庄市地名办公室编《石家庄市地名志》"井陉矿区"河北人民出版社1986年版，第89—90页。
④ 《井陉县志》，河北人民出版社1986年版，"总述"第2页。

1935年的《农业周报》中对井陉村落的记述是："全县村庄共计275村，内有独立乡211村；附属乡64村。"① 这些村的概况及分布是："共分三区：山约占全县80%。第一区为最多，所种之地，皆在山足山腰间；第二区次之，惟横涧附近十余村山较少，其余亦同第一区；第三区又次之，与平山县接连二十余村无山，其余与第一区亦同。"井陉县不仅山多，而且多为"童山"不毛之地，因此百姓生活十分困苦。县域内最大的河为绵河，发源于山西寿阳县，路经平定县，在南峪村入井陉域内。绵河在井陉域内上游60余里，因地高水低，无法灌溉，"惟内有水磨百余盘，可稍助农民生活"；"再由岩峰村下流约四十里入平山界，此40里内，灌溉两傍地亩较多，农民生活较好"②。

从以上可知，至少自清朝以来，井陉域内的村落基本稳定，行政村数量从清代中期的231个、民国时期的275个，到1984—2004年的318个，呈缓慢增长之势。仇玉英对井陉县的村落现状做了认真分析，认为"山区有自然局限与晋冀通衢的地理优势形成了井陉独特的村落结构与布局特征"。具体表现为：一是村落偏小，人口分散。"全县村人均人口897.5人，最大的微水村5968人，最小的井子村仅10户15人。2000口以上的村27个，占总数的8.5%，300口人以下的村65个，占总村数的20.4%，其中100口以下的袖珍村7个。尽管行政村规模不大，但仍由616个相对独立的自然村组成，全县106个行政村有附属的自然村，多数附属村分布在偏远的山坳，多则几十户，少则一两户，居住最分散的南芦庄村庄包含13个自然村之多。"二是经济发展不平衡。"井陉地处省会石家庄与山西阳泉市两个经济区的交通轴线之间，石太铁路、石太高速公路、307国道横贯东西，形成了比较发达的中枢经济带，南北两翼山区发展则相对滞后。"③

---

① 梁瑞麟：《河北井陉县概况》，《农业周报》1935年第4卷第4期。
② 同上。
③ 仇玉英：《井陉县村落现状分析与规模化整合的探讨》，《井陉县志》（1985—2004），第一篇"政区建置"附2，第83—84页。

从井陉县的自然地理状况而言，村庄较密集的地方是所谓的"三川"地带，即威州川、横涧川和金良川。所谓的川地，亦即地理学所言的河谷地。这里相对地势平坦，土壤肥沃、灌溉方便，往往成为人口聚集之地。其中的井陉盆地，即横涧川所在之地，是井陉县最早的政治中心。它位于小作河以南，凤山横穿盆地中间，将其分为两部分，北以横涧为中心，南以旧城关—天户为中心。这即所谓的横涧川。冶河河谷因威州在此，即被称为威州川。微新庄和现在的县城微水所在地为金良河河谷，即所谓的金良川。除此之外，还有其他的小片河谷，成为井陉域内农业发达、村庄密集之地。还有一些村落，因避难或其他原因，坐落在偏僻的深山之中。比较有名的村镇则多集中在古老的驿道和驿道支线上。由此构成了井陉村庄的地理特征，即"三川九岭十八峪"。

尽管井陉域内有著名的驿道，但多因陡峭、岖崎不平等原因，特别不适应工业化的发展。近代以后，井陉因交通闭塞等原因，尽管有煤矿开采及正太铁路开通等因素，但似乎这些现代化因素并未从根本上造福于该县。从民国时期各种史料，尤其是反映现状的报刊资料的记载中来看，更多反映的是贫困和落后。

如1934年的《河北月刊》载："井陉四面皆山，而以西区之山为最优，南区次之，余皆硗瘠为堪。近年以来，生齿日繁，西区之民，多以开山为业，林木既尽，播种五谷，扣石垦壤，用尽汗血，获利之数，不足供扉屦之需。……"[①]

赵德华在《井陉农民生活状况》中写道：

"车不得方轨，马不得并行"这两句话，是李左车形容井陉最恰当不过的词句。因为境内山脉绵亘，道路崎岖，在兵家固然是易守难攻的地方，在农民却是生活十分困难，非他处所可比拟的地方了。

……农民可以说占全境人数百分之九十……这许多农民住在山

---

① 李如竹：《井陉四面皆山》，《河北月刊》1934年第2卷第12期。

里……因为贫瘠之原因，衣食住行没有不是非常简陋的。又如道路的狭仄不平，小驴便成了交通利器，农民转运一切，总是多用驴驮。

农民副业，有小工艺及牧畜一类事，而最可注意者，乃是利用湍急水力以转动的水磨、水碾……

前清光绪年间，德国人汉纳根在本县开采煤炭以来，段合肥也于此开采之。有一部分农民便改做开采煤炭的矿工了。可是那种苦痛，也不减于作农业的。

正太铁路修筑的时候，农民有一部分去做洋工。造成以后，农民当然还去做农业，可是铁路告成，农民总觉得并没有见到它的利益；却因为交通便利些，所受军事影响特大，又不免自己怨自己，"为什么给他修下这条路呢？"①

另外，王廷炯还在《河北井陉妇女一年中的生活》一文中描写了20世纪30年代井陉妇女的情况："此县产煤甚富，开采者有数处……因煤窑须工人甚多，所以井陉的男子几乎都到煤窑内挖煤，家中及田里的工作均靠妇女们去做。"一年中的工作，从新春采桑饲蚕开始，用柳罐汲水浇田，夏天忙于收麦，之后又开始夏种、耕耘；秋天是一年最繁忙的时节：摘棉花，收谷子、玉蜀黍、高粱等；秋收后又开始秋种，总是忙个不停。这是中等人家以下妇女生活的情形。"至于富家妇女的生活，好似入了牢狱一样，整天关在家里，大门不出，二门不迈，在家中以做饭刺绣过了一世。若谁欢喜出门，那种'浪女'名词便加在身上了。"②

20世纪30年代井陉的落后还反映在当时村店里，著名地质学家丁文江在其太行山行记中写道："走到离（南障）城十几里的高家坡天已经黑了。沿途逢人打听，都说高家坡有店。到了村子里，好容易找到所谓惟一的店，门已经关上了。……我进门一看，是一个一丈见方的小院子，朝南一个门，开了进去，一个通长的屋子，两边两排的工坑，

---

① 载《东方杂志》1927年第24卷第16期。
② 详见《女子月刊》1936年第4卷第5期。

西边一排的坑中间，有一个灶头。坑上面坐着睡着满满的人，地下满放着挑油的担子，绝对没有下脚的空隙。……正在无可奈何的时候，忽然看见院子西面有一间矮屋。推开门一看，满地都是草，屋顶上瓦也没有了。我叫人把东西搬了进去，总算有了住处。"①

黄华在《井陉道上：山西记忆之二》中写道："当我预备往井陉去的时候，有骡夫拉拢我的生意，但我抱怨骡子太慢，性急的我乘坐汽车，他也不说什么，傻笑着去兜揽别的主顾了。谁知汽车是先开的，渐渐地被那骡夫追上，更渐渐地落在骡夫后面；等到汽车'爬'到井陉站，又碰到那骡夫，仍是傻笑着说：'我们已早到两小时。'"

"井陉的风气比平定开明得多，但值得我们叹息的，在井陉所见到的惟一'文明产物'，竟是'花姑娘'。她们公开活跃在汽车站附近及城内各旅馆中。井陉妇女的装束也摹仿着'花姑娘'们，因此她们也比平定妇女来得时髦而轻薄。"

"井陉的迷信极重，那地方的人崇拜薛仁贵。……薛王庙到处皆是。……还有一种'鬼婆'她能够用符咒呼召鬼魔，所以很受井陉人的尊敬。井陉的教育水准，也是低的可怜，'初中毕业生'是了不起的人物，在社会上所受到的推崇，简直和江浙人眼光中的'留学生'一般无二。因此那地方的公务人员，上自县长，直到局长科长，凡是该县人民理想中公认的'美缺'，也都被'初中生'占据了。一纸初中'毕业证书'在井陉的效力，可以作为升官发财的捷径，和骗得妖妻美妾的工具。"②

综合以上论述，不难看出20世纪三四十年代的井陉，在知识界人的眼里还是较为封闭和落后的。即便是代表近代化因素的正太铁路的开通和井陉煤矿公司的建设，对井陉农村的积极影响也很有限。值得注意的是，尽管井陉百姓相对贫困，然而民间的各种民俗活动却非常

---

① 丁文江：《漫游散记六：太行山里的旅行·太行山的东坡——所谓太行'八陉'之一的井陉》，《独立评论》1932年第13期。

② 载《万岁》1943年第3期。

丰富。如前揭王廷炯描写井陉妇女一年中的生活时还写道,过新年时,她们"可以看看武术会,听听小唱、秧歌……""每年秋收完了,村里就要唱四五天戏,以宣谢她们今年的劳苦;在唱戏时,并约请各村的武术会,秧歌,高跷,小唱……来集在一起,赶一个庙。这个村唱完了,他们又到别村去唱,而她们也到别村去看。"①

作者在谈到唱戏的原因时,除了提到是因庆丰收外,还与当地人迷信有关。"即是因为天不落雨,村民为祈雨而许的戏。在祈雨许戏内又有三种方式:一是小闺女祈雨许的戏;二是老寡妇祈雨许的戏;三是阖村祈雨许戏。"②

另外,署名重三的作者在1936年的《县乡自治》刊物上发表的《井陉风俗写真》中写道:"陉邑地处山陬,风俗人情,远异他邑。其可法者,衣食之俭朴,人情之笃厚,其可哂者,礼俗之陋琐,迷信之奉行。"该文对井陉的婚丧之俗做了详尽的叙述,陉邑地虽僻远,民亦贫困,然其婚丧礼俗却非常细碎、烦琐。③

井陉地处山区,地理位置之关键使其自古以来便成为兵家必争之地。井陉交通不便,阻碍了其近代化的进程,但却长期保留了传统农业社会的民俗,使之成为今天认识以往中国北方山区农业社会的活化石。

第二节　井陉县内古村落调查总述

据2006年版《井陉县志》载,井陉县(不含井陉矿区)千年以上的行政村落已有71个。分别是:景庄、微水、白王庄、城内、南关、东关、北关、河东、蔡庄、核桃园、北横口、南横口、北防口、南防口、黑水坪、割髭岭、前头庄、石桥头、曹泉、大王帮、掩驾沟、米

---

① 王廷炯:《河北井陉妇女一年中的生活》,《女子月刊》1936年第4卷第5期。
② 同上。
③ 载《县乡自治》1936年第6卷第4期。

汤崖、汪里、固兰、罗庄、南张村、北张村、东街、西街、北岸、南沟、寨湾、南峪、西柏山、东柏山、王庄、洛阳、冶里、杨青、西上庄、洪河槽、小寺、长岗、岩峰、段庄、良河东、上安西、上安东、下安、头泉、北方岭、北峪、金柱、彪村、坡头、上坡头、东元村、西元村、南陉、北陉、康庄、威河西、东头、测鱼、方山、板桥、胡家滩、南河头、石佛、黄沟、三峪等村[1]约占全部318个行政村的22.3%。另据《河北政区聚落地名由来大典》[2]，最新记载，井陉县辖区传说建于唐宋以前的村落有76个。以现有乡镇为单位列表如下：

表3-1　　　　　　　　井陉唐宋以前村落一览

乡镇	据传唐宋及以前建立的村落	数量
微水镇	微水、罗庄、长岗、南河头、岩峰、段庄、南良都、帐方岭、良河东	9
上安镇	上安、下安、头泉、白王庄、北方岭	5
天长镇	河东、天长、南枣林、板桥、长生口、核桃园、黄沟、蔡庄、曹泉、石桥头	10
秀林镇	南张村、北张村、南横口、北横口、西柏山（东柏山）	5
南峪镇	南峪、北峪	2
威州镇	威州、北平望、南固底、威河西、坡头、东头、新蒿亭、庄子头	8
南障城镇	前头庄、大王帮、掩驾沟	3
苍岩山镇	胡家滩、上罗峪（中罗峪、前罗峪）、景庄、柿庄、固兰、汪里	6
测鱼镇	测鱼、崔家峪、杜家庄、南蒿亭	4
吴家窑乡	金柱、石佛、彪村	3
北正乡	北正	1
于家乡	无	
孙庄乡	王庄、东元村（西元村）、冶里、北防口（南防口）、洛阳	5
南陉乡	南陉（北陉）、杨青、方山、康庄、西上庄	5
辛庄乡	洪河槽、小寺、张家刊、东西坪、黑水坪、米汤涯	6
南王庄乡	南王庄、北芦庄、割髭岭、塔寺坡、塔寺坪	5

[1] 参见梁建楼主编《井陉县志》（1985—2004），新华出版社2006年版，第83页。
[2] 参见张亚杰主编《河北政区聚落地名由来大典》上册"井陉县"，九州出版社2016年版。

二者对比，传说始建时间与官方县志一致的村落约有 56 村①，相似比为 78.8%。据出土的墓志或其他碑刻发现，《井陉县志》中并没有把唐代就有的南障城村纳入千年村落中。据 2013 年出土的一唐代墓志中载：

> 大唐国恒州大都督府井陉县大化乡甘桃里障城村游击将军、守羽林军大将军、员外置同正员、上柱国尹怀璨亡考妣墓志。县去府九十里，村去县六十里，
> 西去故关卅里，东去苇箔岭卅里，南去侧鱼村廿里，北去村十里礼葬……②

其中提到了障城村和侧鱼村，亦即现在的南障城和测鱼村。上述千年村落，有的可以根据史载或考古证明，有的还传说唐宋及以前仅是有人居住，不一定已形成村落，更遑论行政村了，但不管怎样，总可以说明其村是有悠久历史的，因此，仅从历史渊源看称其为千年村落，也无不可。

这些村落还有一个特点，即大都是沿河而居。井陉域内大的河流有绵蔓河、甘陶河、金良河、小作河，主要河流为绵河与甘陶河汇合而成的冶河。下面将沿河的千年村落列表如下：

表 3-2　　　　　　　井陉沿河附近千年村落一览

河流名称	沿河千年村落
冶河	北横口、长岗、罗庄、岩峰、冶里、北防口、洛阳、北王庄
绵河	地都、南峪、北峪、乏驴岭、蔡庄、天长镇、庄旺、南张、北张、北横口、南横口
甘陶河	测鱼、景庄、柿庄、南障城、北障城、东柏山、西柏山、南横口
割髭河	割髭岭、南王庄、塔寺坪、塔寺坡
金良河	金柱村、彪村、良河东、良河西、南良都、北良都、微水
小作河	洪河槽

---

① 其中天长包含城内、东关、南关、北关四村，西柏山（东柏山）、北防口（南防口）、东元村（西元村）唐宋时为一村，以后逐渐分成两村。
② 井陉县文物保护管理所：《井陉柿庄宋墓群发现唐代纪年墓》，《文物春秋》2013 年第 6 期。

总计沿河千年村落约 38 个，占井陉县千年村落的 50% 以上。

今天井陉不少村落成为传统历史文化名村，其中国家级历史文化名镇名村共 4 个，分别是：

于家村（第三批，2007 年）
天长镇（第四批，2009 年）
大梁江村（第五批，2010 年）
小龙窝村（第六批，2014 年）

省级历史文化名镇名村共 7 个，分别是：

天长镇（第一批，2007 年）
于家村（第一批，2007 年）
南障城镇大梁江村、天长镇小龙窝村（第二批，2008 年）
天长镇梁家村、南障城镇吕家村（第三批，2012 年）
小梁江村（第四批，2017 年）

此外该县入选中国传统村落名录的村落共 31 个，分别是：

第一批 2012 年（河北省 32 个）：南障城镇大梁江村、吕家村；于家乡于家村；南峪镇地都村；天长镇梁家村、宋古城村、小龙窝村。

第四批，2016 年（河北省 88 个）天长镇核桃园村、长生口村、吴家垴村、庄旺村、板桥村、石桥头村、乏驴岭村、北关村、东关村；秀林镇南横口村；小作镇卢峪村、沙窑村；南障城镇七狮村；苍岩山镇杨庄村、汪里村；测鱼镇石门村；于家乡南张井村、张家村、狼窝村；辛庄乡小切村、苏家嘴村、胡仁村、洪河槽村；南王庄乡河应村。

总的来看，井陉县自2007年以来，共入选国家、省级历史文化名镇名村或被列入传统村落名录的数量约31个。如果与河北省总的传统村落入选量做个对比的话，约占全省的21%（河北省传统村落总数量为145个）。其他县较多历史文化名镇名村或列入传统村落名录的，邯郸磁县8个，涉县9个，武安及峰峰矿区10个，此为旧的滏口陉范围，共27个，约占河北省的18.6%。另外与井陉传统村落数量相同的是张家口的蔚县，也有31个，所占全省的比重也相同。

从河北省入选国家传统村落的地理方位看，除唐山市滦县泡石淀乡西刘各庄村、承德市丰宁满族自治县凤山镇石桥村、衡水市冀州市门家庄乡堤北桥村3个村外，余下的142个村都与太行山有关。其中蔚县、怀来县的传统村落位于太行山的西北麓，且与穿越飞狐陉、军都陉，亦即塞外进入华北平原的通道有极大关系。此外，其余村落都可以认为是位于太行山东麓，其数量约占河北省传统村落总量的89%。

附：河北省入选中国传统村落名录[①]

第一批中国传统村落名录，河北省共入选32个分别是：

石家庄市井陉县南障城镇大梁江村

石家庄市井陉县南障城镇吕家村

石家庄市井陉县于家乡于家村

石家庄市井陉县南峪镇地都村

石家庄市井陉县天长镇梁家村

石家庄市井陉县天长镇宋古城村

石家庄市井陉县天长镇小龙窝村

石家庄市鹿泉市白鹿泉乡水峪村

---

① 名单参见中国传统村落网（http：/http：//www.chuantongcunluo.com/）。

邯郸市磁县贾壁乡北贾壁村

邯郸市磁县陶泉乡北岔口村

邯郸市磁县陶泉乡花驼村

邯郸市磁县陶泉乡南王庄村

邯郸市涉县固新镇固新村

邯郸市涉县偏城镇偏城村

邯郸市涉县关防乡宋家村

邯郸市涉县河南店镇赤岸村

邯郸市涉县井店镇王金庄村

邯郸市武安市伯延镇伯延村

邯郸市武安市冶陶镇安子岭村

邯郸市武安市冶陶镇固义村

邯郸市武安市冶陶镇冶陶村

邯郸市武安市邑城镇白府村

邢台市内丘县南赛乡神头村

邢台市邢台县路罗镇英谈村

保定市清苑县冉庄镇冉庄村

张家口市怀来县鸡鸣驿乡鸡鸣驿村

张家口市蔚县南留庄镇南留庄村

张家口市蔚县涌泉庄乡北方城村

张家口市蔚县暖泉镇北官堡村

张家口市蔚县暖泉镇西古堡村

张家口市蔚县宋家庄镇上苏庄村

张家口市阳原县浮图讲乡开阳村

第二批河北省入选 7 个，分别是：

石家庄市赞皇县嶂石岩乡嶂石岩村

石家庄市平山县杨家桥乡大坪村

石家庄市平山县杨家桥乡大庄村
邢台市沙河市柴关乡王硇村
保定市顺平县腰山镇南腰山村
张家口市蔚县南留庄镇水东堡村
张家口市蔚县南留庄镇水西堡村

第三批河北省入选 18 个，分别是：
秦皇岛市抚宁县大新寨镇界岭口村
邯郸市峰峰矿区和村镇金村
邯郸市涉县关防乡岭底村
邯郸市磁县陶泉乡北王庄村
邯郸市武安市管陶乡朝阳沟村
邢台市沙河市白塔镇樊下曹村
邢台市沙河市十里亭镇上申庄村
邢台市沙河市刘石岗乡大坪村
邢台市沙河市刘石岗乡渐凹村
保定市清苑县孙村乡戎官营村
保定市清苑县闫庄乡国公营村
张家口市张北县油篓沟乡黄花坪村
张家口市蔚县南留庄镇白后堡村
张家口市蔚县南留庄镇曹疃村
张家口市怀安县左卫镇石坡底村
张家口市怀安县西沙城乡东沙城村
张家口市怀安县西沙城乡段家庄村
张家口市怀安县西沙城乡朱家庄村

第四批河北省入选 88 个，分别是：
石家庄市井陉县天长镇核桃园村
石家庄市井陉县天长镇长生口村

第三章 井陉域内的古村落概说

石家庄市井陉县天长镇吴家垴村
石家庄市井陉县天长镇庄旺村
石家庄市井陉县天长镇板桥村
石家庄市井陉县天长镇石桥头村
石家庄市井陉县天长镇乏驴岭村
石家庄市井陉县天长镇北关村
石家庄市井陉县天长镇东关村
石家庄市井陉县秀林镇南横口村
石家庄市井陉县小作镇卢峪村
石家庄市井陉县小作镇沙窑村
石家庄市井陉县南障城镇七狮村
石家庄市井陉县苍岩山镇杨庄村
石家庄市井陉县苍岩山镇汪里村
石家庄市井陉县测鱼镇石门村
石家庄市井陉县于家乡南张井村
石家庄市井陉县于家乡张家村
石家庄市井陉县于家乡狼窝村
石家庄市井陉县辛庄乡小切村
石家庄市井陉县辛庄乡苏家嘴村
石家庄市井陉县辛庄乡胡仁村
石家庄市井陉县辛庄乡洪河槽村
石家庄市井陉县南王庄乡河应村
石家庄市平山县北冶乡黄安村
石家庄市平山县杨家桥乡九里铺村
石家庄市鹿泉区石井乡封庄村
唐山市滦县泡石淀乡西刘各庄村
邯郸市峰峰矿区和村镇李岗西村
邯郸市峰峰矿区界城镇老鸦峪村
邯郸市涉县更乐镇大洼村

· 57 ·

邯郸市涉县固新镇原曲村
邯郸市涉县辽城乡岩上村
邯郸市涉县鹿头乡东鹿头村
邯郸市磁县白土镇吴家河村
邯郸市磁县白土镇五合村
邯郸市磁县都党乡同义村
邯郸市磁县北贾璧乡岗西村
邯郸市武安市贺进镇后临河村
邯郸市武安市管陶乡万谷城村
邯郸市武安市马家庄乡没口峪村
邢台市沙河市綦村镇城湾村
邢台市沙河市册井乡册井村
邢台市沙河市册井乡北盆水村
邢台市沙河市柴关乡安河村
邢台市沙河市柴关乡绿水池村
邢台市沙河市柴关乡彭硇村
邢台市沙河市柴关乡石门沟村
邢台市沙河市柴关乡西沟村
邢台市沙河市蝉房乡后渐寺村
邢台市沙河市蝉房乡口上村
邢台市沙河市蝉房乡王茜村
保定市涞水县九龙镇岭南台
保定市安新县圈头乡圈头村
保定市顺平县大悲乡刘家庄村
张家口市蔚县代王城镇张中堡
张家口市蔚县暖泉镇千字村
张家口市蔚县暖泉镇中小堡村
张家口市蔚县南留庄镇史家堡村
张家口市蔚县南留庄镇单堠村

张家口市蔚县南留庄镇杜杨庄村
张家口市蔚县南留庄镇大饮马泉村
张家口市蔚县南留庄镇小饮马泉村
张家口市蔚县南留庄镇白河东村
张家口市蔚县南留庄镇白南堡
张家口市蔚县南留庄镇白宁堡村
张家口市蔚县南留庄镇埚串堡村
张家口市蔚县南留庄镇白中堡村
张家口市蔚县阳眷镇南堡村
张家口市蔚县宋家庄镇宋家庄村
张家口市蔚县宋家庄镇邢家庄村
张家口市蔚县宋家庄镇郑家庄
张家口市蔚县宋家庄镇王良庄
张家口市蔚县宋家庄镇大固城村
张家口市蔚县宋家庄镇吕家庄村
张家口市蔚县宋家庄镇邀渠村
张家口市蔚县宋家庄镇大探口村
张家口市蔚县宋家庄镇北口村
张家口市蔚县下官村乡浮图村
张家口市蔚县涌泉庄乡卜北堡村
张家口市蔚县涌泉庄乡任家涧村
张家口市蔚县涌泉庄乡辛庄村
张家口市蔚县白草村乡钟楼村
张家口市怀安县西沙城乡北庄堡村
张家口市怀安县西沙城乡水闸屯村
张家口市怀安县西沙城乡西沙城村
承德市丰宁满族自治县凤山镇石桥村
衡水市冀州市门家庄乡堤北桥村

第四章　井陉县域古村落考古及文物调查

第一节　井陉域内早期人类文明遗址（迹）及古村落碑刻文献考述

井陉县地处太行山东麓，境内有金良、横涧、威州三大河川，其中的横涧川即处在井陉盆地中，是井陉最早的政治中心天户所在地。流经井陉的四大河流绵蔓河、甘陶河、金良河、小作河，最后都汇至冶河，沿河流域的台地就成为井陉早期人类文明的发祥地。据考古发现井陉有着从旧石器开始直至汉代完整的文化遗迹（址）系列。特列表如下①：

表 4-1　井陉旧石器时代至汉代完整文化遗迹（址）一览

迹（址）名称	文化类型	距今年代	发现地点	发现时间
东元村旧石器时代遗址	丁村—匼河类型	50000 年左右	孙庄乡东元村	1990 年 11 月
测鱼仰韶文化遗址	河南庙底沟类型	5500—5000 年	甘陶河上游测鱼村	1989 年 11 月
胡家滩仰韶文化遗址	河南庙底沟类型	5000—4300 年	胡家滩村	1979 年，1984 年

---

① 参见梁建楼主编《井陉县志》（1985—2004），新华出版社 2006 年版，第 1055—1062 页。

续表

迹（址）名称	文化类型	距今年代	发现地点	发现时间
西葛丹仰韶文化遗址	庙底沟类型	5000—4300年	绵河上游西葛丹村	1992年
石桥头龙山文化遗址	龙山—先商文化	4000—3600年	天长镇石桥头村	1989年10月
南横口龙山—先商文化遗址	龙山—先商文化	4000—3600年	南横口村	1989年11月
南良都先商遗址	二里头文化前期	3800—3600年	南良都村	1989年11月
威州西街先商早商遗址	二里头三、四期	3800—3500年	威州西街	1989年11月
微水欢喜岭商代遗址		3700—3100年	微水村南	1989年11月
微水北岭坡商代遗址		3600年	微水村北岭	1989年11月
段庄仙翁山商代遗址		3600—3400年	段庄村北	1976年
马村沈山寨商代遗址		3300年	马村沈山寨	1980年4月
天长镇西关商代遗址		3300年	天长镇西关村	1985年
翟家庄战、汉遗址		公元前300—公元200年	翟庄村西	1979年
微水鹅毛泉战国村落遗址		2300年	微水村南金良河台地	1983年
桃林坪战、汉村落遗址		公元前300—公元200年	桃林坪村	1989年10月

  上表所统计中的遗址截止到公元200年的东汉时期。此时人们的居住方式多以城居和里居为主。其中的"里居"通常是指乡野百姓的居住方式。"里"和城一样也是一种封闭的居住场，四周有围墙，有里门，民众住在里中，进出由头人"里老"监管。遇到农忙时，他们就

在田边搭个茅庐，寄宿在庐中过夜。之后，因种种原因，有人会脱离城或"里"，散居在偏僻的地方居住下来，三三两两，形成"聚"。这时的"聚"还算不上村落。"村"的出现，一般认为是东汉末三国初期。因此，考古学中经常把发掘有人类居住痕迹的遗址，称为"村落"，只是一种泛称，它和历史学中"村落"的含义是不完全一致的。

从村落形成史角度看，国家正式对村落进行规范化管理，设置行政村，是从唐代建立后才开始的。① 因此，如果要追溯某村的起源，一般应不会早于唐代，当然会出现在唐代以前本为城、之后因城废而形成村落的；也有在唐之前有人居住，但此时并未成村，也是到后来因户数增加，形成村落的。由此，现代人们在考察某村的起源时，有时会追溯到"村"出现之前的时代，其实是与史实不符的。石刻文献是证明村落起始的最直接的证据。就井陉而言，现今发现的最早的村落是在唐代。这时就有的村是障城村、测鱼村、天长村和南防口村。

如在天长镇北许水滋村发现的唐代墓群中，发现有一砖墓志，上写：

泽州□公普□原献，公理有皇都上堂。任回，权居天长村。元和三年七月内□恒州节使朱军零队攻围守护然苍苍之。□杜氏女为妻。夫□□□进□。今逝□。宝历元年九月。

其中元和是唐宪宗的年号，宝历是其孙子唐敬宗的年号，因此天长村在此时就已存在。

另外，在 2003 年初，于柿庄村南尹氏坟茔中出土了另一方唐墓中，发现了尹勤惠的墓志铭，上写：

贞元七年岁次辛未十二月廿三日己酉
大唐国恒州大都督府井陉县大化乡甘桃里障城村游击将军左

---

① 参见谷更有《唐宋国家与乡村社会》，中国社会科学出版社 2006 年版。

羽林军大将军员外直同正员上柱国尹怀璨亡考妣墓志

　　县去府九十里，村去县六十里；西云故关四十里，东去苇泊岭三十里，南去侧鱼村二十里，北去村十里。礼葬。择良时，卜吉辰，望河间。曾祖隋任秦州司法参军；祖唐朝兵部常选；父勤惠不士，母河间齐氏。怀璨家传钟鼎，代袭珠缨。中（忠）孝克修，芳声千古。志铭……①

　　贞元是唐德宗的年号，其所载"井陉县大化乡甘桃里障城村"，在之后因人口增加，又分出一村，旧村称南障城，新村为北障城，因此南障城村在唐代已有。其中还提到"侧鱼村"，即现在的"测鱼村"。

　　另一在唐代就有的南防口村、小作村，出现在《仙台山护国寺唐代经幢》中。这个护国寺经幢位于小寺村，原分数节，今唯存幢序文及佛经部分。经专家考证确认为唐末天祐元年（904）所建。现存经幢四面有字，其中B和C两面文字记载：

　　B面：押衙承天军使充东山四县都知兵马使李弘范，南防口村施主□□、次男羡郎、女弟子李氏、女二娘子，在使弘□，专知刘茅、弘章，小作修释迦牟尼佛公义、公亮、公□，山下檀那周达操、孙远福、刘晟。

　　C面：……天祐元年御书两道奉皇帝恩赐建造铭记。②

　　在井陉发现的宋代石刻文献中，也出现了直到今天仍然存在的村落，一是上良都村。它是在良河东村西龙泉寺中的宋代陀罗尼经幢上记载的：

　　惟大宋帝镇府常山郡井陉县大化乡上良都村山泉院，开宝二

---

① 井陉县文物保护管理所：《井陉柿庄宋墓群发现唐代纪年墓》，《文物春秋》2013年第6期。

② 梁建楼主编：《井陉县志》（1985—2004），新华出版社2006年版，第1087页。

年岁次己巳三月戊寅朔建立佛顶尊胜陀罗尼幢子一所。愿当今万岁、府主千秋，文武百僚同居祥位。都维那前摄粟州别驾张元庆，付维那穆再招，次维那江温、马思裔、江元寿。书幢王礼、田守儒……

二是下良都村。它发现于北良都村东北山洞的石壁上，题刻如下：

真定府井陉县清池管下良都村，副保证马俊特发心愿建水□□二□之堂。伏愿皇帝万岁、臣佐千秋；伏愿风调雨顺、五谷丰登、万民乐业。今具标名于后：都维那马俊……（人名略）时建中靖国元年五月十日起至次年改崇宁元年壬午岁。①

以上两则宋代石刻文献中所载有上良都和下良都，今天已称为南良都和北良都，名虽略改，但可以此确证这两村早在宋代就一直存在。

另外，在罗庄村发现的金代石桥碑记中，载有罗庄的村名：

滹阳大佛刹福圣寺弥勒院大法师满公福慧……
威境罗庄村檀越等，诚宅门中良□□……
……
大定十六年岁次丙申正月二十五日工毕。今具本村同共修造维那标列于后。（人名略）②

这充分说明罗庄在金代就形成村落，而且直到现在村址、村名都基本没发生过什么大的变化。

除这些题名碑刻中发现的村名外，一些传说有碑，但至今或毁，或未被发现的碑刻文字中，也发现元代存在的村名，如北障城，据村《龙交碑文》载，元大德八年（1304），该村原在村西，名曰庄旺，后

---

① 梁建楼主编：《井陉县志》（1985—2004），新华出版社2006年版，第1087页。
② 同上。

改名北障城。①

　　以上我们从井陉县考古的角度对此地从史前到历史时期的人类生存和居住信息线索做一粗线条梳理，说明井陉自古就有适宜人类居住的地理环境，它已形成史前从旧石器到商代完整的人类历史文明发展脉络。西周以来实行分封制，这里又属晋国之地。春秋时期，晋国又与迁居于太行山西麓的白狄发生冲突，促使白狄发生分裂，其中鲜虞一支在太行山东、滹沱河谷平原一带建国，几次被灭，又再而复国，逐渐与中原文明融合，建为中山国，井陉即中山国的西南边防重邑。韩、赵、魏三家分晋后，赵国势力渐强，终灭中山一统太行山东麓大部之地。战国纷争，秦始皇终归一统，井陉成为秦朝最重要的驰道之一，始皇在东巡中病故，又经此陉道运尸首归于咸阳。秦崩，刘邦与项羽楚汉相争，大将韩信在此地背水一战，造就了刘邦终胜的大局。西汉末，政局再次不稳，王莽窃权，引起纷乱，绿林、赤眉揭竿而起；南阳汉室之胄刘縯、刘秀兄弟也拉起一支反王莽军队，史称舂陵军。后与绿林军合，拥刘玄为帝，终灭王莽，再复汉室。更始帝刘玄猜忌杀死刘縯，刘秀不得不隐忍求全，聚集力量。乘奉命安抚河北之际，企图光复大业，无奈遭到邯郸称帝的王郎的围剿。在民间传说中，王郎误传为王莽，因此在包括井陉在内的河北地区留下了许多所谓"王莽赶刘秀"的传说，后来还被拍成大戏，刘秀在河北民间的名头更响了。在井陉许多村庄的名字都与刘秀有关。如头泉：

　　　　该村西南处有一泉，相传汉光武帝刘秀路经此地，口渴难耐，马跑一圈，圈内出泉，得名马跑泉。泉边建"光武寺"，后称"永泉寺"，立庄后名永泉村。清代后，称头泉村。

---

　　① 参见《井陉县志》编纂委员会编《井陉县志》，河北人民出版社1986年版，第556页。

米汤崖：

　　相传汉光武帝刘秀路经此地，在山下渴饮清泉，饮后谓泉水有米汤味，且能止渴充饥，后遂称米汤崖。

大王帮：

　　传说王莽赶刘秀路经此地，故得名大王莽，因讳莽，明代改名大王帮。

掩驾沟：

　　传说王莽赶刘秀时驾辇在此掩避一时，故得名。

割髭岭：

　　相传汉武帝刘秀攻打赤眉、尤来、大枪等义军，义军割掉髭须伪装逃跑，故得名。

以上主要对井陉元代以前的村落，从考古遗址（迹）、考古文献的角度，对村落的存在历史做了简单的叙述。因为元代之前，尤其是唐宋时期的村落，一是能够确证的不是太多；二是现在能够看到的古村落，绝大多数是明清以后的。明清时期的村落，特别是明初太祖、成祖的村落，因为从山西移民，井陉及河北平原的村落，一是由山西移民建立了新村，即民间流传颇广的洪洞移民的"大槐树"村；二是由山西移民插住到旧有的村中，后来由于移民人口渐多，也常被说成是明代移民建村。从历史学的角度言，用传说和口述调查结果来作为某村建立时间的证据，常常是不可靠的。与此相对比，出土的文献，包括碑刻的记载，才是值得信赖的证明材料。

表 4-2　　　　　　　　井陉古村落主要石刻文献存目一览

村落名称	主要石刻文献存目
南障城镇大梁江村	1.《明正德甘桃沟重修龙王庙碑记》；2.《明万历甘桃沟重修龙王庙碑记》；3.《清康熙甘桃沟重修龙王庙碑记》；4.《清雍正大梁家村创建灵慈阁记》；5.《清乾隆四十五年重修廊房碑记》；6.《清乾隆二十九年龙王重修门楼募化诸村姓名录》；7.《清乾隆五十二年重修三圣母祠、五龙堂、山神庙碑记》；8.《清咸丰九年创建虫王庙碑记》；9.《清道光九年关帝庙山林禁伐禁火碑记》；10.《清嘉庆补茸重修灵阁碑记》；11.《清光绪二十二年大梁家村重修关帝阁.龙王堂碑记》；12《清宣统元年梁氏宗祠碑记》；13.《民国七年重修官坊改学校碑记》；14.《民国二十一年桥沟岭修路碑记》；15.《清宣统元年村规碑》；16.《□□六年创建伙房三间门楼一间碑志》
南障城镇吕家村	1.《清康熙三十五年新修关帝庙碑记》；2.《清乾隆三十八年重修官房碑记》；3.《清乾隆五十二年重修关帝庙碑记》；4.《清光绪十四年禁山碑记》；5.《民国五年建修官窑碑记》；6.《光绪二十三年补修戏台碑》；7.《嘉庆十四年建廊房碑记》；8.《清同治十一年重修玉皇庙碑记》；9.《光绪三年重修玉皇上帝庙记》
南障城镇七狮村	1.《明嘉靖二十三年重修千佛岩记》；2.《明嘉靖三十五年重修千佛岩记》；3.《明万历十八年勒建观音真武阁记》；4.《明万历六年重修千佛岩睡佛殿记》；5.《清雍正九年重修睡佛殿记》
天长镇梁家村	1.《清嘉庆廿四年重修永隆碑记》；2.《清乾隆四十七年贞节牌楼石匾》；3.《清康熙四十五年改建村东关圣庙记》；4.《明天启二年重修三圣祠记》；5.《清康熙四十九年圣庙碑记》；6.《清乾隆三十三年重修三圣庙记》；7.《清光绪二十一重修关帝庙记》；8.《清光绪二十三年砍伐山林禁约及修蓄水池记》
天长镇板桥村	1.《清康熙四十四年重修玉皇庙碑记》；2.《清雍正十一年建修显圣苍山海龙王庙记》；3.《清康熙丙辰冬重修老爷庙碑记》；4.《清道光七年重修显圣苍山海龙王庙记》；5.《清雍正七年重修三官庙大门石柱记》；6.《清道光五年禁砍山林石记》；7.《清乾隆□□重修三官庙记》；8.《清雍正九年金庄观音堂碑记》；9.《清乾隆二十一年新建双峰阁碑记》；10.《清道光二十四年重修龙王庙记》；11.《清嘉庆十四年补修龙王庙碑记》；12.《清光绪十七年蔡家家谱碑》

续表

村落名称	主要石刻文献存目
天长镇宋古城村	1.《清康熙五十年建显圣寺牌坊，重修钟楼、四周墙垣，回赎赠寺地亩碑记》；2.《清顺治四年重修显圣寺碑记》；3.《民国十三年莲海法师开传五戒序》；4.《民国十三年重修井陉显圣寺更名陉山寺碑记》；5.《元至顺四年显圣禅寺园悟大师晦居长老行记》；6.《清康熙九年府君庙启建水陆大会碑记》；7.《明嘉靖卅六年府君庙上梁记》；8.《清乾隆廿七年重修府君庙记》；9.《清康熙十一年重修北方五道神庙记》；10.《明万历六年创建观音堂庙记》；11.《明嘉庆元年卢氏谱系碑文》；12.《清光绪十二年霍氏家谱碑记》；13.《民国三年善士郝国玺墓碑记》；14.《清顺治八年于谦后世迁坟记》；15.《故成德军节度驱使□□□左武卫兵传□军天水赵府君夫人南阳张氏墓志铭》
天长镇城内村	《唐故成德军节度驱使□□□左武卫兵传□军天水赵府君夫人南阳张氏墓志铭并序》
天长镇乏驴岭村	1.《明成化戊戌年重修道路并建观音堂记》；2.《明嘉靖六年重修观音张果老堂记》；3.《明嘉靖十五年平治百花道路记》；4.《清乾隆二十三年创建戏楼碑记》；5.《清嘉庆七年重修老母庙碑记》；6.《民国十六年重修戏台碑记》
天长镇核桃园	1.《清乾隆三十年修桥阁碑记》；2.《清乾隆三十年修会源桥记》；3.《清嘉庆八年重修会源桥记》；4.《光绪二十年层霄阁碑记》；5.《清康熙二十五年层霄阁碑记》；6.《清康熙四十一年大悲阁碑记》；7.《乾隆二十八年大悲阁碑记》；8.《清乾隆四十九年圣母庙碑记》；9.《清乾隆二十年重修圣母庙记》；10.《清光绪十二年圣母庙村规碑记》；11.《民国二年重修圣母庙记》；12.《清嘉庆十四年重修圣母庙记》；13.《明洪武庚戌年圣母庙记》；14.《清光绪二十年重修关帝庙碑记》；15.《民国五年重修关帝庙碑记》；16.《清乾隆三十四年过路人布施关帝庙碑记》；17.《清嘉庆十四年重修关帝庙等事碑记》；18.《清乾隆十五年补修关帝庙碑记》；19.《清雍正八年关帝庙村规碑记》；20.《清乾隆三十七年驿道告示碑》；21.《清雍正三年重修龙王庙》；22.《清嘉庆二十三年重修山神庙等事碑记》；23.《清乾隆四十二年重修山神庙碑记》；24.《清嘉庆七年改修上山西庙岩岭道记》；25.《清乾隆三十年新建泉井龙神庙记》；26.《清乾隆四十九年修官井道记》；27.《清嘉庆五年方便巷修路石记》
天长镇石桥头村	1.《宋元丰八年宋成德军天威军石桥记》；2.《明成化十四年重修通济桥碑记》；3.《清康熙三十六年许自严神道碑》；4.《清顺治十二年重修东岳庙碑记》；5.《清康熙五十八年重修东岳庙碑记》；6.《清光绪十九年重修东岳庙碑记》；7.《明万历三十二年重修后土祠碑记》；8.《清顺治二年增修后土祠碑记》；9.《清康熙六年补修后土祠碑记》；10.《清康熙四十六年重修后土祠碑记》；11.《清雍正八年补修后土祠碑记》；12.《清光绪元年北五村公议条规》；13.《清道光元年重修龙王庙碑记》；14.《清康熙三十四年周同等施地碑记》

续表

村落名称	主要石刻文献存目
天长镇吴家垴村	《明嘉靖八年重修观音堂碑记》
天长镇庄旺村	1.《明嘉靖二十年建东山桥碑记》；2.《清乾隆三十二年建关帝庙碑记》；3.《清乾隆四十四年老母庙作善降祥碑记》；4.《清道光十年重修老母庙碑记》；5.《清道光三十年重修山神庙碑记》；6.《清同治十二年禁坟林碑记》
孙庄乡北防口村	1. 凤凰山三世佛摩崖石刻：《大唐广□二年前摄镇府深州博□县令王男万敬造三世佛一铺》；2.《清乾隆五十七年王氏西祠碑记》；3.《清乾隆四十二年重修玉皇阁碑记》；4.《清道光廿一年重修玉皇阁碑记》；5.《清光绪二十六年弥盗村约》；6.《乾隆十八年大清国直隶正定府井陉县各社甲同现在北放口村住同乡共发善念》；7.《清乾隆廿六年买道记事碑》
孙庄乡东元村	1.《明崇祯八年修关帝圣君庙碑记》；2.《清乾隆八年二月修迎凤阁碑记》；3.《清乾隆三十一年修戏楼（西）碑记》；4.《清乾隆四十七年修戏楼（东）碑记》
孙庄乡北白花村	1.《清道光二十六年村东打水井碑记》；2.《清嘉庆十七年村西打水井碑记》；3.《清咸丰四年马王庙井碑记》
孙庄乡孙庄村	1.《清康熙六十一年重修古佛碑记》；2.《民国三十二年井陉县冶里村敬祝孙庄村施惠碑记》；3.《清光绪二十七年孙庄村施饭碑记》；4.《清光绪十五年公议乡规禁约碑记》；5.《择律例内最重要而易犯者三十余条刊示晓谕碑记》
孙庄乡西元村	1.《清乾隆某年重保元寺佛殿并建戏楼碑记》；2.《民国十七年创建九莲洞石窟、玉皇阁等事碑记》
南王庄乡割髭岭村	1.《明嘉靖四十一年井陉东界石碑文》；2.《清道光元年火神庙创修两廊碑记》；3.《清乾隆五十三年创修灵雨祀仙姑庙碑记》
南王庄乡南康庄村	1.《清道光十三年新修三官阁碑记》；2.《清咸丰三年新修酬神所、官房、马棚碑记》；3.《清乾隆十三年新建戏楼碑记》；4.《清道光十七年重修戏楼碑记》；5.《清光绪十年重修观音堂碑记》；6.《民国八年重修观音堂碑记》；7.《乾隆四十四年重修石佛寺碑记》；8.《清乾隆十八年石佛寺新修佛殿记》；9.《清光绪十九年邢氏忠祠新修碑记》
秀林镇北张村	1.《清乾隆四十年重修三义庙碑记》；2.《清康熙六十一年重修东戏楼碑》；3.《清同治七年重修东西阁碑记》；4.《清嘉庆寅申年重修万和楼碑记》；5.《清乾隆八年重修观音大士碑记》；6.《清咸丰元年重修龙王庙茶棚、将军庙碑记》；7.《清光绪七年北张村骡马毛驴概行应差记》；8.《明万历十二年重修青岩庵碑记》；9.《清同治五年骆驼大店起造东西两阁碑记》
测鱼镇测鱼村	1.《清同治五年重修寿圣寺碑记》；2.《清光绪二十六年补修寿圣寺碑记》；3.《清宣统三年平定州营测乡测鱼镇集厂规则并序》

续表

村落名称	主要石刻文献存目
测鱼镇石门村	《清光绪三十四年禁西照山碑志》（村中规条）
测鱼镇龙凤山村	《清乾隆二十五年重修龙凤山佛殿碑记》
于家乡高家坡村	1.《清乾隆四十二年重修圣帝君庙碑记》；2.《民国九年重修关帝庙碑记》；3.《清乾隆癸亥岁修建三皇姑庙碑记》；4.《清乾隆元年修建关帝庙戏台碑记》；5.《清乾隆三十八年修后土与文昌阁碑记》；6.《清嘉庆十六年重修观音阁（西阁）碑记》
于家乡当泉村	1.《光绪二十二年开池碑记》；2.《乾隆五年重接抱厦碑记》；3.《民国十七年重修关帝庙碑记》；4.《民国三十八年重修戏台碑记》；5.《清光绪二十四年村规碑记》；6.《天启四年新建观音阁关圣帝君碑记》；7.《清道光十年禁砍坟地林木碑约》；8.《乾隆六年贞节牌坊》
威州镇南固底村	1.《清康熙六年新建观音厦记》；2.《清乾隆元年重修观音堂碑记》；3.《清乾隆四十九年重修观音堂碑记》；4.《清道光二十四年重修观音堂碑记》；5.《清光绪元年重修观音堂碑记》；6.《民国二十四年重修观音堂碑记》；7.《清雍正十一年新修戏楼记》；8.《清光绪十五年重修石阁碑记》；9.《清乾隆十八年重修真武庙碑记》
威州镇南平望村	1.《清光绪二十三年重修龙王庙碑记》；2.《清乾隆乙丑年重修大王庙碑记》；3.《清同治三年重修大王庙碑记》；4.《清乾隆九年重修玉皇庙碑记》；5.《清咸丰三年重修玉皇庙碑记》；6.《明万历三十三年重修建玄帝庙碑记》；7.《清乾隆五□年重修玄武庙碑记》；8.《清乾隆十二年重塑观音神像碑记》；9.《清乾隆三十八年创建戏楼碑记》
威州镇三峪村	1.《清乾隆四十六年重修碧霞元君庙碑记》；2.《清乾隆四十四年建玉皇顶碑记》；3.《清光绪九年重修清泉观碑序》；4.《清乾隆元年重修关帝圣君庙序》；5.《清乾隆三十三年重修老母庙碑记》；6.《清道光三年重修老母庙碑记》；7.《清嘉庆九年除差徭之弊碑记》；8.《清光绪七年重修老母庙碑记》；9.《清雍正十二年重修戏台碑记》；10.《清道光二十二年重修老黄龙、五道、子孙娘娘庙宇碑记》
威州镇五里寺村	1.《清乾隆七年重修显龙观记碑》2.《明万历二十八年重修钟楼碑记》
威州镇庄子头村	1.《清乾隆五年重修阁庙碑记》；2.《清光绪八年重修关帝庙龙王堂土地祠碑记》；3.《民国十九年掘井碑记》；4.《民国二十一年重修西井碑记》；5.《明万历十四年重修观音堂记》；6.《清道光七年村庄禁约碑记》；7.《清咸丰六年贸易纳税遵旧规碑约》；8.《清光绪八年重修关帝庙龙王堂土地祠碑记》；9.《明嘉靖二十四年新建石桥碑记》

续表

村落名称	主要石刻文献存目
小作镇桃林坪村	1.《明万历二年启建新修观音庙堂序》；2.《清雍正四年重修苍山大王庙并戏楼碑记》；3.《清嘉庆十四年重修大王等庙碑记》；4.《清道光二年重修关帝庙圣君庙阁碑记》；5.《清同治二年桃林坪村重修龙王庙碑记》；6.《清同治八年三村公议禁约条规碑记》
小作镇仇家窑村	1.《清康熙四十年老母庙创建碑记》附《重修碑记》；2.《清雍正四年重修大王庙碑记》；3.《清咸丰五年为桃林坪村仇家窑村同梅家庄立合同碑记》；4.《清道光三年重修山神庙碑记》；5.《清咸丰三年乡人掘新井碑记》
小作镇沙窑村	1.《乾隆三十六年重修老母庙碑记》；2.《清道光八年施地关音会合同碑记》；3.《清嘉庆二十五年西王舍村梅家施地众建菩萨庙碑记》；4.《清同治九年重建关帝庙碑记》；5.《清光绪三十一年沙窑村合村公议建修戏楼碑记》
小作镇小寨村	1.《明万历四十四年新建玉皇大帝庙碑记》；2.《明天启元年重修龙王庙碑记》；3.《明天启四年新建老君庙碑记》；4.《明天启四年"双龙观"地亩碑记》；5.《清康熙三十二年重修龙神祠碑记》；6.《清康熙五十六年"双龙观"施地碑记》；7.《清同治七年重修三官殿碑记》；8.《清道光九年新建苍岩神堂碑记》；9.《民国二十八年新建三官地藏王庙碑记》；10.《清道光元年新建观音堂碑记》；11.《清光绪十七年重修老母庙碑记》；12.《清乾隆三十六年重修老母庙碑记》；13.《明崇祯元年重修观音堂碑记》；14.《清乾隆元年重修观音堂碑记》；15.《清宣统元年建观音堂香剎碑记》；16.《清乾隆十八年重修龙王庙碑记》；17.《清光绪十年重修汉武帝庙碑记》
微水镇良河西村	1.《清光绪二十九年良河西公议乡规碑记》
微水镇罗庄村	1.《顺治庚子年新修观音大殿碑记》；2.《清乾隆岁辛丑年新建文昌阁碑记》；3.《清乾隆二十六年重修观音碑记》；4.《清道光二十五年穿井碑记》；5.《清同治丙寅年乡规碑记》；6.《清同治五年增修南海观世音庙碑序》；7.《清光绪二十三年罗庄应帮修长岗墩台营房不管桥梁道路要站夫役碑记》
微水镇皇都村	1.《清雍正四年重修观音堂记》；2.《清乾隆二十二年新建戏楼官房碑序》；3.《清乾隆五十二年重修观音堂碑记》；4.《民国十九年重建马王庙碑记》；5.《乾隆五十九年重修龙山大王庙碑》；6.《民国十九年重建马王爷庙碑记》
苍岩山镇杨庄村	1.《明崇祯丁丑岁重修关帝圣君庙碑记》；2.《明崇祯九年修杨庄地束火城碑记》；3.《明嘉靖二十三年重修营子岩观音寺碑记》；4.《清光绪十六年重修庙宇碑记》；5.《民国十七年重修玉皇观音阁碑记》；6.《民国二十二年创修乡公所碑记》
苍岩山镇汪里村	1.《明嘉靖二十年重修观音堂、创建石香台碑记》；2.《明嘉靖廿五年新修观音堂记》；3.《明崇祯四年重修寿圣寺记》；4.《清嘉庆十四年阳城乡王儿村重修石佛寺碑记》；5.《清光绪三年王儿村重修石佛寺碑记》；6.《清宣统三年王儿村重修观音堂五道庙碑记》；7.《清顺治五年平定州测鱼都王儿村东石壁记》

续表

村落名称	主要石刻文献存目
北正乡 赵村铺村	1.《明万历乙卯年重修龙王庙碑记》；2.《明天启二年重修龙王庙碑记》；3.《清嘉庆十四年重修古戏楼碑记》；4.《清乾隆十二年重修文昌阁碑记》；5.《明崇祯四年创建玄天上帝庙阁碑记》；6.《明崇祯八年建修保泰阁碑记》
辛庄乡 达柯村	《清光绪九年为酬叔愿修观音寺大殿碑记》
辛庄乡 洪河槽村	《民国十四年许氏家护树碑记》
辛庄乡 栾庄村	1.《明嘉靖十三年直隶真定府井陉县重修龙王堂碑记》；2.《明嘉靖三十一年直隶真定府井陉县大化乡赵村社重修海龙王庙堂碑记》；3.《明万历四十七年重修龙王庙堂碑记》；4.《清顺治四年重修龙王庙碑记》；5.《清顺治十五年重修石塔石供碑记》；6.《清乾隆四十一年重建老海大王庙碑记》；7.《清光绪六年重修杏子山龙凤洞碑记》；8.《清同治四年重修邳神庙记》
辛庄乡 米汤崖村	《清同治八年重修观音庙碑记》
辛庄乡 小切村	1.《民国二十八年重修关帝君庙碑记》；2.《清道光二十七年新建观音堂碑记》；3.《清咸丰七年小切村居合村人等讼议碑记》；4.《民国十一年小切村岚子坡修路碑记》
辛庄乡 小峪村	1.《清道光八年新建瘟神庙记》；2.《清光绪十二年修复瘟神庙碑记》；3.《民国十六年小峪村驴桥岭修路碑记》

第二节 井陉域内古村落的文物遗存

古村落，所谓的"古"是指建村历史时间长（一般指建村在民国以前），且村址比较稳定，未发生大的迁移。其历史时间长的外在表现有：一是有悠久的历史建筑，包括民居、庙宇、围墙、戏楼、关阁等；二是原封不动地保留着村民生活环境的古树、古井、街巷、石碾、石磨、石碓等。同时，古村落的历史性还反映在村民社会的历史表现上，如族谱、祖坟等。这些都可以称为古村落的文化符号的物质体现，也可以简称为文物。

井陉是千年古县，村落普遍都有很长的历史。仅就官方所认定的历史文化名镇名村和传统村落名录而言，其数量在太行山东麓各县中遥遥领先。因此，各个古村落中文物遗存也就很多。下面就从民居、庙宇、关阁、戏楼、古树、古井等方面逐一叙述。

（一）民居

民居是当地人民适应自然环境而逐渐形成的，具有生活方便，又体现经济方式、社会等级和家庭伦理的特点，是非常具有地方化色彩的房屋和庭院建筑。学会建筑房屋是人类文明进步的重要标志之一。不同地域各具特色的民居，是地域经济和文化发展相区分的重要体现。井陉大部分属于山区，又处于山陕燕晋的三省通衢的大通道上，其民居特色体现着陕晋建筑风格对井陉建筑的影响，同时又体现着鲜明的山区石头房建筑向平原坯平房建筑过渡并相融合的特点。

我们先提一下首批入选中国传统村落名录的大梁江的民居。大梁江属于井陉县南障城镇，位于太行山深处，在明代之前属山西省太原府平定州承天都管辖，中华人民共和国成立之后，仍属山西平定县，直到1959年才改属河北省井陉县。该村至今"有保存完好的明清古民居建筑162座，现在该村共有3条街道、10条巷子，总长3700多米，全部用青石和卵石铺成，高低交错、纵横交织。明清四合院，兼有北京四合院和山西民居的双重特色，且依山就势而建，高低错落，古色古香，有着历史的厚重感。房屋以石材为主，辅以砖木，有的粗犷奔放，一派农家淳朴风貌；有的精雕细刻，雕梁画栋，显示着富贵之气"[1]。

据说该村在清代出过1名武举人、7名武秀才、3名监生，4名文林郎。因此，该村在周边声名显赫；更重要的是因为出了个武举人，便有了让现代人叹为观止的武举人豪宅。武举人宅院始建于乾隆三十三年（1768），共有100多间，其特点是所谓"一门穿九宅，移步登高楼"。经调查人员实地调查发现，这座大宅院共有九重，第一座庭院，正房北楼两层，内设木制楼梯九级，由此可以登临东屋房顶。北

---

[1] 梁保庆：《中国传统村落（大梁江）立档调查资料》，2014年。

楼伫立"狮首、龙身、凤爪"的奇兽砖雕，悬挂于书院上方的清道光二十六年（1846）的"清正流芳"木匾，一扇保存200多年饰有"喜鹊登梅""凤凰展翅""八仙过海"及狮子滚绣球等精美浮雕的古门扇，见证了武举人豪宅的华美。从东侧门递进，便步入石鼓门墩、梅花鹿砖雕的二层楼院，再由此攀援15级石砌台阶，即可穿抵其他七重宅院。"一门穿九宅，院院呈吉祥"。这九重宅子为套院，"院能通院，院中有院，院内有楼，楼上有楼，楼顶有院，楼能通楼"①。

大梁江现在已是中国历史文化名村和中国传统村落名录双入选者，其入选的重要依凭便是独具特色的、保存完整的明清古民居建筑群。尤其是武举人的九重院，具有重要的功名身份象征，这和一般的商人和地主的宅院不同。

井陉邑内对商人和地主宅院保存较好的，是位于秦皇驿道最西端的核桃园。该村在历史上很早就有人居住，在这里曾出土过早期人类使用的石斧，还有据说是商周时期的烽火台遗址。该村曾经三易其名，最初叫灵真城、段基村，从明万历年间起改名为核桃园至今。明清时期，这里曾是穿越冀晋这条重要通道上最靠近山西的一个大驿站，因此，这里商业繁盛、人口密集，商铺也众多。

目前全村保存有明清以来特色民居20多处。该村民居的特色表现为两点：

一是穿膛院。"穿膛院也为本村院落形式的一大特点，即前建大门后设后门，将两串院或三串院串联其间，名曰两进院或三进院。大街两侧有很多穿膛院，这穿膛院可以十分顺当地进出南北两侧，免除绕道行走之苦。再则旧时兵乱之时较多，人们便可以从穿膛院的一侧逃出，免遭祸殃。"②

二是石券窑洞。该村保存下来的"古窑洞共有139眼，其中有一部分是明式建筑——石券窑洞。现存明代所建筑的23处窑洞全部用青

---

① 梁保庆等：《中国传统村落（大梁江）立档调查资料》，2014年。
② 樊海花等：《中国传统村落（核桃园）立档调查资料》，2014年。

石建造，门窗两旁均竖青石立柱两根，名曰将军柱，顶部用三块料石组成拱券。因为'明'字为日月组成，建造窑洞时烟囱直立朝天冲撞日月。所以，明代的窑洞都是把烟囱建制在前墙或后墙靠上一点的地方。窑洞四周的墙体很厚，一般都在1米左右。"①

体现这两个特色的大宅院保存较完整的有近10处，下面仅举两个典型的例子：

一是吴家大院。吴家大院的始建者叫吴广治，曾经在北京经营皮货生意，发了大财，就于民国初年在家乡盖了这样一座豪华大宅子。

整个建筑分上下两院。上院为仿北京四合院建筑，青砖灰瓦，鸱吻花脊，砖雕墀头，木制窗棂，处处有讲究，件件为上品。

此院落从布局格调与建造样式上看，与我们当地的四合院落有明显不同，四周的房屋建筑各具特色互不重复。单说南面那五间平脊瓦屋，两边的梢间为卧室，门砧为精雕细刻的石鼓。柱顶的沿板精心装饰。四合院的建筑姿态各异，互为映衬，豪华而不失庄重，给人以阔绰而气派之感。

下院建造的更为别致，四周皆是石券窑洞，所用石料皆经石匠精工雕琢，墙体上那名为"风捎雨"的斜形线条，凿雕规整，一线到顶，他是房屋建造的一大特色。

砌筑墙壁的石料块与块之间用棉纸垫缝，缝与缝之间连一个小铜钱也插不进去。整个墙壁如同刀切一般，平整如镜，缝齐如线，建造工艺精良别致。

下院的主房为石拱券横向窑洞，一明两暗，横长20米，进深4米。高大宽敞，冬暖夏凉。门前的月台抱厦均由精雕料石砌筑，雕梁画栋，绚丽夺目，宽绰明亮，样式精美。抱厦前立明柱两根，皆经工匠油刷雕饰，其下的柱础石为石鼓形。拾五级台阶而上，让人顿生庄阔之感。②

---

① 樊海花等：《中国传统村落（核桃园）立档调查资料》，2014年。
② 同上。

二是吴家窑院。这是一处聚族而居的窑院。

窑院坐落在村南桑园巷南端,是一座少见的一门八院宅第。宅地呈长方形状,东西长 82 米,南北宽 67 米,总计占地面积约为 5400 平方米。

这个大院始建于明朝成化年间,吴氏五甲一族是于明朝成化年间从山西代县迁来,选址于现在的窑院一带建房造屋。他们在这里安居落户,经过数代人的不懈努力,终于建造起了这么一座聚族而居的大宅院。窑院大门设在东南角,为了出入方便,在院落的西北角设有坐北朝南的后门一个。除了前后两门,院内还有六道门庭,人们无论从哪道门庭进入都可走遍大院的各个角落,来去往返,畅通无阻。可谓是门连门、院套院,既各自独立,又互相连通。充分体现了家族之内心心相连、团结和睦的景象,同时也反映出家族成员宗族观念的浓厚。

窑院共有 8 个院落,家族之人主要居住在中间的两个大院内。南大院坐西朝东,而北大院却是坐东朝西,这样的布局与东南角的正门和西北角的后门有关。北大院的东主房是一排三眼石券窑洞,门口两边都矗立着两根将军石柱,整个前墙所用石料做工较为精细,墙体砌筑的规整有致。大概就是因为这里最先建造的是这高大气派的三眼石窑缘故,因此村人就一直把这个家族大院称之为窑院。窑院的东、西、北三面都筑高墙围拢,南面是 6 米高的土岸代做院墙,并挖了土窑四个。与众不同的是这大院内不仅建有宅院居室,大院内还有耕地三亩,麦场一个,水井四眼,碾磨各一盘,梨果桃杏,绿荫满园,应有尽有,设施齐全,犹如世外桃源一般。[1]

其他比较知名宅院如吴郡三故居、大来豪宅院、穆世昌宅院、树

---

[1] 樊海花等:《中国传统村落(核桃园)立档调查资料》,2014 年。

德昌宅院、永德成宅院、樊得寿宅院等，也各具特色，是核桃园村有名的大豪宅。

核桃园村虽是驿道重要商埠，富商众多，有不少大豪宅，但更多还是普通的百姓房屋。他们大多以农自立，间或做点零散买卖或打点短工。对他们来讲，一辈子拼死拼活，也就是挣一套房子而已。农家人限于经济实力，难以讲究奢侈，更多是为了实用。这些民房虽然简陋，但也都因地制宜，充分利用大自然的恩赐，与大自然充分融合，展现出民间建筑师的匠心之处。在核桃园村，一般农家的房屋分为平房、窑洞、土窑洞、瓦房、草房、土坯房六种。以下简略述之。

1. 平房

多数人家的住宅是平房，用石头与破灰泥（黄土拌石灰）砌墙，房顶用梁檩木头架子和炉灰砸房（或抹石灰麦秸泥），里墙抹石灰泥，炉灰抹地面盘土坯炕。屋子规格一般宽一丈左右，长短不等，分为一门两窗的三间屋和一门一窗的两间屋。

2. 窑洞

有石券窑，全部用石头垒成，墙石较平房墙石大。有顺窑、横窑之分。顺窑为一门一窗，宽一丈左右，深一丈五尺左右。横窑有一门一窗和一门两窗两种，宽一丈左右，长两三丈左右。窑洞隔热避寒，冬暖夏凉，居住舒适。

3. 土窑洞

利用土岸陶成洞再用石头"投券"（有的不用券），墙体更厚，冬天几乎不用生火取暖，夏天睡觉也离不了棉被。

4. 瓦房

砖木结构，根基用石头破灰泥砌筑，除了留门口和窗口外，窗台以下墙体多用石头垒成，也有一砖到顶的。窗台以上是木制窗棂，较为明亮，房顶是三角形结构的木制框架，用瓦覆盖。有的安五脊六兽，显得豪华，是富有大户人家的标志。

5. 草房

1949 年前还存有极少草房，形状如瓦房，只是不用盖瓦，苫一层厚厚的谷草，隔一定时间添加一层。谷草隔热防寒性能较好，住起来也比较舒适。

6. 土坯房

土坯房不用石头和砖。把湿度合适的黄土在模具内捣成砖样（比砖大）的土坯垒墙，外表再抹层石灰泥。土坯墙较为经济，但需不断维护，其他屋内隔墙和非承重墙体也有垒土坯墙的。①

前面所列举的无论是大梁江还是核桃园，其民居令人惊叹的最大特色就是豪宅的奢华。尽管一般民居也很有地域特点，但常常会因豪宅的突出而让人们忽视普通住宅的存在。但有两个村子则不同，它们都是单姓村落，是一个祖宗同源的大家族式村落，村内没有反差极大的贫富分化，其住宅也就没有很大的身份反差。这两个村落一是著名的于家石头村，一是传统村落卢峪村。前者是明代著名官员于谦落难后，其子逃难至太行山深处，逐渐繁衍生成的村落。因为有于谦的光环，于家石头村早在21世纪初就成为国家级历史文化名村，并入选传统村落名录，成为省级民俗文化名村，成为井陉古村落的标志性名片。其著名的清凉阁、石头四合院等，因近几年旅游业发达，为广大游客所知晓。因此，本书用尚未为大家所熟知的卢峪村来示例。

卢峪村属于井陉县小作镇，据说是清嘉庆年间先祖卢喜顺从城关辗转来此谋生建村，取山谷之意，冠姓氏名之卢峪，距今有300多年的历史。该村处在太行山东麓，南、西以鹿耳岭为屏，东山与矿区台阳相望，北有小作河流过。村庄依山而建，整个村庄呈半月形布局。全村只有卢姓，是个非常纯粹的单姓村。据2014年的调查资料，全村共有58户，278人。

该村古色古香，民宅为一色的石头院落。"从嘉庆年间到此建村至民国时期，全村均是按照世系关系建房，建造房屋院落的档次则根据各家的家境贫富而定。有完整的石头四合院，高门楼、石门口，很是别致，有平房三合院，有石窑一面房，也有下边券石窑上边盖平房等

---

① 参见樊海花等《中国传统村落（核桃园）立档调查资料》，2014年。

多种形式的住房和院落。不论是什么形状的房屋院落，全部是用石头建造。从嘉庆年到解放前，卢峪人在这山坳中建造房屋300多间，至今共有房屋650多间。"①

据村里老人讲，在先祖卢喜顺刚从城关搬到卢峪时，日子过得并不宽裕，就住在村子南岭岸上挖的土窑里。至今还能看到阳面的三眼已废弃的土窑。后来的卢氏子孙们靠做骡马生意发了财，就对村落整体规划，盖起了漂亮的石头四合院，既结实，又实用。

四合院主房是石窑，"长4.5米—8米，宽3.5米—5米，高4.5米—5米，高大宽敞；厢房多为石木结构平房，也有石券横窑，整个院落全部细石做面，大门口、门楼多为双坡瓦屋面，上有石雕刻字画，配有精致的石雕门墩、隐峰、匾额，门口两边有上马石墩、拴马石环，十分经典讲究。石窑的样式，根据建造的地理地形，建有横窑、顺窑，一般为顺窑，整个建造纯石头结构。卢峪村现有石窑120多眼，多数建于清朝和民国时期。"②

各具特色的古民居在井陉县的古村落中很普遍，这也是井陉县入选中国历史文化名村和传统村落名录众多的原因之一。限于篇幅，只是以大梁江、核桃园和卢峪三个村落的古民居作为代表，进行简要叙述。为使读者能对井陉县古村落的古民居有总的了解，特做下表。

表4-3　　　　　　　井陉县古村落类型及老房子一览③

村名	村落类型	老房子情况（含古戏楼）
南障城镇大梁江	深山唐至明清散聚型	保存完好的明清古民居建筑162座
南障城镇吕家村	深山明代本县迁徙型	古建筑群以明清老院为主，共有76处，最具风格的有12处，保存完整的有8家：三滴水院、绣楼院、日月楼院、吕栓科院、新院、福寿院、吕玉峰院和吕俊庭院、吕兵栓院，占地面积1768平方米

---

① 卢杰等：《中国传统村落（卢峪）立档调查资料》，2014年。
② 同上。
③ 表中的村落类型，是笔者根据调查资料加以概括而成。

续表

村名	村落类型	老房子情况（含古戏楼）
南障城镇七狮村	深山唐宋明聚迁型	"七狮窑八圪台，家家都有土窑窑"的乡间民谣，形象地道出了七狮村这个传统村落的民居特点。全村现有明清时期形制各异的特色土窑186眼，石券窑80眼，石砌楼院18处，石头四合院16处。所有这些民居，至今仍然是村民居住生活的中心 毕氏祖院：毕氏祖院由5个自然院落组成，明代浙江道监察御史毕鸾的后人居住 毕氏祠堂：始建于明末清初
南峪镇地都	深山驿道型	代表性古宅民院26处，古朴典雅；举人院、秀女楼、五进院、新楼院、段家祠堂等古宅院甚为经典
天长镇梁家村	深山元末明初迁徙型	拳房、旧校院、垂花门院、画楼、名人故居——窑院、豪主后府——鸟鸣楼、明清时期民居古建筑群29处
天长镇城内村	旧城治所演变型（驿道型）	霍宅、张家店铺、迷宫黄宅、秀才院、矿长院、许总兵府邸、王家庭院、蔡家宅地、右相府、井陉县衙
天长镇小龙窝	深山驿道型	龙窝石楼群、疆磙顶大院、槐岭尚武院、枣园田字院、桥头品字院、榆坪吕字院、袖珍院、三联院、巨字院
天长镇蔡庄村	深山宋明聚落型（古驿道西道中穿）	霍鹏霍督堂之女古院落 名人故居——南北二院：北院是清朝光绪年间镇守固关守将蔡建堂故居，建于光绪二十年，即公元1861年；南院为五世秀才蔡金玉故居，建于清咸丰十年，即公元1850年 大财东保太号故居：建于清末宣统元年（1909年） 圪台儿大院：曾建于嘉庆年间 蔡庄首富泰来号豪宅、义武堂东西宅第、万义成石券窑
天长镇板桥村	深山古驿道市镇型	板桥古民居涵盖明清以来各时期建筑，形制各异，各具特色。较为完整的古民居有30余家。全村计有完整的瓦房院150余间、石砌院80余处。靠崖窑50余眼，石券窑洞100余眼，灰渣脱壳窑洞200余眼，四合院300多户。所有这些民居，大多数至今仍然有村民居住
天长镇石桥头	山区汉宋聚迁、驿道型	石桥头古民居建筑多为清代和民国所建，户型多为四合院，按建筑形式和材料不同分为：瓦房、石头窑洞、"煤渣饼琉璃"砌墙、拱券的窑洞房屋

续表

村名	村落类型	老房子情况（含古戏楼）
天长镇 乏驴岭	深山古驿道型（驿道北路）	李崇故居：李崇故居位于乏驴岭东街古驿道西，建于明代 陈畴故居：位于西街弯子内，四合院，明代建筑 古民居全村计有完整的瓦房院 8 处、石砌院 20 余处。土窑洞 80 余眼，石券窑洞 120 眼，灰渣脱壳窑洞 150 余眼，所有这些民居，大多数至今仍然有村民居住 古骡马大店：乏驴岭古骡马大店过去曾有数家。随着古驿道的兴衰，骡马大店也经历了由兴盛到衰亡的过程，现只存 3 家
天长镇 核桃园村	深山古驿道型	吴家大院：吴家大院始建于民国初年，是当时在北京经营皮货生意的富商吴广治所建，整个建筑分上下两院 吴郡三故居：吴郡三先生的故居始建于清嘉庆年间，位于核桃园村西驿道北侧的牛古道 大来豪宅院：大来豪宅院坐落于村西大街南侧，分为东西两个院落，为清末富商吴培文出资建造 穆世昌宅院：穆世昌宅院位于村西南的桑园巷，始建于嘉庆年间，距今已有 200 多年的历史 树德昌宅院：树德昌宅院坐落在村东的大街北侧，始建于大清乾隆年间，是韩氏家族第十世韩世泰所建造 永泰成宅院：永泰成（永泰成是院主于昌贵家族的堂号）宅院位于当街的驿道北侧，与相邻的楼子店一样同为明代建筑 穆珍宝与吴守祥宅院：建于清代 樊得寿宅院：樊得寿宅院也称"学房院"，旧时是该村较有名的私塾之一 吴家窑院：聚族而居的窑院，窑院坐落在村南桑园巷南端，这是一座少见的一门八院宅第，始建于明朝成化年间 倒座骑位院：坐落在南坪巷的南傍，当年也是核桃园有名的院落之一，此院始建于大清道光年间 楼子店：秦皇古驿道即村主街道的两边，从前曾有 24 座店铺，从东到西依次排列，这楼子店便是其中之一，始建于明代 韩瑾宅院：韩瑾为嘉庆时"辛酉恩科进士，国子监学正"。一生潜心于公益事业，视家境之事淡若一般，他的房舍如同黎庶平民一样
天长镇 吴家垴村	山区元明迁聚型	吴根露企危古院落：建于清代末期 吴富文古院落：建于清朝 吴近仁古院落：建于清光绪二十九年（1903）
于家乡 于家村	深山明代避难迁徙型	全村六街七巷十八胡同，石头街道 3700 多米。全用石头铺砌，民居楼阁均用石头砌筑，营造了一个罕见的石头王国，整个村落完整地保留了明清时期的建筑风格。代表性宅院有：于有道故居、四合楼院、于家双门院、月门院、葡萄院、海东四合院、松树院

续表

村名	村落类型	老房子情况（含古戏楼）
于家乡南张井	深山明代迁聚型	尹氏祖居：建于明末 石头三院：位于村西之西场，建造于清末 张家窑洞：建于明成化末年，是目前该村已知保存建造最早的民居 秀才院：建于明末，大坎窗院建于清初
于家乡高家坡	深山本县内迁建村	高记庭石头院：高玉山四合院
于家乡当泉村	深山明代县内迁建型	明清老街北侧的20余处古楼宅院，多为砖木结构，青瓦扣顶，古色古香，兴建于明末清初，院落不论大小，一律坐北朝南，都是北方四合院的格局
南王庄乡割髭岭村	深山汉代聚落、关塞迁聚型	1. 高五妮家古院、四合院：大门磴11阶，门顶刻有"鸢飛鱼躍"匾额（砖刻） 2. 张凤岐家院落，四合院：大门为9块石拱券 3. 胡付楼家院落：有木楼三间 4. 张同玉家院落：大门有木刻"品瑞望重"匾额悬挂 5. 胡拴辰家院落：大门有木刻"望重乡闾"匾额悬挂 6. 高金锁家石屋：整个屋子在一块巨石上建筑 7. 张敬之家院落：内有砖刻影林，大门有木刻"萱花春永"匾额悬挂 8. 高竹林家院落：大门为10块青石拱券 9. 牛锁奎家院落：大门为11块石拱券
南王庄乡南康庄	深山唐元明聚迁型	古民居散落在村里各处，较为完整的古民居有马佶、邢锁林院，邢吉林院、邢玉维院、张彦文院等20余家。涵盖明清以来各时期建筑，形制各异，各具特色。所有这些民居，大多数至今仍然有村民居住
苍岩山镇汪里村	山区汉代聚落、明代迁聚型	河东院和河西院：该组院落始建于清代，当时该家族人丁兴旺，五世同堂，生活富裕，李珍、李珠兄弟俩动手修盖此院 李聚祖居：该组院落始建于清代中期，为四合院落 汪里村的建筑布局依沟而建，建设年代为明清时期，受山西文化影响颇深，现在民俗、民风多有古代三晋遗风。每座房屋都有大门、正房、配房为主形成的四合院格局，大门对面有影背墙，厅前方正对"三叠水"照壁，下设方形青石缸和花台，正房是长辈的起居之地，多为两层，两侧配房为晚辈居住

续表

村名	村落类型	老房子情况（含古戏楼）
孙庄乡东元村	山区唐至明清古村落型（古道、沿河）	赵玉祥故居，赵鸣九故居，贾氏祠堂
孙庄乡北白花	深山迁聚型	北白花古民居甚多，最有代表性的为高士俊、高士英故居。皆为明清式建筑。最早的一处宅院至今已有150余年
孙庄乡孙庄村	山区元末明初迁集型	1. 土窑洞：明清以前100多户，现有20多户 2. 石窑洞：原有60户，现有16户。其中有高世诚4眼，梁贵义3眼，高海海1眼等仍居住 3. 明清建筑四合院：明清时期瓦房建筑有80多户。其中，张致庸宅院，建于清代中期 4. 土坯平房：原有200余户，现有20多户，基本无人居住
孙庄乡西元村	山区驿道支线明代由旧村迁离型（东元、西元）	该村的民居建筑类型以瓦房、四合院为主，此外还有窑洞，有土窑和石窑 该村的古房子有很多，从老母庙起至西，都是原来的古房子，再有从本村的西起至东，是一条古街，两旁全是旧时的古房子
秀林镇北张村	深山古驿道集镇型	王家大院：北张村东街街北有一较大建筑群，是王锡佑、王锡禄、王锡仁等弟兄的祖上建造。在井陉县城、山西多地都有商号。在北张村的商号为"通顺店"。生意兴隆，财源四海，人丁兴旺。王家在北张村因家大业大房院有好多处。现在所说的王家大院为东西连体的两个坐北朝南院落群 天顺店（王家骆驼大店） 店铺：历史上北张村以骆驼、骡马大店而驰名。各种商铺、板大门比比皆是
测鱼镇测鱼村	深山避乱迁聚型（市集）	冯家门楼：有300—400年历史，青砖券筑 高家大院：高家大院，位于测鱼村前街，建于明清时期
测鱼镇石门村	山区元代迁建型	李氏祖居：建于明朝嘉靖年间（1522—1566），位于村东南处 当铺巷宅院：建于明朝嘉靖年间（与上述李氏祖居是同祖），院落坐北朝南，共有5处，院院相通，原有楼房4座，现存两座

续表

村名	村落类型	老房子情况（含古戏楼）
测鱼镇杨庄村	深山隋聚宋元明清迁建要塞型	古时，杨庄大户人家有 20 多户，住房占地面积 10000 多平方米，其中三合院 4 处、四合院 8 处、二进院 4 处、前后院 3 处，多为明清时期风格，是具有典型太行山区地方特色的建筑群落。现存民居还有两处保存完好的元代建筑。另据不完全统计，该村土窑现有 150 多眼
测鱼镇龙凤山村	深山明代迁建村	四院为：陈氏、胡氏、冯氏、戎家 4 处石院，多在明代建成
小作镇仇家窑	山区明代避乱迁建型	仇家窑民居多为石窑洞。全村现有明清时代形制各异的特色土窑 4 眼、石券窑 30 眼、石头四合院 2 处，这些房屋至今仍然使用 书院：书院在本地称学堂，清代至 1949 年前，因本村无文化人，上学需去邻村。后来在本村闫氏院开设学堂，现为闫氏后代居住
小作镇桃林坪村	山区唐宋迁聚型	古瓦房院：许全旧院（原苏家旧院），建筑于清朝年间，至今约 200 年，现完整无损。还有苏书元旧院 桃林坪村石券窑洞，清朝时期有 9 处。民国时期石券石窑有 28 处
小作镇北防口	山地河口官道汉唐型	该村有几处传统古庭院，其共同特点是分前院后院，中有过厅；为明清时期的风格。多为四合院式庭院，房屋结构有瓦房、平房、石窑和土窑
小作镇卢峪村	山区县内迁建村	石头四合院：卢峪村民居建筑主要是石券窑（石窑），四合院主房是石窑，现有石窑 120 多眼，多数建于清朝和民国时期 民居石头院：用独特的石头"干磉墙"方式建造 卢氏旧祠堂：18 世纪建造的卢氏祠堂，四梁八柱，古式瓦房建构，五脊六兽，甚是壮观，堂内陈列卢氏族谱，供族人拜祭
小作镇沙窑村	山区宋元明迁建型	现存明末清初土木砖瓦结构的四合院 8 处；石窑洞四合院 10 余处；三合院 34 处；石窑洞 594 眼。代表性民居有： 1. 崔氏古居：崔氏是沙窑村立庄第一姓氏，崔氏古居位于沙窑村中心古槐之下，建筑年代为明晚期 2. 东西南北四院（清中期）
小作镇小寨村	山区古道唐宋聚，明迁建型	1. 瓦房四合院：小寨村现有明清建瓦房四合院十几处 2. 石洞四合院：位于村北的古院落以土窑和石窑洞居多，现仍存土窑、石窑 50 多处，多建于清代和民国时期

· 84 ·

续表

村名	村落类型	老房子情况（含古戏楼）
威州镇南固底	山区唐明聚集型	焦家大院：焦家大院分为新老两院。为南固底村地主焦兰英所建 郝家大院：相传早清平山七亩有一探花，他家女儿嫁到南固底村郝氏家做媳妇，盖有北大院、南小院两处，至今保存完整
威州镇南平望村	山区明代迁聚型	南平望民居有"四多一少"，即瓦房多、平房多、窑洞多、四合院多（包括三合院），土窑洞少
威州镇三峪村	山区唐宋明清聚迁型	温家大院：为明清时期瓦房。李家院（李三妮古院）：明末清初瓦房 土窑洞：位于村北，自唐宋以来一直有人居住，现完整保留6处
辛庄乡苏家嘴村	深山金元明清迁聚型	苏家嘴村的民居建筑主要是石窑洞、石院落。苏素庭祖院，建筑年代为清朝初年。苏军平祖院，建于清初。苏保庭祖院、李佩祖院、张氏祖院
微水镇皇都村	山区隋代以来聚迁型	全村石券窑86眼，石头四合院28座、砖木石四合楼院16座。保护较好的有： 吴家大院：吴家大院是吴氏先祖吴业升于清乾隆间创建 陈家大院：陈家大院由陈氏始祖陈际行率五子建造 武家庭院：系武振军故居 杨家宅院：系杨孟春故居 张家庭院：系张兵文兄弟旧居

资料来源：2014年中国传统村落各村调查资料。

（二）庙宇、关阁、戏楼

在井陉域内的古村落内，最典型的文化遗产，除古民居外，就是像庙宇、关阁和戏楼这样的老建筑了。自唐代以来，随着村落逐渐成为乡村最普遍的居住方式，其时的政治、经济等各种制度化规定，禁止人口流动，使农民逐渐固定在村落。除原有的血缘关系外，其地域共同体的观念也逐渐加深。宋以来又随着民间宗族制在乡村的建立及普遍化，村落中常出现一个或几个大姓，强化以血缘为基础的宗族关系，突出表现在对祖坟的慎选及祠堂（家庙）的建立；在地缘关系方面，也通过建立排他性庙宇来强调地缘共同体色彩，由此逐渐构建出人、鬼、神三位一体的村落家乡的观念。为叙述方便计，先以表格的方式，对井陉域内主要古村落的庙宇、关阁及戏楼做一简单统计。

表4-4　　井陉域内主要古村落的庙宇、关阁、戏楼统计一览

村落名称	庙宇	关阁	戏楼
南障城镇大梁江	龙王庙、岱王庙：是管行云布雨的。关帝庙：是保护村民的。老母庙：是保佑村民平安的。奶奶庙：是管人出生的。五道庙：是管人死亡的。虫王庙：是治虫害的。山神庙：是管野兽的。全神庙：是各位神灵的行宫，唱戏时才把他们的牌位请来	大梁江古村落的入口，这是一座阁庙相接的古老建筑。下层是阁，用较为平整的青石砌成，中间用巨石券成拱形，匾额上书"襟山带河"隶楷相间四个大字；阁门下一条通道，供人们和车辆往来	武魁大院后门外，建于清乾隆二十年（1758）的古戏楼
南障城镇吕家村	关帝庙：重修于清康熙十三年（1674）玉皇庙	村中古阁始建年代已无考，据光绪年间重修碑记载，此前已大修过四次。一直雄跨于村口河道之上，为石头拱券楼阁，每年雨季都会有大量的雨水从村前流过，但因为有古阁和蓄水池的科学合理的配置，再大的水也没有漫出古阁道口，反映了乡民治村治家的聪明才智，同时对水流形成的威震与控摄，古阁也被村民形象地誉为"神阁"	原有，今不存
南障城镇七狮村	千佛崖石窟（千佛古洞），三官庙在其内睡佛殿（卧佛殿），送子娘娘殿；七狮村现有千佛岩寺、关帝庙、观音庙、皇姑庙、龙王庙、马王庙、山神庙、河神庙、五道庙等	七狮村有古阁3座。村南、北两头都有阁，称南阁、北阁。村中现有1座阁，阁上供神，阁下行人。南阁、北阁均毁于战火，仅存村中阁，清代建筑，阁上内外向分别供有关帝圣君和观音老母，古阁保存基本完好	有古戏楼3座。1.旧村遗址处，有古戏楼一座，现仅存有遗址。2.千佛岩藏山大王庙前，有古戏楼一座，建于明代，千佛岩过庙会时用。现仅存戏台，上顶已经破损倒塌。3.现在村里使用的戏楼，始建于明清年代

· 86 ·

续表

村落名称	庙宇	关阁	戏楼
南峪镇地都	1. 联峰阁（财神阁关帝阁）。重修于道光年间，位于西进出口，由阁、庙组成。2. 观音寺。位于村南。始建于唐代，原名为圆通庵。真武庙（临流阁）。明清阁庙，位于村旧街北口，由阁、庙组成	山关阁（山关爷庙）、联峰阁（财神阁）、临流阁（真武阁）古阁门，为村落增添了无尽的威严和神秘，三座古阁门均为石砖木结构，分上下两层，上为庙或戏台，下为村门、道路，门路庙戏台一体兼备，为精典的明清建筑群村落	古戏楼（槐桥楼、三官庙）
天长镇梁家村	关帝庙：建于光绪年间；三圣庙，供奉"龙天土地""水草大王""齐天大圣"，俗称猴王庙	不详	不详
天长镇板桥村	1. 三官庙：三官庙位于板桥村中央，坐东朝西，建于村中央高台之上，气势宏伟。庙中奉祀民间信仰的三官大帝：上元天官、中元地官、下元水官。庙宇创建于明代，后在清雍正年间重修。2. 观音堂。3. 老爷庙：老爷庙又名关王庙、关帝庙，老爷庙位于村中央与三官庙相隔一街的另一高台上与三官庙背向而建，坐西朝东。4. 玉大庙：原名玉皇庙，庙坐南朝北。5. 龙王庙。6. 白脸大王庙。7. 五道爷庙。8. 山神爷庙。9. 双峰阁：位于板桥村中央，建于大清乾隆二十二年（1757），阁内塑文昌爷像，神态逼真，为板桥村古时读书人敬拜之神	双峰阁东门石匾上题有"燕晋通衢"，西门石匾上题有"钟灵毓秀"，门洞里的秦皇古道板桥双峰阁下留存遗留，秦皇古道的行车辙痕从门洞下穿过，又长又深，足足有30米长	古戏楼位于三官庙正对，旁边与双峰阁相邻，大约有10米，始建于清乾隆十二年（1747），距今已有258年的历史

续表

村落名称	庙宇	关阁	戏楼
天长镇城内村	1. 显圣寺；2. 崔府君庙；3. 观音堂；4. 五道（盗）将军庙；5. 玉峰山寺；6. 文庙；7. 城隍庙；8. 小南门观音阁；9. 苍山下庙	城南门、西门（已毁坏）、东门、小南门，都是关阁的形式	火神庙戏楼
天长镇小龙窝	观音庙、三官庙	不详	戏楼2座
天长镇蔡庄村	1. 玄帝阁（真武庙）；2. 白观音庙；3. 山神庙；4. 文昌阁；5. 关帝庙	蔡庄村东，绵河西岸，有玄帝阁一座。始建于明朝万历二十五年（1597）；上下两层，下层为大街涵洞，上层为迎河阁楼，是蔡庄村标志性建筑之一。还有村中部的文昌阁	古戏楼：位于官房内，坐北朝南，始建于乾隆六年（1741）五月
天长镇乏驴岭	1. 观音堂；2. 三义庙：建于明代，本村人称之为大庙；3. 龙王庙（三义庙内）；4. 张果老庙；其他多神崇拜小庙很多	岭口关阁遗址：岭口关阁现已不存。据老人回忆，岭口关阁坐落于岭口之上，坐西朝东，左侧好汉寨，右侧古炮台，背靠乏驴岭，面对岭东坡，卡在岭口古道上，是井陉西路的一处险要隘，关呈长方形，高约6米，上有城垛、石砌、门洞石券，门洞内装有木门，前面门洞上方有石刻"冀晋藩屏"四字	古戏楼：位于西街弯子口左，始建于清乾隆二十三年（1758）
天长镇核桃园村	1. 关帝庙；2. 苍山圣母庙；3. 龙王庙；4. 牛王庙；5. 五道祠；6. 井龙王庙；7. 三官（天官、地官、水官）庙；8. 山神庙3座；9. 培振阁（阁内供奉文昌帝君、财神爷、药王爷，梁上还有挥笔点状元的魁星爷，旁边供奉张爷）；10. 大慈阁（观音庙）；11. 层霄阁（真武庙与三官庙）	1. 培振阁：坐落在村北，不知始建于何年。传说，此阁建造得最早。2. 大慈阁：坐落在村西，康熙四十一年（1702）曾重修。3. 层霄阁：坐落在村东，也叫玉皇阁，俗称东阁，共有3层，碑文记曰："其下两层始建于隆庆、万历两年间，其上一层增于我朝乾隆年间。"	古戏楼：戏楼坐落在新舞台东侧，是古时核桃园村村民的娱乐活动中心

· 88 ·

续表

村落名称	庙宇	关阁	戏楼
天长镇石桥头	1. 天齐庙：苍山圣母庙、大王庙在内；2. 后土祠（俗称娘娘庙）	不详	不详
天长镇庄旺村	1. 关帝庙；2. 观音老母庙；3. 送子观音堂；4. 山神庙；5. 老君庙	不详	建于清乾隆二十二年（1757），在道光十年（1830）又重修，现已废坏
天长镇吴家垴村	1. 观音堂（老母庙）；2. 关帝阁（老爷庙）；3. 代王庙	关帝阁，始建于康熙四十八年（1709），位于村东大街街口	古戏楼：抱厦结构，与观音堂相对而建，始建何时已无从考究，最早的重修记载是清康熙年间
于家乡于家村	真武庙；全神庙；白庙；观音阁（庙内塑有观音、文殊、普贤三尊菩萨）	标志性建筑清凉阁是石头建筑的典型代表。该阁是于谦第七世玄孙于喜春，用16年盖完头两层，而且全部用巨石垒建	戏台2座。真武庙戏台、蜃气楼（戏台）
于家乡高家坡	1. 关帝圣庙；2. 观音阁（观音庙）；3. 东阁庙（送子娘娘庙）	1. 观音阁（西阁），村西观音楼建于康熙年代，是村的西大门。2. 村东送子娘娘庙阁建于大清乾隆三十八年（1773）四月，是该村的东大门	古戏楼：在关帝圣庙院内，始建时间不详，大清光绪八年（1882）补修
于家乡南张井	1. 观音堂：内供观音菩萨，西侧为马王爷庙。2. 山神庙8座，为井陉之最。3. 关帝庙。4. 龙王庙。5. 全神庙	观音堂阁前厦和石拱券建于清康熙十八年（1679），拱券为旧时古村的出入口	古戏楼：创建于康熙二十二年（1683），坐北朝南，与观音堂遥遥相对
于家乡当泉村	观音庙、关帝庙（在观音石阁上）；龙王堂	观音石阁（紫竹仙轩）是该村的大门，分上下两层	村中观音阁（紫竹仙轩）正对有一座古戏楼

续表

村落名称	庙宇	关阁	戏楼
南王庄乡南康庄	1. 关帝庙；2. 山神庙；3. 龙王庙；4. 观音堂（内供观音菩萨、文殊菩萨、普贤菩萨3座神像）5. 三官阁（三官庙）；6. 石佛寺（供弥勒佛）	村西大街口建有一座三官阁，始建于大清道光十三年（1833），现阁楼上部已坍塌，下部也年久损毁。有待修缮	村中明山桥正对有一座古戏楼
南王庄乡割髭岭村	1. 火神庙，火神庙位于村东一里处，井元公路北边，正庙3间，佛像5个，火德王居中，两边有羊王、药王、山神、土地。另有两厢房6间，东边还有厨房，烈士纪念碑，正庙始建何年无记载。只有两厢创建时间，详见碑记，每年二月二为庙会。2. 灵雨祀，位于村南石门沟，有石碑记载，有冀仙姑遗像。3. 永宁寺，位于村西公路北，有佛像、石碑，立于清乾隆十八年（1753），每年六月六日为庙会。4. 老母庙，位于村中校门口南边，庙中有佛像，每年二月十九和腊月十九为庙会。5. 猴仙庙，位于村北猴脑，每年三月三过庙。6. 白羊寺。7. 土地庙。8. 山神庙	村中原有阁两个，村东阁已拆，只剩下村西一个阁下半截	古戏楼已拆
苍岩山镇汪里村	寿圣寺，又名石佛寺，有实物记载建于明代嘉靖年间。老母庙、三官庙、山神庙、龙王庙、凤凰庙、长岭庙、河神庙、五道庙、虫王庙、狐仙庙、老君爷庙、张爷庙、送生娘娘庙，大岭有大王庙		古戏楼，位于旧村中心，占地面积约3亩（1亩≈666.67平方米），始建于何时，现无确切记载。官房分为广场、观台和主体建筑三大部分

· 90 ·

续表

村落名称	庙宇	关阁	戏楼
孙庄乡东元村	关帝庙、老母庙、四海龙王庙、送子娘娘庙、山神庙、河神庙、五道庙、白官庙、大王庙等。其建筑规模大小不一，最大的为送子娘娘庙，多为砖石结构。建设年代多在明清之间。还有玉皇庙（迎风阁）	迎风阁，位于东元村中街西口，建于清乾隆八年（1743）没头阁，位于东元村中街东口，建于清末	东元村现有古戏楼两座。村西、村东各一座。东戏楼建于清乾隆四十七年（1782）。西戏楼建于清乾隆三十一年（1766）
孙庄乡西元村	1. 老母庙（佛爷庙）；2. 保元寺：供奉神灵为四海龙王等；3. 关帝庙；4. 大王庙	不详	旧的戏台由于年代久远已拆除，1913年7月在村北水磨边已建了新的戏台，这个戏台主要为庙会（每年的三月三和九月九）唱戏所用
孙庄乡北白花	1. 老母庙：祀奉观音、文殊、普贤三老母；2. 龙王庙；3. 关老爷庙；4. 马王庙：于道光年间村民为了六畜兴旺而建	不详	不详
孙庄乡孙庄村	1. 洪门寺；2. 四门阁：阁殿内东面供奉玉皇大帝，南面供奉玄武大帝，西面供奉文昌帝君，北面供奉南海老母；3. 供驾楼：供苍山圣母；4. 巡天大王庙；龙王庙；5. 其他庙宇：送子娘娘庙、东牌关帝庙、西牌关帝庙、二神庙、山神庙、马王庙、东峪沟大王庙、村东五道爷庙、村西五道爷庙、路神庙、三官庙	四门阁，四门阁坐落于村西九龙口灵穴宝地，是孙庄村的门户和标志性建筑。始建于明代，清代乙丑年（1644）重修	原有戏楼3个，东牌戏楼始建于嘉庆年间，在日寇侵华时烧毁。现存中牌、西牌两个戏楼，均始建于道光十年（1830），距今180多年历史

续表

村落名称	庙宇	关阁	戏楼
秀林镇北张村	1. 玄天爷阁（真武庙）；2. 天齐庙（供奉东岳大帝泰山神）；3. 小苍山大庙（奶奶庙、大佛殿、万仙洞、阎王殿（后改为地藏王菩萨殿）、跨虎登山祠、灵官殿、月老祠和玉皇殿、虫王庙）；4. 马王庙：马王爷即马神，一般俗称马王爷，全名叫"水草马明王"；5. 五龙庙：（也有称乌龙庙）；6. 三义庙；7. 虫王爷庙；8. 青岩寺；9. 五道爷庙；10. 龙王爷庙；11. 老母庙（观音庙）；12. 村西真武庙；13. 河神庙	北张村原来有大小阁7个：1. 东西大阁，东西阁是两层。两阁形状大小都一样，村中称姐妹阁，且都是同治七年（1868）重建。下为秦皇古驿车马通道，用一寸三錾对缝青石拱建。拱中路面由大块青石铺成，以前有车辙槽。上面一层为无梁殿东西外带露明柱廊沿，挡墙为砖砌花眼石条封顶，顶为五脊瓦顶。西阁西奉财神东奉关帝，东阁西奉文昌东奉魁星（按顺序为财、义、文、元排列）。2. 河巷三阁，北张村村南外在东、中、西还建有三个河巷阁，均为石柱砖拱结构，因建民房在20世纪80年代均被拆。3. 北阁，玄武庙是北阁玄天爷阁。北张村南北中街为玄武街北段亦称寺坡。玄武街北端最高处建有一阁，是北张村以前的正北大门，亦是北张村的村落制高点。4. 东村口砖阁，日寇侵华后，修了公路。村东通往公路沿和尚沟修了一条路。在三义庙南墙处建了一石底座砖拱大阁，是北张村东头的重要通道。2003年硬化街道时拆除	北张村原来有3座戏楼。1. 东戏楼：在街南三义庙西侧；2. 中戏楼：称"万和楼"，康熙四十三年（1704）重修，在中街观音堂（老母庙）东；3. 西戏楼在小苍山大庙内
测鱼镇测鱼村	1. 老爷庙（关帝庙）；2. 宜春阁（真武庙、老母庙、送子娘娘庙三合一）；3. 大王庙	宜春阁（南阁）、戏楼阁；南阁通南，戏楼阁通西。还有东阁岩，通东、北两方	不详

续表

村落名称	庙宇	关阁	戏楼
测鱼镇石门村	关公庙，龙王庙	不详	不详
测鱼镇龙凤山村	1. 龙凤山金顶当地人习惯称"大庙"。2. 玉帝、观音、三官殿。3. 真武庙。4. 关公庙。5. 灵官庙。6. 万仙堂：在僧舍以西，曾建有万仙堂。因堂内所立佛像甚多，故有万仙堂之名，因年代久远，遗迹不甚清晰。7. 土地庙。8. 山神庙3座	不详	不详
测鱼镇杨庄村	1. 营子岩观音寺；2. 普济寺；3. 玉皇、观音阁；4. 关帝庙	玉皇、观音阁，该村玉皇观音阁兴建于宋，改建于元，复修于明、清，历代皆有修葺	杨庄古戏楼三间，坐南朝北，始建年代已不可考，元、明、清皆有修葺
测鱼镇南寺掌	1. 龙王庙3处；2. 五道庙；3. 山神庙		有官房西露天平台1座
小作镇北防口	1. 关帝庙（阁），建在村子的西端，是村子的西大门。此阁系两层建筑。上层建庙供奉关帝，下层供人行走为北防口古大街，即井陉北大道。2. 玉皇庙（阁），建在北防口大街的东端，是本村的东大门。三层建筑，上层供玉皇，中层西供真武、东供三官，底层供人行走。3. 龙王庙（阁），建在本村东西中心的最南端，是本村的南大门。4. 佛寺（现已不存）；5. 火神庙、奶奶庙、河神庙、山神庙、老母庙、牛王庙、子孙庙、全神庙	1. 关帝阁，建在村子的西端，是村子的西大门。此阁系两层建筑。上层建庙供奉关帝，下层供人行走为北防口古大街，即井陉北大道 2. 玉皇阁，建在北防口大街的东端，是本村的东大门 3. 龙王阁，建在本村东西中心的最南端，是本村的南大门	古戏楼建在村子的正南端，与龙王阁遥对相望

续表

村落名称	庙宇	关阁	戏楼
小作镇卢峪村	1. 广生祠：内供"后土娘娘"；2. 崖壁石刻佛像	不详	不详
小作镇桃林坪村	1. 南阁（白观音庙、财神庙）；2. 洪门寺；3. 大王庙；玄天上帝庙（真武庙）；4. 观音堂；5. 龙王庙；6. 草鸡庙：草鸡庙神为吉祥之神护卫村坊；7. 山神庙、河神庙；8. 龙劈巷（龙王庙）	明代时该村就有南阁、西阁、北阁、东桥为古四门	古戏楼：位于桃林坪村古大街东头，建于清同治元年（1862）
小作镇仇家窑	苍山大王庙；其他还有龙王庙、井龙王庙、关公庙、观音老母庙、马王庙、山神庙及五道庙	观音老母阁，阁楼上有观音老母庙，清代建筑	不详
小作镇沙窑村	1. 老母庙；2. 三圣母庙：此庙供奉"三圣母"乃云宵、碧宵、琼宵三位娘娘，故有三宵殿之称；3. 关帝庙；4. 龙王庙；5. 虫王庙；6. 马王庙；7. 山神庙	关帝阁，俗称关老爷庙，始建年代不详，下为石阁，上为单脊双坡瓦房，原有铁翅兽头，建置在原村东口，是明清时期较雄伟的建筑	村内官房处有座古戏楼。光绪十八年至三十一年（1892—1905）建成
小作镇小寨村	1. 娘娘庙；2. 龙王庙；3. 关公庙；4. 五道庙；5. 奶奶庙；6. 奶奶庙；7. 双龙道观；8. 汉武帝庙；9. 魁星阁（魁星神、白观音（素贞）	魁星阁，在北头村西，下为通道，供行人和小型车辆行走，上建庙一座，南边为魁星庙，北边为白观音庙	小寨村原有古戏楼两座，原双龙观旁有古戏楼1座，后因年久失修现已破损倒塌。原村中心有古戏楼一座，始建于明清年代，戏楼位于虎口，对面有龙庭，因年久失修，后在1956年又新建戏楼1座

94

续表

村落名称	庙宇	关阁	戏楼
威州镇南固底	1. 唐代福胜寺。2. 观音老母庙。3. 各路神仙庙宇：由于先民对各种神灵的崇拜，该村留下很多神仙庙宇。老阳坡有山神庙，村南坡有大王爷庙、龙王庙、村东有福胜寺、村北有玉皇爷庙，村西有子孙爷庙，村东清泉池旁有河神爷庙。村西有关公庙、文章爷庙，各庙每年都有自己的节日，俗称庙会	不详	原称"乐楼"，位于村中央，兴建于雍正十一年（1733）
威州镇南平望村	1. 玉皇大帝庙。2. 真武大帝庙。3. 大王庙。4. 龙王庙。5. 圣母庙：莲花山二圣母。6. 其他庙宇：三官庙、马王庙、老母庙、子孙庙、二神庙、五道爷庙、灶门峪庙群等各庙。多为瓦房，面积大小不一，只有魁星庙在村南山巅石洞，面积较小，各庙宇创始年代多在明清期间	全村有古阁3处：玉皇戏楼阁为顺阁，在玉皇阁前30米，其他两阁为三元阁。三阁均无创建碑记，但三阁至今完好无损。玉皇阁、真武阁上殿宇至今保存完好。建阁时间都在阁庙以前	南平望村有3个古戏楼。分别位于村东（龙王庙前）、村北（大隔栏处）、村南（玉皇阁南面）。其中龙王庙前的古戏楼年代最久，规模最大，距今400多年
威州镇三峪村	1. 挂云山古庙群；2. 青龙山古庙群遗址；3. 丰化堂（丰华寺）；4. 关帝庙；5. 南海老母庙：村内有老母庙两座；6. 五道爷庙；7. 马王爷庙；8. 文昌帝君庙；9. 佛爷庙	不详	古戏楼位于村中古槐树东，现仅有清朝古碑

· 95 ·

续表

村落名称	庙宇	关阁	戏楼
威州镇庄子头	1. 五道（盗）将军庙；2. 关帝庙3座（北东西）；3. 老母庙；4. 玉皇庙；5. 龙王庙；6. 子孙爷庙；7. 全神庙；8. 文昌庙；9. 天齐庙；10. 白马寺；11. 白观音	文昌阁	在明代时，庄子头古戏楼位于村东，后至清顺治七年（1650）迁至村中，古井西侧。20世纪80年代，在原址拆建成现在的规模，继续使用
威州镇五里寺	显龙观	不详	不详
北正乡赵村铺	1. 龙王庙；2. 文昌阁；3. 长福阁（太上老君）；4. 保泰阁（关帝庙）；5. 魁星阁（魁星行君）	1. 文昌阁；2. 长福阁；3. 保泰阁；4. 魁星阁	五龙桥南边，台口对龙王庙，古人建戏楼。清康熙三十九年（1700）再建，戏楼雕梁画柱，壁画如生，十分壮美。戏楼前脸，四根石柱伫立装有木框下装木板，上装木格窗户，不唱戏时可以封闭，后因年久失修，修万亩渠毁坏，现有遗址、碑记
微水镇皇都村	庙宇分为五庙一寺，即观音庙、大海老母庙、窦王庙、大王庙、马王庙、崇兴寺	三眼阁，皇都古阁俗称"三眼阁"，建于明代，是该村最宽、最壮观的石桥，由三孔组成，其中间阁又高又宽，阁上供奉文昌爷、关公，阁下通行，为该村之标志性建筑	皇都村有清乾隆年间戏楼1座，坐落于崇兴寺对面，为礼神娱人之场所
微水镇良河西	1. 东阁关帝圣君庙（附文昌庙）；2. 村南观音堂；3. 三官庙．娘娘庙；4. 虫王爷庙；5. 五道爷庙；6. 马王爷庙；7. 狐仙庙；8. 五郎爷庙；9. 黄龙爷庙	1. 东阁；2. 青峰阁	该村旧村落中心马道场原有旧戏楼一座，约建于明代

续表

村落名称	庙宇	关阁	戏楼
微水镇罗庄	1. 文昌庙；2. 老母庙2座；3. 清凉寺；4. 五道爷庙；5. 山神庙	文昌阁	在本村北端街东（清凉寺对面）有个叫庙坛的地方，坐东朝南有一个古戏楼
辛庄乡达柯	1. 观音庙；2. 山神庙；3. 泰山圣母院；4. 老母庙	不详	不详
辛庄乡洪河槽	1. 泰山圣母院；2. 白观音庙；3. 关帝庙；4. 龙王庙	不详	明清时期，洪河槽建有古戏楼，戏楼高约4米，卷棚式顶，布瓦，砖石木结构，前台为砖木结构，前台和后台之间，石墙砌隔，两旁留有上下场门。现已弃用
辛庄乡凉沟桥	全神庙；龙王堂、观音庙等	不详	不详
辛庄乡栾庄	龙王庙；弥勒殿；观音殿；娘娘庙；河神庙；老母庙；邳神庙	不详	有清建古戏楼2座
辛庄乡米汤崖	1. 观音庙；2. 龙王庙；3. 五道庙；4. 狐仙庙	不详	娘娘庙前有一座古戏楼，为黑水坪、米汤崖两村共有
辛庄乡松树岭	1. 全神庙；2. 山神爷庙；3. 龙王庙	不详	有古戏楼一座，现已毁坏
辛庄乡小切村	1. 关圣帝君庙；2. 观音庙；3. 五道爷庙；4. 河神庙	不详	有古戏楼一座，现已弃用
辛庄乡小峪村	瘟神庙、全神庙（龙王庙、山神庙）	不详	有古戏楼一座，现已毁坏
辛庄乡苏家嘴村	1. 大庙：由3座神庙组成，居中最大的神庙为龙王庙；另一为关帝庙；第三座为娘娘庙。2. 老母庙（观音庙）。3. 二古寺：普济寺和普宁寺	北银窝村口建有一石阁，始建于清朝后期	不详

资料来源：2014年中国传统村落各村调查资料。

从上表统计看，井陉域内各村落较普遍的庙宇是关帝庙、老母庙、真武庙、全神庙、龙王庙、山神庙、五道庙等，其中最普遍的是关帝庙，几乎每村都有，有的村还不止1座，它们或独立成庙，或建在阁上，都是村内最讲究的建筑之一。老母庙是当地的俗称，也称观音庙；真武庙又称玄武庙，也是村内的豪华建筑。全神庙、龙王庙、山神庙、五道庙，在村民中地位较高，但从建筑规模上相对要次于前述三种。另外，还有虽不普遍，但因属于官方正祀的如天齐庙，规模也非常大。苍山圣母庙是井陉当地的地方神崇拜，域人尤其重视，因此庙的规制也十分讲究。寺院、道观类并不单属于某一村，而是影响周围几个村，甚或邻县村落的大庙，因此建筑规模大都比村庙更有气势。

关阁是太行山东麓山区、交通要道村落常见的一种建筑，一般是分为两层，下层为拱券门洞，上层为供奉各类神的专庙或共庙。关阁一般为村落四面出入之门，也相当于村落的门面，因此也格外讲究。至于阁的主要功能，有两个：一是通行，二是安全防御。关于井陉村落普遍建阁的原因，可以参考高伟在研究武安阁时所提及的观点，他在其硕士学位论文《武安阁的技术统计和保护》中提道：

> 由于武安地处晋冀豫三省交界、太行山东麓，境内四周环山，历史上兵祸匪患频繁，百姓深受其害。因此，为保护自己的生命和财产不受侵扰，各村有钱的乡绅，组织村民采取了各种防护措施。武安阁无疑就是这些防护措施中的一项重要手段，这重要性也体现在了其所建的入口等重要位置上。[①]

邯郸武安市也是千年古县，同样是山区，同样位于"太行八陉"之一滏口陉的交通要道上，和井陉非常相似。因此武安村落的关阁建因，可以用来和井陉村落的关阁进行类比。武安市的村落状况是"村村都有阁，无阁不成村"，由上表统计不难看出，井陉的村落差不多也

---

① 硕士学位论文，河北师范大学，2010年。

是这样。

在中国传统村落中往往有大庙,庙对面就有戏楼。农村唱戏常称为社戏,既是娱神,也是娱己。中华人民共和国成立前,井陉一年中除了过年外,其他时节唱戏的时候也很多。例如祈雨时要唱戏,《河北井陉妇女一年中的生活》一文中写20世纪30年代的情况,一是秋天丰收时要唱戏,"以宣谢他们今年的劳苦";二是祈雨时也要唱戏。唱戏的原因除上述者外,还有一个原因:

> 即是因为天不落雨,村民为祈雨而许的戏。在祈雨许戏内又有三种方式:一是小闺女祈雨的许戏:有十二个小闺女,到某家偷偷的将土地爷拿来,放地水道里。祈道:"若在三日以内落了清风细雨,唱戏四天。"若没赶对,她们则偷偷的送回某家去。若赶对了——就是下雨了——她们就从水道里拿出来,给他穿上红衣服,用椅子抬上,绕一绕街使送到某家去。等到秋收完了后即唱戏,决不食言。二是老寡妇祈雨许戏:有十二个寡妇,其做法与闺妇们祈雨方式相同。三是阖村许戏:阖村派出代表——名曰水官——到有泉水处去取水。装水一瓶,而回到祈雨滩的龙王庙前,求雨者集会处——若在三天内落了雨,到秋天之后就要唱戏。①

作者在文中将井陉唱戏多的原因归结为迷信,实际是有些片面的。在社会保障不健全、科学又不甚发达的时代里,村民在农业上靠天吃饭,"求雨"尽管在方式方法上显得有些原始,但至少也是积极自救的一种体现。

井陉的庙多,唱戏多,戏楼也多。井陉村民也爱听戏,有不少村里有自己的戏班子,主要以晋剧为主,靠近鹿泉、平山的村子也间或有河北梆子和丝弦等地方戏。井陉民间俚语有"井陉人儿路上走,山西梆子不离口"。据考证,晋剧传入井陉的时间不晚于清道光三十年

---

① 载《女子月刊》1936年第4卷第5期。

(1850)，因此，井陉村落内的戏楼，一般多建于清道光年间以后。①

中华人民共和国成立后，井陉村落的旧戏楼渐被冷落；"文化大革命"期间，被当作"四旧"或拆，或破坏的也不少。现在井陉村落过庙会时也会唱大戏，但其所用戏台多是后建的新戏台。

（三）古树与古井

古村落的历史除有这些老房子、庙宇、关阁等老建筑作为见证外，还能反映村落历史的就是古树与古井。经调查，统计井陉主要古村落内的古树与古井如下表：

表4-5　　　　　　　井陉古村落内的古树与古井一览

村落名称	古树	古井
南障城镇大梁江	城门石阁对面的古槐，据考证已经有1300多年的历史。官房古槐有1100多年，南坡一棵桑树900多年	古旱井：村边和院内共有旱井30口，大部分不再使用；古泉水井1口：建于清代，现在已废弃；古水池：四处，河滩大小水池各一处，现淤泥淤平，南场池和饮牛池虽完好，但现已不用
南障城镇吕家村	村口古槐，有近500年的历史	不详
南障城镇七狮村	铁树，据专家考证有1500余年的历史，生长在千佛岩古洞右侧石崖处；古柏树（又称崖柏），有1000—2000年历史，生长在千佛岩千佛古洞上方的悬崖峭壁上，共有15棵，有7棵树干直径达到1米左右；古黄莲树，据老人口碑相传，七狮村建村时就有这棵树，毕氏先人从七狮沟、葛栏旧址搬迁时选址就选在这棵大树下，至今已有1000多年；500年以上的柿子树、黑枣树、红枣树，七狮村有千余棵，生长在村庄里、田地里	有千年古水井1口，清末民初的古水井10多口

---

① 参见田建飞《河北井陉县常坪村的古戏楼》，《中华戏曲》2008年第2期。

续表

村落名称	古树	古井
南峪镇地都	中街千年国槐，主干虽空但枝叶茂盛，村里1400余年的皂角名木，胸径三人合抱，树冠宽舒，遮天蔽日，为陉山之最	不详
天长镇梁家村	长在"二龙戏珠"的珠（石）上的古黄连树（大概有1000年树龄）	不详
天长镇小龙窝	唐槐2棵（槐岭巷、北戏楼巷），里叶树1棵（观音庙，树龄600年）、黄连树3棵（蘑菇墕，树龄500年）	古井105口以上（包括旱井）
天长镇板桥村	该村古树很多。古树与村同生，成为本村历史文化的见证。有古槐2棵、古杨1棵、龙凤古柏2棵、龙凤国槐2棵、黄莲1棵，长势良好，这些树很多高于500年树龄	古井众多，泉水井有30多口，而山地、丘陵处以旱井、水窖为主，全村有旱井10多口，水窖300多口。较为重要的有：五道爷庙泉水井、李宅泉水井、老爷庙泉水井、孙家巷泉水井、铺场泉水井、九九旱井
天长镇核桃园村	古楸树，生长在村北的楸树坟，在明朝初年就被称为千年古楸，时至今日，老楸的树龄约为1800年 大兴店古槐，树龄达1600多年 民俗馆旁古槐，是一棵已有1300多年历史的唐槐 圣母庙旁古槐，树龄达1000余年。另外300年以上树龄的古树还有十多棵	宋代泉井，现存宋代所凿古泉井两口，即村北的官井和村西沟涧旁的苦水井；明代泉井，明代所凿古泉井两口，就是村北的两眼井。因两口井相距不远，故村人将这两口井统称为两眼井。以上说的这4口泉井全都是工匠们一锤一錾地从青石板上向下凿挖而成；龙王庙井，村北有泉井1眼，村人习惯叫它"官井"，官井旁建井龙王庙1座；三官庙井：村南沟涧旁有泉井1口，因水中含矾碱较多，水味苦涩，故村人称此井为"苦水井"。井旁建有三官（天官、地官、水官）庙一座
天长镇乏驴岭	古槐6棵，均500余年；古桑1棵，200余年；石榴树2棵，200余年	不详

续表

村落名称	古树	古井
天长镇吴家垴村	不详	共有5口古水井,老母庙前两口,西侧1口,戏楼后1口,村东头东场垴外1口,应先后打于明末清初时期,具体年代无考
天长镇庄旺村	古槐树,千年古树,此树现存,在狮子街中部。菩提树,神奇存活几百年,至今繁茂	不详
南王庄乡割髭岭村	不详	村里的古井有后街口水井、胡拴辰门前大井、高树辰家井、校门口井、高锁金家井、吕建国家井、高怀朱家井、胡良文家井、张群录家井等18口。井深多数在5米左右,全用石头砌成
南王庄乡南康庄	在石佛寺院内有一棵上古的侧柏,至少已有几百年光景;村中央有一株据传栽种于隋朝的老槐树	不详
苍岩山镇汪里村	河西院门口,门口曾有五人合抱的老槐树,民国年间遭雷击而死	古井又名"老官井",位于桃沟口,井深12丈(36米),据推测为明代所建
孙庄乡北白花	不详	东古井:掘成于道光二十六年(1846);西古井:掘成于嘉庆十七年(1812);马王井:掘成于咸丰四年(1854)
孙庄乡东元村	村中现存有古槐两株,分别位于庙岸场、东场。庙岸场古槐距今已有400年历史,东场古槐距今已有500年历史	村中古井颇多,现存有古井30余口
孙庄乡孙庄村	龙王庙前古槐,树龄500年;张氏宗祠前古槐,树龄500年;新街古槐,树龄400年	现有古井24口,新街、大庙前、后街、中牌官井,保存完好
孙庄乡西元村	不详	共有5口古井,老母庙前两口,西侧1口,戏楼后1口,村东头东场垴外1口,应先后打于明末清初时期,具体年代无考

续表

村落名称	古树	古井
于家乡高家坡	古槐树位于本村大街正中央,栽于大明正德年间	不详
于家乡当泉村	该村的老槐树,是吴氏始祖吴才福在当泉安家后栽的第一棵树,它栽在原吴氏家族的门前,距今已有500年的历史	不详
于家乡南张井	村中河沟街有一棵国槐,树龄应近千年	废古水井1口;古池1座
威州镇南固底	古槐:村中央旧戏台东南、西北两侧各有一棵古槐树,自唐代建村栽植到现在,树龄已逾千年;古楸树:村西大路北面一棵古楸树自唐建村便栽种	古戏楼水井(官井),清道光二十三年(1843)立。另有其他古井6口
威州镇南平望村	不详	据不完全统计,南平望村有150多口古井(旱井)
威州镇三峪村	两棵唐时古槐	有明朝时期古水井4口(包括东峪),深十五六丈,井壁由小石块砌成
威州镇庄子头	古楸树:据林业专家考证有1500多年的历史,生长在古井西侧	有古水井5口,其中村中老井最大,建于唐贞观年间
威州镇五里寺	村中庙左前侧有棵国槐,树围径2米多,树冠不完整,北侧年久枯折,南侧几枝古木逢春,迎宾吐翠	有明隆庆年间古井一口
小作镇桃林坪村	古槐树:900年树龄1棵,树干分成两枝,现存一枝,古树中又生出幼树一棵;800年树龄的有两棵,完整无损,特种果树:500年以上的柿子树有60余棵,200年柿子树80余棵	古村内有古水井3口,井口为正方形,井壁为圆形,井深均为24米左右
小作镇仇家窑	村中心位置有一棵自然生长的楸树,人称千年古树,据考证已有1000余年历史,现有500年以上的柿子树150棵,分布在村域的山坡沟岭	村东天心沟口有古水井1口,开凿于清代。村外一华里三岔口处另有古井1口,建于清代

103

续表

村落名称	古树	古井
小作镇北防口	戏楼前右手，有古槐1棵，树高20余米，树围3米有余，树龄逾千年	大街官井，掘井年代不可考。现仍使用；王浩通古井，井之台阶，有掘井记事石刻，上刻"雍正三年，地主□□□打井人王浩通，助工人高升"；二甲户古井，掘井年代不可考，现仍在使用；关帝阁古井，掘井年代不可考，现仍在使用；吉顺古井，掘井年代不可考，现仍在使用；福臻古井，掘井年代不可考，现仍在使用；何儒古井，掘井年代不可考，现仍在使用；金德古井，掘井年代不可考，现仍在使用；保羊古井，掘井年代不可考，现仍在使用；继树古井，掘井年代不可考，现仍在使用
小作镇沙窑村	现存古树两株：一株是村东桲树垴的一株古桲树，树龄接近600年；另一株为村中大狮（石）坡顶端古槐，传说是元代寺院外遗留古槐，原有2株，20世纪60年代枯死1株，比现存这株还大，已有800年	有古水井一口，有300多年的历史
小作镇小寨村	村内现存有古槐树十几棵，400多年的古柿子树，黑枣树七八百棵	有500年历史的古水井一口
小作镇卢峪村	古槐：生长在卢峪村中央，估计至少有千年以上树龄	清道光年间所建大口水窖一口，另小口古旱井多个，村东有唐古水井（官井）一口
微水镇皇都村	不详	村中有大口官井、小口井、辘轳井等古井约30口
测鱼镇测鱼村	测鱼村旧戏楼底下，老爷庙南侧有两棵豆科槐树，槐树中间为一口水井。南侧古槐树身粗4.5米、高25米、直径1.5米，北侧古槐稍次。两棵古槐树枝叶交错，枝繁叶茂，遮天蔽日，垂直覆盖地面1.09亩（1亩≈666.67平方米）。经专家考证及民间传言，树龄逾千年	有古井15口，距今已有千年历史

续表

村落名称	古树	古井
测鱼镇石门村	村西山崖边上长着一排崖柏，约 30 棵，粗细不一，最粗的一棵树身直径 1 米有余。这些崖柏大都千年以上	不详
测鱼镇龙凤山村	不详	泉水洼古水井：建于明万历年间；上套古水井，亦建于明代；黄土洼古水井，建成年代不详；公主庵古水井，建成年代最早；艾洼刘氏古水井，建于清代
测鱼镇杨庄村	黄连树：20 世纪 50 年代，东台下面的半坡上长着一棵有 2000 多年历史的黄连树；树中树：树龄在六七百年之多；古檀树：最老的一棵，年长 2000 多年；古柏树：年长 3000 余年，多达 200 棵；古槐树：生长在村内，树身周长是一丈五尺，年长一千五六百年。该村的古树群，说来最多的是柿子树、黑枣树、核桃树和本地杨树。据不完全统计，这四类树种树围在两搂以上的参天大树有 3000 多棵	不详
测鱼镇南寺掌	千年不老树（柞树王）	不详
北正乡赵村铺	古槐：丁字街中，古道北边有一棵 3 人合围成圈的古槐，至今有 600 多年的历史，村东黄南沟现有百年以上的柿树 15 棵	有古水井一口，古旱井多口
微水镇良河西	该村最古老的栽植于南北朝时期的千年槐，位于旧村中心	该村最古老的水井是马道场官井，建于明代；闫家井一口，约建于清代中后期；旧有浇园井一口，深约丈余，建于明代
微水镇罗庄	该村原有 3 棵古槐树，有关专家认为，此 3 棵树最少也是唐代之前的槐树，现余两棵	该村旧有古水井 3 口，其位置分别在尹家巷口、前街口、后街口。其中前街口古井穿凿时间最早，用水人数最多，可惜没有碑石记载；后街口古井穿凿于大清道光二十五年（1845）；尹家巷口古井穿凿最晚，无碑石记载

续表

村落名称	古树	古井
辛庄乡苏家嘴村	古柏树：苏家嘴村中崖边，南银窝大梁高崖边上，均生长着一棵万年古柏；古橡树（又叫财树）：一棵生长在南银窝梁上的古橡树，树龄有1500年以上；古柿树：北银窝大场边上生长着一棵千年柿树	不详
辛庄乡达柯	不详	有古水井一口，建成年代不详，现仍在使用
辛庄乡洪河槽	不详	不详
辛庄乡凉沟桥	不详	有古水井一口，建成年代不详
辛庄乡栾庄	不详	有古水井一口，建于明嘉靖年间
辛庄乡米汤崖	不详	有古水井3口，建成年代不详
辛庄乡小切村	小切村内雄踞着一棵胸径80厘米的古槐树，具体栽植年代已无史据可考；古梨树位于许成堂古宅内，有300多年	有400多年历史的古井3口

资料来源：根据各个村落的"中国传统村落调查立档资料"整理。

有村就有井，有村就有树。古井和古树可以说是古村落的标配。唐代以来，村落的居处大多是人为精心选择的结果。或为安全，或为适宜生存，在这样的大前提下，去选择风水宝地来安家落户。对于以安全为首选的村落里，未必吃水都是方便的地方；相反，村落往往都是在荒山僻野、环境并不是特别好的地方。这时候吃水就成了大问题。要解决这个问题，一是靠天自然下雨，人们挖水窖来储存水备用；二是打井，去获取地下水源。储存的水时间长了会变质，饮用后影响身体健康，而深挖的地下水多为活的泉水，水质较好，因此，村民首选打井；除非是打井特别困难，而限于打井设备和技术的落后，难以深入的情况下，不得已才去修旱井或水窖来储水。

在中国古史的传说中,据说黄帝时代就开始挖井了。中国最早的文献对挖井创始人的记载是和大禹同时代的伯益。《吕氏春秋·勿躬篇》说"伯益作井";现在关于井的最早考古发现是长江下游河姆渡遗址中的古井,距今约5600年。在北方邯郸涧沟、河南临汝煤山、山西襄汾陶寺、河南汤阴白营等龙山文化遗址中都发现有水井,这些水井最深可达15米。可见在距今4000年前的龙山文化,相当于传说中的黄帝时期,古人已发明出凿井技术。到尧舜禹时期,凿井技术已十分高超,可以打深达地下十几米的深度井。① 自夏朝开始进入国家政治时代以后,城市成为国家的政治核心区。统治者对国家的掌控,从中心到边缘,无不以城治的方式。西周确立分封制后,这一特征更明显了。周王有王城,诸侯、卿、大夫也都各有所辖之城,即使最基层之政治单位——"里",也是四周有围墙的城的形式。此时,选择以"城"为政治和民居之所的前提就是充分掌握了打井的技术。因此,井常和民居连在一起称为"井邑"。《易经》下"井卦"曰:"改邑不改井",就是"井"和"邑"连在一起的印证。对于井陉而言,其境内虽有绵蔓、甘陶、金良、小作、冶河等河流穿过,但村庄多是建在河域旁的台地上,村址高于河床,因此村民难以从河中直接用水。对于饮用水,首先想到的是打井获取地下水。井陉村落的井分为两种:一种为水井,一种为旱井。在调查中,我们发现,村内的水井有的被称为"官井",所谓"官井",就是公共用井,村民都可以使用的井。官井一般都是出水量大且水质较好的井。因为打井是一项技术活,首先得有地质知识和地理知识,懂得看水脉,也就是选址。在现代科学技术不发达的传统社会中,打井的选址靠的往往是风水知识。风水先生会通过其所掌握的风水理论,一判断水脉,二判断水质。如果选址不当,就会造成打不出水,或水不旺,或打出是苦水,不能饮用。其次,打井需耗费大量金钱,越是环境复杂的地方,打井难度越大,所需花费也就越多,

---

① 参见方酉生《我国水井起源的探讨》,《江汉考古》1986年第3期。

非常人家庭所能承受。因此，在环境越是恶劣的地方，打井也就成为越急需的公共事业。但越是这样的地方，常常是穷地方，打井因此成为一件难事。著名作家铁凝的小说《秀色》反映的就是打井难的情况。① 因为打井难，所以每打下一口井，常在井旁竖碑题记，以示"吃水不忘挖井人"之意。如测鱼镇龙凤山村的《泉水洼古水井碑》刻有："明万历年立碑纪念，水甘解渴，常年不涸，后人不忘，龙凤生灵。"明嘉靖年间《艾洼泉水圪洞古水井碑》记为："泉水救一命，勿忘开井人。"

有时因为打井艰难，一旦出水，常认为是神护佑而成的。如天长镇核桃园村的《新建井泉龙神庙志》载：

> 窃以凿井，耕田农家之常事，报功施德，理势之宜。然未有神明之护佑，而淡漠相遭也。如桃园镇为山流之地，自我朝来，尝苦乏水。后于乾隆十一年间再为之，深而甘泉溢涌，迄今二十余岁，泉满不息，其所以润我桃园者，正自水也。乡之人每欲立碑记报功德，不果厥。甲申岁夏月遭旱祈雨，而乞水于井上，而时甘露为降，水源润泽，何灵应之如响也。于是，□材纠功，越乙酉即告成焉。至于庙貌虽减，画栋□梁志盛，然亦识所至，云尔。
>
> 旹大清乾隆三十年岁次乙酉二月立
> 合乡人同锡②

从上表对井陉村落古井的不完全调查看，发现最早的古井是在唐代，如威州镇庄子头的老井等。除水井外，还有一类是旱井。这在那些地势较高又远离河流的村庄中比较突出。著名的于家石头村就有很多旱井，主街两旁还有不少水窖，主要原因就是打水井困难，便靠天

---

① 参见《人民文学》1997年第1期。
② 樊海花等：《中国传统村落（核桃园）调查资料》。

吃水，尽一切可能，让雨水最大量地储存下来。打水井难度大，挖旱井其实也不容易。在对卢峪村进行调查时，卢峪村民就讲述了其先祖修水窖、挖旱井的艰难经历。卢峪村地处井陉县城西北山区的一个宽均不足百米，长不足 2000 米的山谷中，自然禀赋并不好，首当其冲的是缺水。数代人纯粹是靠天吃饭、靠天吃水，村里的老话常说："卢峪，卢峪，吃水当油"，可见村里水的稀缺程度。为解决吃水问题，先祖们首先想到的是修水窖。

清道光年在村中央宽敞、较低地段（前头街口）地下，用石头建造了一个长 12 米、宽 5 米、高 5 米的水窖，解决全村人畜饮水问题。

其过程是：

挖好地基，打好基础，垒好金刚墙（受墙力）制好拱券模型（用土和木料），用石块板券拱，合口。但不同的是，要在所有石墙与井壁间及井底部，全部用上好的粘土和白灰制成较硬的胶泥，筑起一道 30—40 厘米厚的防漏墙（层），此防漏层是建造水窖的关键，制造工艺较特殊。先把上好的粘土浸泡开不能有杂物和颗粒，然后掺适量白灰和泥。经反复拍打，晾晒，把其和制成既有粘度又有硬度的胶泥，将其一层一层随井壁造成 30 厘米左右的泥墙，然后用大锤子或撅脑（小板撅）用力仔细将每层砸实黏好，使之不漏水。此胶泥在水中越泡越不漏水。打好此防漏墙，将水窖内部处理好后，开始垒墙、券拱、填八字壕、制面封顶、砸顶。到此水窖就制好了。所有在水窖周边居住的人家，在下雨时都将自家的院落、街道清扫干净，待下雨时让房上、院内、街道所有的水全部流入水窖蓄存，以备使用。此水窖的水供全村人使用，因此村人称此井为"官井"。

对于一些较富的村民，自家还挖旱井：

> "小口旱井"的建造方式与石头水窖的建造方式不同，先将井筒据计划稍大按"葫芦"状挖出来，然后用上好的粘土和白灰制成的胶泥（与水窖用的胶泥相同），在井底和井壁四周紧挨井壁打一层20—30厘米厚防漏墙（层），一直按井壁形状打到井口，此防漏墙的作用一是防漏，二是防止井壁长期浸泡后塌落，前功尽弃。打防漏层是将胶泥铺一层，然后用锤子、撅脑（小板撅）一下挨一下，一遍一遍地把胶泥砸实使之上下粘结好，表面整齐，且要随井形建造，是个费时费力的技术活，现在会做井壁的人很少了。防漏墙的厚度也有讲究，打厚了既费物料也减少蓄水量，打薄了不能保护井壁，且防漏效果不好。①

据统计，卢峪全村有公共水窖2口，私家旱井30多口，对保证卢峪村民的繁衍生存起了巨大的作用。

除古井外，古树是村落又一个突出的历史记忆符号。在人们的居住空间中，树和建筑的搭配不仅仅是为了装饰，也是讲究与自然和谐的重要考量。树在历史上民间的另一个功用是充当"社"的替代品。"社"是土地神。中国对土地的崇拜自古有之，上自王公，下至平村社，都对之进行仪式性祭祀，称为"社祭"。民间还在"社祭"的基础上，创造出一个土地神来。后来民间称为"土地"或"土地爷"。"土地来自上古的神，对它的崇拜可溯至三代，意在乞求大地保佑收成。"其和树扯上联系，是因为早期常用树来充当社的替代物。"最早大约是找一棵较大的树，或树丛，称之为社树或社丛。"② 树在人们心目中的另一种形象是，它能在炎热的夏天，给人以阴凉。也就是不必

---

① 卢杰等：《中国传统村落（卢峪）调查资料》，2014年。
② 赵世瑜：《狂欢与日常：明清以来的庙会与民间社会》，北京大学出版社2017年版，第91页。

用多大力，只要栽上树，让其自然生长，就能背靠大树好乘凉。后来，朝廷常把对高官子女的特殊，让其不必科考，就给予一定的官位，称为"恩荫"或"荫补"制度。在实际生活中，人们会根据具体场所种植不同的树种，以求环境优美和吉祥安康。

国槐是华北地区城乡常载种的一种树。一是它适合此地域相对风沙大、耐寒冷、干旱少雨的自然环境；二是此树寿命长、木质硬，适宜建造房屋和做大家具与工具用。另外，中国人喜欢种国槐，还因为它蕴含着深厚的历史文化含义。

> 早在周代就有了"三槐九棘"的制度：左九棘，为公卿大夫之位；右九棘，为公侯伯子男之位；面三槐，为三公之位。因此世人就以"槐棘"来指三公九卿之位了。……中国古代一般把鼎作为权力和地位的象征，而古人又把槐和鼎联系在一起，用"槐鼎"来比喻三公之位，或者用来泛指执政大臣。……槐树已经逐渐成了政治地位的象征。由于"槐"字的写法是"木"字旁放个"鬼"，就有人从阴阳五行的角度出发，认为槐树能沟通鬼神，民间也有"老槐报凶"的说法，但这并不是主流，而其"天人感应"的理念与汉代盛行的谶纬学说消息相同，同样也具有强烈的政治意涵。
>
> ……我国古代有"社坛立树"的习俗。《尚书·逸篇》载："太社惟松，东社惟柏，南社惟梓，西社惟栗，北社惟槐。"可见槐树作为社树还具有祈祷吉祥福祉的功能。……由于"槐"与"怀"同音，槐树逐渐还具有了怀来人才的寓意。……槐树后来与科举文化也产生了密切的关系。……具有官运亨通的吉祥寓意。[①]

这样深刻的政治文化含义，普及民间后，就逐渐衍化为升官发财的含义。山东龙口民间有俗语："门前一棵槐，财源滚滚来"，即是这

---

① 黄金灿：《槐树历史文化意蕴趣谈》，《中华读书报》2018年5月16日，第15版。

种反映。

井陉县是石家庄市域内古树最多的县份，仅就本次对部分村的调查看，千年以上的人工栽植古树就近30棵，其树种以国槐为多。300年以上的古树较多，其树种涵盖国槐、侧柏、楸树、石榴、黄连树等。从1990年起，石家庄市开始启动对所辖市县内古树名木的调查，截止到2009年底，在其管辖范围内共调查"古树名木46种877株，其中古树43种836株，名木3种41株。其中井陉县古树量多达303棵"。①又据2017年的新闻报道，井陉域内还有280多棵百年以上古树没有进行登记入籍。其中不乏一些千年古树。②

---

① 崔青凯：《石家庄古树名木资源调查及保护技术研究》，硕士学位论文，河北农业大学，2010年。
② 参见李梓等《井陉280多株百岁古树"没户口"》，《燕赵晚报》2017年3月12日，第A03版。

第五章　井陉域内古村落的形成类型及历史文化考察

第一节　井陉域内古村落形成类型及姓氏构成

根据对井陉古村落的调查，特对其村落的形成年代及类型，归纳如下表：

表5-1　　　　井陉古村落形成年代及类型一览

村名	民族	村落规模	姓氏构成	形成历史	祖坟/祠堂	族（家）谱
南障城镇大梁江村	汉族	340户，1056口人	梁姓占90%，还有王、郭、程、刘、蒋、李、吴	起初是散落型分散居住，逐渐成大村落	梁氏宗祠梁家祖坟王氏先茔郭家坟	《梁氏宗祠家谱》，初本为光绪二十五年（1899），1937年重订，最近本印于1982年
南障城镇吕家村	汉族	154户，482口人	除一户外迁户姓韩（3口人）外，全部为吕姓	据《吕氏谱书》记载，元末就有人在此居住，明永乐年间，本县南障城洪河槽吕氏迁居此处，后吕氏人丁兴旺，遂于清顺治年间改为吕家村，沿用至今	不详	《吕氏古家谱》，始于顺治元年（1644），至今已有370年历史。其间，吕氏家族逐渐分成4大股，每一股都有翔实的家谱案

续表

村名	民族	村落规模	姓氏构成	形成历史	祖坟/祠堂	族（家）谱
南障城镇七狮村	汉族	198户，618口人	毕、王、于、赵、吕、杜、樊、史、胡	七狮村历史悠久，据史料记载，唐末宋初即有人居。元代毕氏因避战乱，迁于此；当时已有高氏、张氏族人在此居住。之后有于、王等姓相继迁此居住。后因风浸雨蚀，村落残损。明代，庄民陆续迁至村西甘陶河西岸，倚河背坡的土崖下自己挖土窑洞居住，又称七狮窑，距今已有1200余年	毕氏祖坟（明代），毕氏祠堂（据考证，祠堂始建于明末清初，现悬牌匾落款为民国二十二年（1923））于氏墓地	《毕氏家谱》，初修于明末清初，历代都有续修，最近续修为2004年。据《井陉毕氏家谱》记载，始祖至今已传27世。井陉县、井陉矿区所有的毕姓均出自七狮村毕氏家族；《于氏家谱》，清乾隆年间，于氏祖先从井陉县于家迁徙到七狮村居住，至今已传至12世；《王氏家谱》两部，雍正年间，王氏祖先从井陉县大王帮村迁至七狮村，至今已传至10世
南峪镇地都村	汉族	540户，1810口人	段氏占总人口65%，李氏占总人口30%，其他姓氏还有董、赵、韩、王、冯、苏、许、高、张、梁、于、郭、岳、刘、程	寻找天然溶洞水源生存地；农耕；明代移民迁来；经商	段氏祠堂 李氏祠堂	《段氏家谱》（至今20世）

· 114 ·

续表

村名	民族	村落规模	姓氏构成	形成历史	祖坟/祠堂	族（家）谱
天长镇梁家村	汉族	157户，466口人	梁姓	迁徙落户在此，经过数百年演变而来。据家谱记载元末明初始祖梁士忠等人从山西平定娘子关城西迁徙至此	梁氏家谱庙	《梁氏族谱》
天长镇核桃园村	汉族	580户，2120口人	韩、吴、梁、王、于、樊、李、穆、张、朱、范、吕、巨、安	核桃园村至迟始建于西汉初年。现居户多为明代移民迁徙而来	现存吴氏祖坟、樊氏祖坟、韩氏祖坟	《韩氏族谱》《吴氏头甲族谱》《吴氏二甲族谱》《吴氏九甲族谱》《吴氏十甲族谱》《于氏族谱》《穆氏族谱》
天长镇小龙窝村	汉族	近200户，702口人	樊氏	不详	樊氏宗祠	《樊氏族谱》，从宋元年间到现在31代
天长镇板桥村	汉族	402户，1432口人	王、于、蔡、孙、贾、李、梁、董、许、樊、高、郭、任、冯、马、杨、朱、霍、杜、宋、苏、武	元代墓碑文记载，唐大中年间就有此村。后因农耕居住和外人不断迁徙，形成现在的村庄	蔡家老坟；王家祠堂	《蔡家家谱碑》，此碑位于板桥蔡家老坟；《王氏族谱书》《王氏家谱轴》
天长镇乏驴岭村	汉族	128户，456口人	李、陈、许、祁、蔡、张、郝、赵、于、王、单、岳、刘	该村村西桃花栈上方有北宋摩崖石刻，记载承天军捐款修路事，可证北宋时已有此村	陈氏祠堂；李氏祠堂	《李氏祖谱》，初修于明代，历代均有续修，历经600余年，繁衍23代；《陈氏祖谱》，初修于明代，历代均有续修，历经600余年，繁衍22代

· 115 ·

续表

村名	民族	村落规模	姓氏构成	形成历史	祖坟/祠堂	族（家）谱
天长镇石桥头村	汉族	295户，1015口人	康、孙、李、王、仇、郑、祗、梁、高、戴、刘、杜、黄、褚	相传东汉时已有此村，原名"古辛庄"，后因宋代"天威军石桥"建于村头，故改名石桥头	王氏祖坟；高氏祖坟	《康氏家谱》，康氏家谱上限至明万历年间，为分支另立家谱，下限至2013年；《祗氏族谱》
天长镇蔡庄村	汉族	450户，2200口人	蔡、苏、吴、王、梁、李、陈、宋、郝、张、亢、杜、董、刘	县志记载为北宋年间蔡昆、蔡山从山西平定石门口周城迁此立庄起名蔡庄村；相传村庄原名苏家庄，由于蔡氏迁来后人丁兴旺，发展较快，蔡姓人占多数，改名为蔡庄	蔡氏宗祠	《蔡氏家谱》
天长镇庄旺村	汉族	270户，1100口人	孙姓占50%、李姓占40%、其他姓刘、康、吴、王、任、梁、樊、史姓占10%	金代孙氏家族迁入此地建村。因此地土地肥沃，人们生活富裕，而定村名为"庄窝"，后逐渐演变为"庄旺"	孙氏祖坟	《李牛小家谱》，共记载8代18人；《李建华家谱》，共记载9代20人；《康氏家谱》，共记载12代29人

续表

村名	民族	村落规模	姓氏构成	形成历史	祖坟/祠堂	族（家）谱
小作镇北防口村	汉族	536户，2012口人	王、何、武、谷、刘、高、赵、霍、张、周、薛、孙、宋、傅、樊、丁、郭、苏、石、胡、贾、于、杨、梁、蒋、龙、潘、康、穆、李、师、胥、熊、朱、韩、齐、许、萧、郑、安、程、杜、冯、仇、冉、任、谈、乔、罗、焦、姜、钱	在历代的发展过程中，一些外地居民，或逃荒或避难，或投亲靠友，或打工迁居于此	王氏墓地，史称"老五股坟"。始建于明代；何氏墓地建于清嘉庆年间，始祖至今已传24世	《王氏族谱》，家谱从洪武年间开始记载，王仁礼从山西洪洞县迁来定居，至今已有600多年的历史。其间，王氏家族逐渐分成5大股，每一股都有翔实的家谱；《何氏族谱》
南王庄乡割髭岭村	汉族	650户，2100口人	割髭岭村旧有高、张、胡、牛、冯、吕、毕、冀、崔、杜、康、王、陈、马、武、白、郎、葛、郭、赵姓氏，其中后5个已经消失	东汉时代自白水真人破铜马，铜马军割髭而逃故得割髭岭之名。后经年累月外籍人不断迁入，村落逐渐扩大。以高氏、毕氏为主的西街居民的始祖从井陉迁来，其生活习俗及说话口音都似井陉人；以张、牛、康为主的东街居住的始祖都是从元氏迁来，其生活习俗说话口音都似元氏人	张家祖坟（清至民国6尊）；高家祖坟（清、民国各1尊）	《张氏家谱》；《高氏家谱》；《毕氏家谱》

117

续表

村名	民族	村落规模	姓氏构成	形成历史	祖坟/祠堂	族（家）谱
南王庄乡南康庄村	汉族	240户，890口人	邢、张、马、王、梁、刘、郝、李、于、陈。原康、柴两姓氏已搬出	建于唐代以前，现村民祖先从山西洪洞迁徙而来	张家祖坟 邢氏宗祠 邢氏祖坟 于氏祖坟 马氏祖坟	《邢氏家谱》；《马氏家谱》
苍岩山镇汪里村	汉族	265户，903口人	现居住人口共有9姓，以李氏居多，其余8姓为蒋、吕、王、聂、牛、梁、尹、史。李氏人多但并非一支，分为五族，渊源不一，虽都姓为李，血缘各异	汪里村最早的文字记载为明嘉靖年间，至今已有380多年的历史	不详	不详
孙庄乡北白花村	汉族	328户，1231口人	大部分都是孙庄的移民，以高、张两姓最多，其余的有潘、谈、齐、王等姓氏。嘉庆七年(1802)至今，建村已有300余年	据《井陉县志》记载，雍正八年(1730)时称威坡庄；又该村西古井石碑记载，嘉庆七年时已称为白花村，1912年因南白花立村，原白花村称为北白花村	不详	《高家家谱》，孙庄高氏始族高公讳义良，自明洪武初由北寨移居孙庄，迄今已历经630多年，繁衍25代，加上外迁的族人，现在人口超过6000

续表

村名	民族	村落规模	姓氏构成	形成历史	祖坟/祠堂	族（家）谱
秀林镇北张村	汉族	534户，1546口人	王、甄、霍、吴、马、刘、李、郝、尹、昌、朱、许、冀、高、范、贾、吕、隋、郑、杜、路、陆、夏、宋、孙、梁、赵、毕、于、韩、魏、聂	北张村最早叫天台堡（因始住天台垴而得名），据考因王姓驻天台垴守备带眷而居，称"北王村"。后王姓为避难，以谐音将"北王村"改为"北张村"	霍公墓（民国年间）；王三亨墓（清嘉庆年间）	《王氏族谱》，清康熙年间恩贡2人，恩荣3人，秀才2人；《霍氏族谱》，清光绪年间贡生3人，秀才3人
测鱼镇测鱼村	汉族	950户，3600口人	以高、冯、李三姓为主要姓氏，其他姓氏还有张、王、白、刘、陈、裴、吴、杜、许、武、牛、吕、石、董、曹、耿、戎、岳、霍、尹、方、樊、师	避乱、迁徙	不详	不详
孙庄乡东元村	汉族	360户，1371口人	张、王、李、赵、贾、任、孙、高、杨	据唐代庙宇"保元寺"之石刻载（现残迹尚存），村落原名庄子。后村落以保元寺之"元"字命名为元村。明洪武年间，因村西又形成一村，故两村以路为界，路东名为东元村，路西为西元村。据此考证，东元村在隋唐时已具规模，大兴于明清	贾氏祠堂	《贾氏宗谱》，贾氏于明洪武年间自山西洪洞县迁居井陉县东冶社九甲（东元村），至今已传12世。现贾氏仍存有贾氏祠堂

119

续表

村名	民族	村落规模	姓氏构成	形成历史	祖坟/祠堂	族（家）谱
孙庄乡西元村	汉族	178户，730口人	以赵为主，占90%以上。姓贾的有10家，姓张的有1家，此外还有孙、潘、许、邵姓氏	明洪武年间元村分为东西两村	赵氏宗祠	《赵氏家谱》
孙庄乡孙庄村	汉族、壮族	1140户，4203口人	张，高，王，赵，闫，李，石，于，黄，冯，贾，梁，12个姓氏。其中，高姓969户，占全村总户数的82%，张姓102户，占全村总户数的10%	据张、高二氏宗祠碑文和家谱记载，元末明初张、高两氏先后迁居此地，建村立庄，拓荒垦田。因此地有防口（今南防口）的庄地，故取名孙庄。距今已有700余年的历史	张氏祖坟；高氏祖坟；张氏宗祠；高氏宗祠	《高氏家谱》，家谱第一次编纂年代不详，第二次编纂在清嘉庆五年（1800）由族人高建业主持编纂，家谱惜在"文化大革命"时被毁。族人为使支系脉络不乱，亲疏远近分明，于2010年第三次修纂家谱
于家乡高家坡村	汉族	230户，760口人	全部为高姓	于明正德年间，由井陉矿区校场迁此建庄，至今已有500余年的历史	高氏祖坟（始自明代）祠堂2处（忠义祠堂、楼院祠堂）	忠义祠堂定有家规，老三股、小三股共六股，股股有案谱，年节挂、焚香祭祖传后人。现尚存3个小股谱书

· 120 ·

续表

村名	民族	村落规模	姓氏构成	形成历史	祖坟/祠堂	族(家)谱
于家乡于家村	汉族	400多户,1600口人	于姓	于家村是明代著名政治家、民族英雄于谦后裔的主要繁衍胜地。1457年于谦被冤杀后,其一子于班在天顺末年徙至井陉南峪隐居,后生有三子:于有道、于东道、于南道。因"家赤贫,难于生存",在成化年间,于有道携其家人徙至白庙山下定居	于氏宗祠	《于氏族谱》,现存四本,因老三清代迁至河南浚县,剩余四股存各自族谱
于家乡南张井村	汉族	216户,700口人	樊、尹、吴、郑	南张井的形成背景与村内各氏的原籍有关。张氏系洪洞移民,后迁入的樊、尹、吴、郑氏分别是本县的小龙窝、东窑岭、核桃园、郑家地人,均为古驿道上的村庄	樊氏祖坟;尹氏宗祠;樊氏祠堂	《尹氏族谱》,修于民国二十年(1931),谱中记载了从始祖尹朝臣至今17代南张井尹氏男性及配偶的名讳;《樊氏族谱》,重修于2002年,谱中记载了从始祖樊修理至今24代南张井樊氏男性及配偶的名讳
于家乡当泉村	汉族	213户,780口人	吴	据宗谱和墓碑记载,明代弘治年间,吴氏始祖吴才福携子从核桃园迁居当泉,在阳坡垴下坐北朝南的白矸子窑洞安家,后续在窑洞前建起房屋,立村至今已有500多年历史	吴氏祖坟,吴才福迁居当泉村后,以村南庄沟之阳为茔,至1949年之前共葬祖先十余世	《吴氏族谱》

第五章 井陉域内古村落的形成类型及历史文化考察

· 121 ·

续表

村名	民族	村落规模	姓氏构成	形成历史	祖坟/祠堂	族（家）谱
威州镇南固底村	汉族	400余户，1600口人	魏、郝、焦、杨、张、高、栾、宋、赵、冯、梁	唐代大兴佛教，人们在村东头建立福胜寺，挖地基时，遇坚硬石板不能下挖，取地基坚固之义，名为固底。至明代郝姓人一支迁到村北居住，形成北固底村。原有村落遂称南固底	不详	不详
威州镇五里寺村	汉族	68户，236口人	刘、高、李	据《高氏族谱》记载，雍正十三年（1735）高氏先祖由孙庄迁入五里寺高家台立庄，两年后又有刘姓人家从上安迁入，在庙东立庄，光绪十五年（1889）李氏自本镇东头村迁入	高家老坟（光绪）	《李氏家谱》；《高氏家谱》，自雍正末年高氏13世由孙庄迁入该村，至今相传为第24世；《刘氏家谱》，清乾隆二年（1737）刘氏从井陉上安迁入五里寺居住，至今已传10世

续表

村名	民族	村落规模	姓氏构成	形成历史	祖坟/祠堂	族（家）谱
威州镇南平望村	汉族	636户，2458口人	冯、郝、贾、安、杨，后有段氏	明初洪武年间大举迁民时，冯氏迁此立庄。其后郝姓、贾姓、安姓陆续迁入，以后又有杨氏入住	冯、郝、贾、安、杨5姓各有祖坟	《冯氏家谱》，南平望冯氏溯源远源于山西洪洞县，近源于矿区冯家沟。元末明初，冯氏始祖冯鏵盛在冯家沟搬次立庄人丁兴旺，占全村人口的65%。冯氏家谱始建于明朝中期，始祖至今已传至24世；《郝氏家谱》，明朝万历年间，郝氏从井陉县北固底迁至南平望，至今已传至21世；《贾氏家谱》，贾氏祖先从铺上迁至北平望，又从北平望迁至南平望，至今已传至18世；《安氏家谱》，安氏祖先从山西白土坡迁至南平望，至今共传至12世；《杨氏家谱》，150年前杨氏祖先从北平望杨氏家族迁至南平望，至今共传9世；《段氏家谱》，1938年由鹿泉市西段庄迁至南平望，共3代人

· 123 ·

续表

村名	民族	村落规模	姓氏构成	形成历史	祖坟/祠堂	族（家）谱
威州镇赵村铺村	汉族	500户，2050口人	高、王为主，占80%；还有张、杨、李、焦、贾、许、胡、赵	明朝景泰年间，高氏、王氏先后从南宅和天护迁入此地，随后有杨氏、李氏、焦氏、孟氏、许氏、贾氏也相续迁入，商定建村。此地原有刘赵村张姓一户开饭铺，叫赵村的铺子，所以立庄名为赵村铺，距今约600年	高氏坟茔；高氏祠堂；王氏家祠	《高家谱书》；《王氏家祠家谱案》《王氏家族谱书》，"文化大革命"中丢失
威州镇庄子头村	汉族	570户，2300口人	何、王、高、刘、齐、李、张、胡	庄子头村形成原因，为繁衍与迁徙	不详	《何氏族谱》，唐建白马寺之前，何氏祖先就已在庄子头村居住。有详细记载和众多传说，祖谱已在"破四旧"中烧毁，现在根据分支保留的祖谱，可追溯至明洪武年间；《高氏族谱》，庄子头高门族谱可上溯至元末明初

· 124 ·

续表

村名	民族	村落规模	姓氏构成	形成历史	祖坟/祠堂	族（家）谱
威州镇三峪村	汉族	350户，1193口人	康、李、温、高、焦、何、宋、孔、贾、马、王；原有的白、齐、范、冯、张、刘、郭、武8姓已消失	唐朝元和年间已具村落规模，当时叫三牛村，开始有商业活动，宋代宣和年间张氏、康氏、王氏家族为主要居民，房屋多为土窑。明朝温氏、高氏、宋氏、贾氏、马氏、王氏、冯氏、刘氏、郭氏、武氏、白氏、齐氏、范氏、张氏陆续迁入。清代有孔家、焦家、何家迁入，形成了200多户的村落。约光绪七年（1881），三牛村更名为三峪村	康氏宗祠（建于清朝）；温氏宗祠（建于清朝）；李氏宗祠（建于清朝）	《康氏族谱》，据佛爷峡摩崖石刻记载，在宋朝宣和六年（1124），当时的三牛村就有康氏族人居住，由于年代久远，前部族谱已无考证，现存部分从1500年康氏老祖康鹏至今已延续20代，分为九大宗支。现有康姓人口600余人；《李氏族谱》，据李氏族谱记载，李氏家族从1500年李氏老祖李世全至今，时间跨度500余年，共延续17代，分为五大宗支，现有李姓人口300多人；《温氏族谱》，温氏族人自明万历年间迁至当时的三牛村，从温氏老祖温仲、温科、温印至今已400多年，共延续17代，分为三大宗支。现有人口200多人

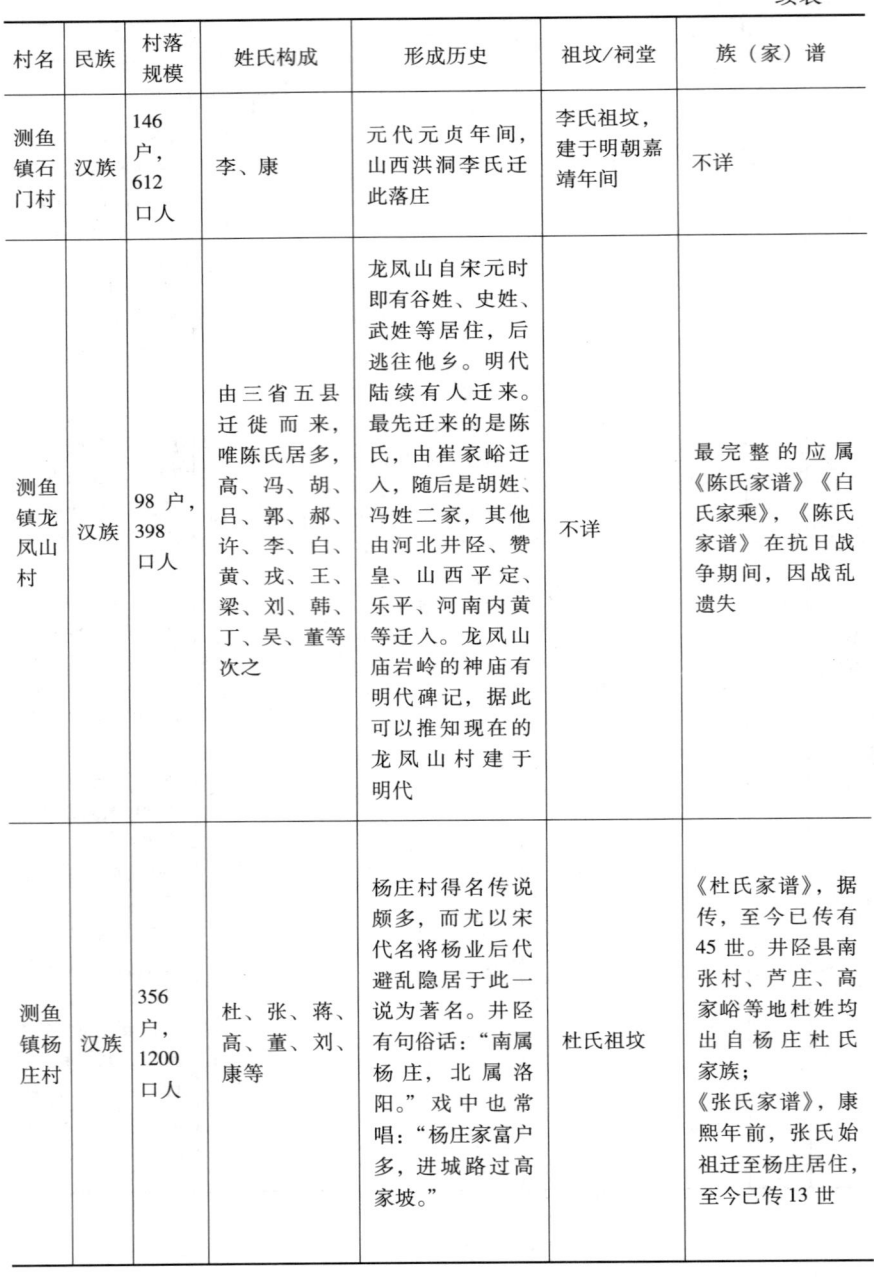

续表

村名	民族	村落规模	姓氏构成	形成历史	祖坟/祠堂	族（家）谱
测鱼镇石门村	汉族	146户，612口人	李、康	元代元贞年间，山西洪洞李氏迁此落庄	李氏祖坟，建于明朝嘉靖年间	不详
测鱼镇龙凤山村	汉族	98户，398口人	由三省五县迁徙而来，唯陈氏居多，高、冯、胡、吕、郭、郝、许、李、白、黄、戎、王、梁、刘、韩、丁、吴、董等次之	龙凤山自宋元时即有谷姓、史姓、武姓等居住，后逃往他乡。明代陆续有人迁来。最先迁来的是陈氏，由崔家峪迁入，随后是胡姓、冯姓二家，其他由河北井陉、赞皇、山西平定、乐平、河南内黄等迁入。龙凤山庙岩岭的神庙有明代碑记，据此可以推知现在的龙凤山村建于明代	不详	最完整的应属《陈氏家谱》《白氏家乘》，《陈氏家谱》在抗日战争期间，因战乱遗失
测鱼镇杨庄村	汉族	356户，1200口人	杜、张、蒋、高、董、刘、康等	杨庄村得名传说颇多，而尤以宋代名将杨业后代避乱隐居于此一说为著名。井陉有句俗话："南属杨庄，北属洛阳。"戏中也常唱："杨庄家富户多，进城路过高家坡。"	杜氏祖坟	《杜氏家谱》，据传，至今已传有45世。井陉县南张村、芦庄、高家峪等地杜姓均出自杨庄杜氏家族；《张氏家谱》，康熙年前，张氏始祖迁至杨庄居住，至今已传13世

· 126 ·

续表

村名	民族	村落规模	姓氏构成	形成历史	祖坟/祠堂	族（家）谱
测鱼镇南寺掌村	汉族	121户，403口人	张、郝、王、樊、仇、高、赵	据传在唐代就有人居住，一直到明代，都是为隐居之所，租南寺村地耕种，到明代洪武年间，张氏祖先从山西平定县青杨树村迁此立庄。到清、民国时期，周边村庄的井陉于家一带的村民，为了躲避战乱或者谋生，到南寺掌村的山沟、山洼、山梁居住，达40余户，200余口人，1949年后大都陆续返回原籍。20多个姓氏只留下郝、樊、王、仇、高、赵各一家。占全村人口的一半	张氏祖茔三座（马圈垴、桑树坪、坟谷囤），始自清中期	《张氏家谱》；《郝氏家谱》；《王氏家谱》；《樊氏家谱》；《仇氏家谱》
吴家窑乡吴家垴村	汉族	120户，480口人	吴、李为两大姓，还有许、余	元末明初有一石姓人家到此居住，因村庄坐南朝北，占据一个山垴，地理位置独特，村子名为石家垴。据村内石碑记载，在大明嘉靖年间山西洪洞县吴氏兄弟迁入后，人丁兴旺，石家人外迁，后改名吴家垴，沿用至今。从建村至今已有600余年历史	李氏宗祠	不详

续表

村名	民族	村落规模	姓氏构成	形成历史	祖坟/祠堂	族（家）谱
小作镇仇家窑村	汉族	165户，596口人	崔、高、李、闫、常	据传明洪武二年（1369），宋氏因避战乱从外地迁此立庄。初取村名"宋家庄"。后因取水困难，被迫迁出。尔后有仇氏迁入。在大楸树旁掏土窑洞安家，因楸树高大，已有几百年历史，根大枝旺叶茂，长势壮观。依此树和土窑取村名为"楸家窑"。因仇氏人员兴旺，窑洞多，遂借此冠姓氏改村名为"仇家窑"	崔氏墓地，据《崔氏家谱》记载，始建于明代，至今已葬35世；高氏墓地，高氏族人定居于此有600余年之久，繁衍生息，已有25代之多。老祖坟平坟前已葬有先人18辈之多，后由于家庭人丁兴旺，老坟地脉占尽，遂迁至靠西枣园做墓地；闫氏墓地，闫氏家祖于明末由山西省洪洞县大槐树下迁至河北省井陉县仇家窑村，至今已有250余年	《高氏家谱》，初修于明朝年间，历代都有续修，始祖至今已传25世，现传后人245口；《闫氏家谱》，初起家修于明末清初，历代都有续修，现存为1958年新修，至今13代人；崔氏家谱，始建于明朝年间，历代都有续修，崔氏祖先从洪洞县迁到仇家窑居住，至今传至35世

续表

村名	民族	村落规模	姓氏构成	形成历史	祖坟/祠堂	族（家）谱
小作镇桃林坪	汉族	350户，1300口人	杨、马、许、何、廉、苏、陈、赵、毕、杜、温	据古人言传，在唐朝晚期就有人在此居住，经五代十国到北宋初年，由于辽国南侵，有鲁、黄两姓人逃荒于此，落脚建村，叫桃山庄；后有郝、王、杨、马等姓也迁居此地，见桃树成片成林，把桃山庄改名叫桃林坪	杨氏祖坟；马氏祖坟；赵氏祖坟；苏氏祖坟	不详
小作镇沙窑村	汉族	170户，495口人	左、王、郑、崔、李、刘、沈、何、郭、栾	相传宋元时就有人居住。明成化年间，贾庄村贫民崔氏迁此立庄，以姓氏起名为崔家庄，后因村中有三个沙石坎，故改名为沙窑村，后续有李氏、郑氏、王氏、左氏、栾氏、何氏、沈氏、刘氏、郭氏迁来，十姓同居于此，以刨坡修地为生，繁衍生息，历代传承，距今已有600年的历史	左氏祖坟；郑氏祖坟	《左氏家谱》；《王氏家谱》；《郑氏家谱》

续表

村名	民族	村落规模	姓氏构成	形成历史	祖坟/祠堂	族（家）谱
小作镇卢峪村	汉族	80户，278口人	全部为卢姓	清嘉庆年间先祖卢喜顺从城关辗转来此谋生建村，取山谷之意，冠姓氏名之卢峪。距今有300年历史	卢氏祖坟；卢氏旧祠堂	《卢氏族谱》，记载了先祖卢喜顺清嘉庆年间来此建村，至今已历11世
小作镇小寨村	汉族	360户，1325口人	刘、苏、任、高、郑、石、王、李、张、薛、梁、赵	据传，唐末宋初即有人居。大明永乐年间，刘氏从山西榆次薛雨村迁此居住。因居于南北两道山梁间一小山丘边，故名小寨村。后又有魏氏家庭迁来村南西岸湾居住，取名魏家湾。后又有高氏和任氏、苏氏等家族迁来此处居住。任家居村中一个山垴上，起名任家垴。苏氏居村西，高家居村东，后均并入小寨村	刘氏祖坟	《刘氏家谱》

续表

村名	民族	村落规模	姓氏构成	形成历史	祖坟/祠堂	族（家）谱
微水镇良河西村	汉族	210户，830口人	李、唐、吴、刘、王、赵、武、段、魏、梁、闫、谷、冯、邢、靳、崔、宋、尹、徐、张，共20个姓氏，37个家族。李、唐、吴、刘居多数	据吴氏、刘氏古坟茔碑文记载，最迟在明嘉靖前就有吴、刘二姓分别从本县吴家垴、上安西迁徙而来扎根落户。明万历前后，有尹、段、靳、吴门牛氏等户迁入。清雍正至光绪年间，先后迁入的姓氏有李、唐、王、梁、赵等。崔、徐、宋、张则在1949年后迁入。而历史上的牛、马、于、胡、岳、罗等姓氏已不知去向	吴氏祖坟；刘氏祖坟；尹氏祖坟；唐氏祖坟；李滋家族祖坟；李祥云祖坟；	《刘氏族谱》，该谱共有4大张，前三张在"文化大革命"时被毁，现只存第四张。至今已传至第34世。刘氏老祖元世祖忽必烈年间由上安村迁至该村，旧属天护社。 《吴氏族谱》，谱载，吴氏老祖约元末明初由吴家垴迁至该村，旧属耿庄社三甲。至今已传至第12世。 《尹氏族谱》，谱载，尹氏老祖约大明崇祯年间由尹西河迁至该村，旧属良都社五甲。至今已传至第9世。 《吴门牛氏族谱》，该谱记载，吴门牛氏老祖约明末清初由山西寿阳迁至本村，旧属在城社一甲。至今已传至第13世。 《李滋族谱》，谱载，李滋老祖约大清雍正年间由南高家庄迁至该村，旧属在城社二甲。至今已传至第12世。 《李祥云族谱》，谱载，始祖李详云，约于大清雍正年间由西方岭迁至该村，旧属西甲社九甲。至今已传至第10世。 《唐氏族谱》，唐氏老祖在清乾隆二十年（1755）由井陉城内迁至该村，旧属在城社九甲。至今已传至第12世。 《李尚庭族谱》，谱载，李氏老祖约于清乾隆年间由南高家庄迁至本村。至今已传至第10世

续表

村名	民族	村落规模	姓氏构成	形成历史	祖坟/祠堂	族（家）谱
微水镇皇都村	汉族	278户，1100口人	高、范、陈、李、梁、吴、武、张、赵、刘、王、马	传窦建德在此定都后，居民陆续迁至。依据祖辈相传范、高二氏定居最早，之后相继有陈、李、梁、吴、武、张等十几个姓氏在此定居，至今已有1300多年历史	杨氏墓地；陈氏始祖墓地（明代）；梁氏墓地（清代）	《陈氏家谱》，始修于明万历年间，记载了皇都陈氏始祖陈际行及其五子陈龙、陈凤等，历经明、清、民国至今屡有完善续修；《朱氏家谱》，始修于清乾隆年间，朱氏族谱幸存至今；《李氏家谱》，修于明万历年间
微水镇罗庄村	汉族	863户，3020口人	有康、张、王、尹四大姓氏，其他零散姓氏均为近代迁徙而来	相传，隋代已有人在此居住。隋代瓦岗寨义军将领罗世义葬于此地，故取村名为罗家庄，后简化为罗庄	康、王、张、尹古祠堂5座	《康氏族谱》，一部，始于明嘉靖四十一年（1562）三月。族谱序表明，1368年唐氏先祖由山西平定迁至罗庄立户，至今已有27代；《王氏族谱》，现存一部，修于1953年，至今已有14代

· 132 ·

续表

村名	民族	村落规模	姓氏构成	形成历史	祖坟/祠堂	族（家）谱
辛庄乡苏家嘴村	汉族	86户，246口人	张、李、苏、杜、谷、高、许	据传说与史料记载，金泰和年间，碾子嘴即有人居住，最早赵氏由东西坪迁此居住。元末明初北银窝平王垴许从桃王庄迁来居住，苏家嘴苏氏从贾庄迁来居住。明朝初年，平山洪子店李氏迁入北银窝居住，至清末，北银窝当时大部分山场归李氏掌管。清朝中后期，张氏从平山狮家湾迁入。之后杜氏从小作迁入，并逐步接管大部分山场。清末民初，西坡高氏从获鹿迁入，清朝末年东坡许氏从桃王庄迁入，西杂木口高氏从小作迁入。清末至抗战前，"北银窝"为一行政村。清雍正初年，张氏从山西迁入碾子嘴居住，至今已有14代人。清雍正年间，李氏从石瓮村迁入叮当峪居住，至今已有14代人。清道光初年，张氏从山西迁入杨树坑居住，至今已有10代人。清咸丰初年，张氏从赵西岭迁入叮当峪居住，至今已有7代人。清道光年间，谷氏从胡雷迁入南银窝居住，至今已有7代人。清代初年，高氏从小作迁入北垴寺居住。清朝初年，谷氏从胡雷村迁入南垴寺，至今已有400多年历史。至清末民初形成了苏家嘴、北银窝、碾子嘴、叮当峪、杨树坑、南银窝、南垴寺、北垴寺等大小10多个自然山庄。自清朝开始，苏家嘴、碾子嘴、叮当峪、杨树坑、南银窝等与其西部李家嘴等自然山庄组成一行政村，取名"北瓮村"。1981年地名普查，因自然山庄苏家嘴人口较多，居住集中，改名为"苏家嘴"	苏氏祖坟	不详

· 133 ·

续表

村名	民族	村落规模	姓氏构成	形成历史	祖坟/祠堂	族（家）谱
辛庄乡达柯村	汉族	55户，168口人	许（60%）、贾	明初，贾氏自山西洪洞县来此立庄。所居地山大沟深，原名为"大沟村"。清康熙年间许氏自本县城关迁此。为使村庄兴旺发达，林繁枝茂，故村名为达柯	许氏祖坟	该村每个姓氏都有自己的家族族谱，久远的族谱有的已经流失，有的在"破四旧"时被毁坏，现存的家谱大多是过年等供奉用的家谱案。其中许氏在达柯村是大姓，人口占全村60%，《许氏族谱》最多已保存8代以上
辛庄乡洪河漕村	汉族	130户，470口人	许、李、刘、何	据传，唐初，许氏自外地迁此立庄	许氏老坟	《许氏祖谱》，许氏在洪河槽村是大姓，人口占全村80%，《许氏祖谱》最多已保存11代以上
辛庄乡凉沟桥村	汉族	31户，94口人	许、卢、郭、尤	凉沟桥村始建于明万历年间，开始只有一户姓许的人家迁徙至此，后发展到94户	卢氏家祠	《卢氏祖谱》，卢氏在凉沟桥是大姓，人口占全村人口一半以上，《卢氏祖谱》最多已保存8代以上
辛庄乡栾庄村	汉族	120户，420口人	栾、杨、贾、胡、赵、刘、张、李、班、王、卢	栾氏嘉庆年间自本县秋树坡迁此立庄，以姓氏命村，之后杨姓也由矿区赵村店迁来，此后两姓共同开发，繁衍生息，成为村中主要姓氏。原名栾家庄，1966年后改成栾庄	杨氏祖坟；赵氏祖坟	该村每个姓氏都有自己的家族族谱，久远的族谱多流失，现存的《杨氏祖谱》已保存7代已上，刘氏、赵氏、卢氏、李氏祖谱均保存6代以上

· 134 ·

续表

村名	民族	村落规模	姓氏构成	形成历史	祖坟/祠堂	族（家）谱
辛庄乡米汤崖村	汉族	63户，242口人	冯、印、赵、李、王、陈、许、高、梁、张、刘	相传汉光武帝刘秀路经此地，在山崖下，渴饮清泉，饮后谓泉水有米汤味，且能止渴生津，后遂称"米汤崖"	冯氏祖碑，位于村西"西平地"北端，"老虎水"之北水发源地。此地系冯氏老祖坟茔处。印氏祖碑，位于村南800米处，地名"寺垴"，是印氏祖坟所在之处，建于民国十一年（1922）	该村每个姓氏都有自己的家族族谱，久远的族谱多流失，现存的《冯氏族谱》已保存17代，《印氏族谱》已保存13代，赵氏、梁氏、李氏族谱均保存6代以上
辛庄乡松树岭村	汉族	25户，58口人	武、李、杜	清初武氏自本县台头村迁此立庄	武氏老坟	现存族谱有《武氏家谱》一本，共记载了8代人
辛庄乡小切村	汉族	51户，145口人	许	明隆庆年间，许氏自本县洪河槽迁此立庄。因此处山高林茂，人烟稀少，野兽成群，行人到此心悸胆怯，故名为小怯，后演为小切	许氏墓碑，小切村许氏原是洪河槽许氏一支。石碑原立于洪河槽许氏祖坟，至今小切村人仍在洪河槽村坟地埋葬	该村主要姓氏为许姓，久远的族谱已经失去，现存的家谱大多是过年等供奉用的家谱案。小切村现存族谱三本，均为《许氏族谱》，一本为老族谱，由村委集体保存，已记载13代人名录，其余两本由此衍生而出

续表

村名	民族	村落规模	姓氏构成	形成历史	祖坟/祠堂	族（家）谱
辛庄乡小峪村	汉族	133户，416口人	何、王、郭、杜、李	据《何氏族谱》载：明永乐年间，何氏自山西洪洞县迁此立庄，居住在小于大沟（达柯）峪的峪沟内，故取村名为小峪。辖自然村2个：小峪和小峪掌	不详	村中各姓氏都有自己的族谱。何氏在小峪村是大姓，人口占全村80%，《何氏祖谱》已保存11代以上，王氏、李氏、郭氏、杜氏族谱均保存4代以上

资料来源：根据各村传统村落调查资料整理而成。

关于井陉古村落的形成问题，前文已提及。除了前文提到的几个有依据可以确证其在唐宋时就存在外，上表所列入的村的形成时间很多是源于当地村民的传说，至少现在还无确证。从表中发现的该域内古村落的另一个特点是，即使是在唐宋或以前就形成，或只是有人居住，但随着时代的变迁，由于各种原因，后在此原址上形成的村落，绝大多数与最初时期已经不同了。或者是最初的居民已迁离，或绝户，或者由于大量外来人迁入，最初居民已变成小姓。因此，我们所看到的古村落，不管其最早形成于何时，现在我们能触摸到的历史绝大多数是明清及其以后时期的。

从所调查村落的姓氏结构看，单姓村较少，只有于家村、卢峪村、小龙窝、梁家村、当泉村、高家坡、小切村较为典型，只有一个姓氏；其他绝大部分是多姓村，其中有的村以一两个姓为主，可以确认其他姓氏是后来迁入的。但更多的村姓氏很多，如北防口500多户的村庄竟有52个姓氏。下将10个姓氏以上的村落列表如下：

表 5–2　　　　　　井陉 10 个姓氏以上的古村落一览

村名	户数	姓氏数量	主要大姓
良河西	210	20	吴、刘、尹、唐
小寨村	360	12	刘
沙窑村	170	10	左、王、陈
龙凤山	98	18	陈
皇都	278	12	杨、陈、梁
桃林坪	350	11	杨、马、赵、苏
孙庄	1140	12	高（82%）、张（10%）
石桥头	295	14	康、祇
三峪村	350	11	康、温、李
南康庄	240	10	张、邢、于、马
南固底	400	11	不详
核桃园	580	14	吴、樊、韩
乏驴岭	128	13	陈、李
测鱼村	950	26	高、冯、李
北张村	534	32	王、霍
板桥	402	22	蔡、王
地都	540	16	段（65%）、李（30%）
北防口	536	52	王氏较有名
割髭岭	650	20（现存15）	高、毕（东街），张、牛、康（西街）
蔡庄	450	14	蔡
赵村铺	500	10	高、王
栾庄	120	11	杨、赵
米汤崖	63	11	冯、印
庄旺	270	10	孙（50%）、李（40%）

其他村落的姓氏虽不到 10 个，但也都为杂姓村，一并列表如下：

村名	户数	姓氏数量	大姓
大梁江	340	8	梁（90%）
吕家村	154	2	吕（只有1户为韩）
汪里	265	9	李
北白花	328	6	高、张
东元	360	9	贾
南平望	636	6	冯、郝、贾、杨、安、段
南张井	216	4	尹、樊
七狮	198	9	毕、丁、王
石门	146	2	李
苏家嘴	86	7	苏
吴家垴	120	4	吴、李
西元	178	7	赵（90%）
仇家窑	165	5	崔、高、闫
杨庄	365	7	杜、张
庄子头	570	8	何、高
南寺掌	121	7	张、郝、王、樊、仇
罗庄	863	多于4个	康、张、王、尹
达柯	55	2	许（60%）、贾（40%）
洪河槽	130	4	许
凉沟桥	31	4	卢（50%）
松树岭	25	3	武
小峪	133	5	何（80%）
五里寺	68	3	李、高、刘

上述表中所列村落，虽非全部，但大概能反映井陉村落姓氏构成的基本情况，单姓村少，大部分村都是杂姓村，大的村落多达52个姓氏，如北防口。有10个姓氏以上的村落竟达24个，占本书所选井陉

54个古村落个案的近一半。在上表所列杂姓村中，有大姓，一般为2—5个，占村中绝对优势的某个大姓不是常见现象。在所调查村落中姓氏明确占村人数50%以上的列表如下：

表5-3　　　　井陉单个大姓占村人数50%的村落一览

村名	户数	姓氏数量	大姓
大梁江	340	8	梁（90%）
西元	178	7	赵（90%）
小峪	133	5	何（80%）
孙庄	1140	12	高（82%）、张（10%）
赵村铺	500	10	高、王（80%）
地都	540	16	段（65%）、李（30%）
达柯	55	2	许（60%）、贾（40%）
庄旺	270	10	孙（50%）、李（40%）
凉沟桥	31	4	卢（50%）

其他村落的姓氏调查，只标明哪些为大姓，但未标明具体所占比例。但可以推知，凡村中两个以上大姓的应占全村姓氏的50%以上。但实际能形成某一个或两个大姓控制村落的情况并不多，这其中还包括那7个家族式的单姓村。多数村的大姓在3个以上，这样对村落控制来讲，会形成几股势力均衡的情况，很难造成某个大姓占绝对优势。优点是对村落的控制上，不会出现霸权，但缺点是因势力均衡，会造成权力难以集中，甚或引起矛盾纷争，不利于公共事业的兴修和管理。

至于形成井陉多姓村的原因，或许与这些村落居于交通要道，或因逃难、避乱迁徙聚集有关。根据村落调查中对村落历史的追述，我们不妨对其类型做一概括，试列表如下：

表5-4　　　　井陉多姓村形成类型一览

村名	地理位置	形成历史	村落类型
大梁江	大梁江位于太行深处，位置偏僻，环境静僻，受历史上的战乱等影响较小	起初是散落型分散居住，逐渐成大村落	深山唐至明清散聚型

续表

村名	地理位置	形成历史	村落类型
地都村	村落四周环山，（村后南面长城岭，右沟山，西边野猪坡，东边马面坡，村对北山、福寿山，为太行山脉系）坐南向北，依山邻河，井阳公路、绵河、绵右渠抱村而过	寻找天然溶洞水源生存地；农耕；明代移民迁来；经商	深山驿道型
梁家村	四面环山，山林茂密，空气清新，古村落呈簸箕形	迁徙落户在此，经过数百年演变而来。据家谱记载元末明初始祖梁士忠等人从山西平定娘子关城西迁至此	深山元末明初迁徙型
吕家村	前有洞宾山，后有凤栖岭，南面有后沟、罗圈沟和小回沟，山沟纵横达数十千米	据《吕氏谱书》记载，元末就有人在此居住，明永乐年间，本县南障城洪河槽吕氏迁居此处，后吕氏人丁兴旺，遂于清顺治年间改为吕家村，沿用至今	深山明代本县迁徙型
小龙窝	位于晋冀交界的太行山腹地，307国道、秦皇古驿道蜿蜒穿村而过，方圆4平方千米，四周环山		旧城治所演变型（驿道型）
于家村	于家村地处太行山深处，位于井陉盆地与丘陵的衔接处，坐落在一个四面环山的小盆地内	于家村是明代著名政治家、民族英雄于谦后裔的主要繁衍盛地。1457年于谦被冤杀后，其一子于班在天顺末（1464）徙至井陉南峪隐居，后生有三子：于有道、于东道、于南道。因"家赤贫，难于生存"，在成化年间于有道携其家人徙至白庙山下定居	深山驿道型
蔡庄	蔡庄村在绵河北岸，河水自西向东流去，绵河南岸悬崖峭壁，石太铁路崖下通过	据史料记载西汉时已有人烟，县志记载为北宋年间蔡昆、蔡山从山西平定石门口周城迁此立庄，起名蔡村庄；相传村庄原名"苏家庄"，由于蔡氏迁来后人丁兴旺，发展较快，蔡姓人占多数，改为"蔡庄"	深山明代避难迁徙型

续表

村名	地理位置	形成历史	村落类型
北防口	三山四尾交汇，南来绵河水，西有小作河、冶西河，三河在此汇集成冶河北去，形成"放口"，古名"放口"	在历代的发展过程中，一些外地居民，或逃荒或避难，或投亲靠友，或打工迁居于此	深山宋明聚落型（古驿道西道中穿）
割髭岭村	地处太行山东麓，四面崇山峻岭曲折环绕，成自然屏障，四面高中间低形成盆地。村中有一条小河，河中三泉涌源，自东向西流，是割髭河的发源地	东汉时代白水真人破铜马，铜马军割髭而逃故得割髭岭之名。后经数年累月外籍人不断迁入，村落逐渐扩大。以高氏、毕氏为主的西街居民的始祖从井陉迁来，其生活习俗及说话口音都似井陉人；以张、牛、康为主的东街居住的始祖都是从元氏迁来，其生活习俗、说话口音都似元氏人	山地河口官道汉唐型
汪里村	村落坐南朝北，四面环山，呈南北走向，顺沟蜿蜒一公里	汪里村李姓共分5支，其中大股和二股来得最早，三股、四股和五股是从山西省平定县白灰村迁来，这在本族的族谱中有记载，而大股来源却成谜团，无法考证	深山汉代聚落、关塞迁聚型
板桥村	板桥村地处太行山东麓、井陉盆地西缘，村落四周环山。秦皇古驿道穿过该村	元代墓碑文记载，唐大中年间就有此村	山区汉代聚落、明代迁聚型
北白花	山区类的丘陵地势，东高西低，两面环山，村落呈瓢形	据《井陉县志》记载，雍正八年（1730）称威坡庄；本村西古井石碑文，嘉庆七年（1802）时该村已称白花村。民国初年，因南白花立村，原白花村更名为北白花村	深山古驿道市镇型
北张村	坐北朝南，前有玉带绵蔓河（绵河、西河）环绕。背靠五峰青山（凤凰山东段）。西依尹、仇西河双山锁口，大体讲为北高南低的大盆地。是井陉县唯一骆驼、骡马大店的秦皇古驿栈。是井陉民国以前商业、交通驿道	北张村原来不叫北张村，亘古以来也没有张姓。最早称作"北王村"。后来居住本村的王姓为避难将"北王村"改为"北张村"	深山迁聚型

第五章 井陉域内古村落的形成类型及历史文化考察

141

续表

村名	地理位置	形成历史	村落类型
测鱼村	主村落东依龙凤山、南傍张河湾（水库）、隔河遥望西寨山，北临孤山、北山，位于甘陶河（山西叫松溪水）长期冲击形成的扇形台地上	据传说，测鱼村是在战国长平之战后，山西百姓因避难迁居此地，历史悠久	深山古驿道集镇型
东元	背山面水，四季分明，属温带气候。冶河自村西自南向北绕村而过。村落呈不规则形状，房屋多围绕"一岸三街"建造	据唐代庙宇"保元寺"之石刻载（现残迹尚存），村落原名庄子。后村落以保元寺之"元"字命名为元村。明洪武年间，因村西又形成一村，故两村以路为界，路东名为东元村，路西为西元村。据此考证，东元村在隋唐时已具规模，大兴于明清	深山避乱迁聚型（市集）
乏驴岭	乏驴岭村地处太行山东麓、井陉盆地西缘。绵河由西向东呈S形绕村而过	乏驴岭有两处"马家坟"，两处"祁家坟"的地方，相传，乏驴岭居民最早是马家，祁家来了以后，因两姓相克，祁家骑走了马家。传说未必可信，但从马祁两家坟地规模看，历史上的马祁两家确有一段兴旺时期，然而，乏驴岭马家早在清代就已绝迹，祁家至今也只有7户	山区唐至明清古村落型（古道、沿河）
高家坡	地处太行山区，温带气候，十年九旱。建庄四面环山，坐北面南一面坡，东西横长一公里大鱼脉，西头东尾，农户居鱼肚中央，是旧县城城关通往南川的必经大道	于明正德年间，由井陉矿区校场迁此建庄，至今已有500余年的历史	深山古驿道型（驿道北路）

续表

村名	地理位置	形成历史	村落类型
核桃园	位于河北西部边陲，太行山东麓，属纯山区，村落西高东低，南北向心。四周群山环绕，蜿蜒起伏。有自然形成的15个大小山洞分布于山间沟壑。村庄建制在沟涧两旁，呈不规则形状	核桃园村至迟始建于西汉初年。现居户多为明代移民迁徙而来	深山本县内迁建村
卢峪村	该村属太行山东麓山区沟壑地貌。南、西以鹿耳岭为屏，东山与矿区台阳相望，北有小作河流过。村庄依山而建。整个村庄呈半月形布局	清嘉庆年间先祖卢喜顺从城关辗转来此谋生建村，取山谷之意，冠姓氏名之卢峪。距今有300年历史	深山古驿道型
南固底村	村东有绵蔓河潺潺而过，其他三面皆青山环抱，古村落呈一个大感叹号	唐代大兴佛教，人们在村东头建立福胜寺，挖地基时，遇坚硬石板不能下挖，取地基坚固之义，名为固底。至明代郝姓人一支迁到村北居住，形成北固底村。原有村落遂称南固底	山区县内迁建村
南康庄	东高西低，东西走向，河流由东边三尖山流经本村向西三里流入南王庄与割子河汇合向西。村落被四面山脉包围，地势较平，犹如盆地	建于唐代以前，现村民祖先从山西洪洞迁徙而来	山区唐明聚集型
南平望	青山环抱，视野开阔，村庄地形高而平，土壤肥沃，土层深厚，达30多米。西有绵河，东有抱犊寨，四面环山，地势东西走向	明初洪武年间大量迁民时，冯氏迁此立庄。其后郝姓、贾姓、安姓陆续迁入，以后又有杨氏入住	深山唐元明聚迁型

第五章 井陉域内古村落的形成类型及历史文化考察

· 143 ·

续表

村名	地理位置	形成历史	村落类型
南张井	村占凹穴，青山环抱，古村落状似凤凰展翅。属丘陵地带	南张井的张氏系洪洞移民，后迁入的樊、尹、吴、郑氏分别是本县的小龙窝、东窑岭、核桃园、郑家地人，均为古驿道上的村庄	山区明代迁聚型
七狮村	背山面水，青山环抱，甘陶河由南向北环绕村边流过。村落集中在甘陶河西岸之土岩下，呈"一面街、两洼、两沟、八圪台"不规则形状	七狮村历史悠久，据说唐末宋初即有人居住。元代毕氏因避战乱，于此居住，租种高家坡地耕种，当时已有高氏、张氏族人在此居住。之后有于、王等姓相继迁此居住，后经风浸雨蚀，村落残损。明代，庄民陆续迁至村西甘陶河西岸，倚河背坡的土崖下自己挖土窑洞居住，又称七狮窑	深山明代迁聚型
三峪村	北靠王帽山，面朝凤凰山（又名书桌），东依挂云山，西出鱼米乡，地势东高西低，俯瞰呈鱼形，寓意"鲤鱼跳龙门"，清泉河似玉带，揽腰而过，绵右渠大桥横跨村东	唐朝元和年间已具村落规范，当时叫三牛村，开始有商业活动，宋代宣和年间张氏、康氏、王氏家族为主要居民，房屋多为土窑。明朝温氏、高氏、宋氏、贾氏、马氏、冯氏、刘氏、郭氏、武氏、白氏、齐氏、范氏陆续迁入。清代有孔家、焦家、何家迁入，形成了200多户的村落。约光绪七年（1881），三牛村更名为三峪村，从民国至今，白、齐、范、张、封、刘、郭、武八大家族消失	深山区唐宋明聚迁型
石门村	主村域以低山、丘陵和沟渠为主要地貌特征，自然村以高山、沟壑为主要地貌特征。村占斜坡，青山环抱，前山似官帽，后山似长龙，村落状似凤凰	元代元贞年间，山西洪洞李氏迁此落庄	山区唐宋明清聚迁型
石桥头	三面环岭（凤凰岭、西岭和朝阳岭），南面临水（绵河），燕晋古驿路由北至西穿村而过	相传东汉时已有此村，原名"古辛庄"，后因宋代"天威军石桥"建于村头，故改名石桥头	山区元代迁建型

续表

村名	地理位置	形成历史	村落类型
苏家嘴	村落依地形山势而建，均呈不规则形状，深山分散居住型山村	据传说与史料记载，金泰和年间，碾子嘴即有人居住，最早赵氏由东西坪迁此居住。元末明初北银窝平王垴许家从桃王庄迁来居住，苏家嘴苏氏从贾庄迁来居住。明朝初年，平山洪子店李氏迁入北银窝居住，至清末，北银窝当时大部分山场归李氏掌管。清朝中后期，张氏从平山狮家湾迁入。之后杜氏从小作迁入，并逐步接管大部分山场。清末民初，西坡高氏从获鹿迁入，清朝末年东坡许氏从桃王庄迁入，西杂木口高氏从小作迁入。清末至抗战前，"北银窝"为一行政村。清雍正初年，张氏从山西迁入碾子嘴居住，至今已有14代人。清雍正年间，李氏从石瓮村迁入叮当峪居住，至今已有14代人。清道光初年，张氏从山西迁入杨树坑居住，至今已有10代人。清咸丰初年，张氏从赵西岭迁入叮当峪居住，至今已有7代人。清道光年间，谷氏从胡雷迁入南银窝居住，至今已有7代人。清代初年，高氏从小作迁入北垴寺居住。清朝初年，谷氏从胡雷村迁入南垴寺，至今已有400多年历史。至清末民初形成了苏家嘴、北银窝、碾子嘴、叮当峪、杨树坑、南银窝、南垴寺、北垴寺等大小十多个自然山庄，姓氏主要有：张、李、苏、杜、谷、高、许等。自清朝开始，苏家嘴、碾子嘴、叮当峪、杨树坑、南银窝等与其西部李家嘴等自然山庄组成一行政村，取名"北瓮村"。1981年地名普查，因自然山庄苏家嘴人口较多，居住集中，改名为"苏家嘴"	山区汉宋聚迁、驿道型

续表

村名	地理位置	形成历史	村落类型
孙庄	西邻绵河，东倚东垴山，东西走向，纵观村貌，八沟九岭一面坡，西邻一水绵蔓河	12个姓氏中，高姓969户，占全村总户数的82%；张姓102户，占全村总户数的10%。据张、高二氏宗祠碑文和家谱记载，元末明初张、高两氏先后迁居此地，建村立庄，拓荒垦田。因此地有防口（今南防口）的庄地，故取名孙庄。距今已有700余年的历史	深山金元明清迁聚型
桃林坪	坐北朝南，背山面水，古村背靠桃形山，左有龟山右有蛇山，南有旗形悬崖高约200米，青山环抱，形如桃状，季节河由西向东绕村流过，后村扩建延绵于马尾山下	据古人言传，在唐朝晚期就有人在此居住，经五代十国到北宋初年由辽国逃荒避难，其中有鲁黄两姓的人逃荒于此，看到这里有大片肥沃土地，大片的桃树枣树柿子树遍地生发，是个好地方，就落脚建村，叫桃山庄；后有郝、王、杨、马等姓也迁居此地，见桃树成片成林，把桃山庄改名叫桃林坪	山区元末明初迁集型
吴家垴	丘陵地带村落	元末明初有一石姓人家到此居住，因村庄坐南朝北，占据一个山垴，地理位置独特，村子名为石家垴。据村内石碑记载，在大明嘉靖年间（1522—1566）山西洪洞县吴氏兄弟迁入后，人丁兴旺，石家人外迁，后改名吴家垴，沿用至今。从建村至今已有600余年历史	山区唐宋迁聚型
西元村	属于山村，北方的水乡、丘陵，山清水秀。村落形状为长条形，地势为东高西低，南高北低	不详	山区元明迁聚型
仇家窑	民居依山而建，绵右渠环绕村庄，梅南沟公路、河道东西走向，在村中穿过，将民居分为南北两半庄，村庄在山沟中呈条形分布	据史料记载，明洪武二年（1369），宋氏因避战乱从外地迁此立庄。初取村名"宋家庄"。后因地理原因水源匮乏，取水困难，严重影响生产生活，被迫迁出。而后因仇氏迁入，在大楸树旁掏土窑洞安家，因楸树高大，已有几百年历史，根大枝旺叶茂，长势壮观。依此树和土窑取村名为"楸家窑"。因仇氏人员旺，窑洞多，遂借此冠姓氏改村名为"仇家窑"	山区驿道支线明代由旧村迁离型

续表

村名	地理位置	形成历史	村落类型
当泉村	地处太行山脉，海拔400米以上，三道梁相接处，形成三山加一嘴的古村落格局	据宗谱和墓碑记载，明代1500年左右（弘治年间），当泉吴氏始祖吴才福携子从核桃园迁居当泉，在阳坡垴下坐北朝南的白矸子窑洞安家，后续在窑洞前建起房屋，立村至今已有500多年历史	山区明代避乱迁建型
皇都村	青山四周环抱，河水由东向西穿村而过，将村分为一沟两岸、八条巷，呈"龟形"状（原旧村貌）。现在人多居于麒麟地，北部人群居多	传窦建德在此定都后，居民陆续迁至。依据祖辈相传范、高二氏定居最早，之后相继有陈、李、梁、吴、武、张等十几个姓氏在此定居，至今已有1300多年历史	深山明代县内迁建型
龙凤山村	村居三龙围护洼地，山村两翼形似凤凰展翅	龙凤山自宋元时即有谷姓、史姓、武姓等居住。后逃往他乡。明代陆续有人迁来。最先迁来的是陈氏，由崔家峪迁入，随后是胡姓、冯姓二家，其他由河北井陉、赞皇、山西平定、乐平、河南内黄（见《白氏家谱》《山西文史资料》）等。龙凤山庙岩岭的神庙有明代碑记，据此可以推定龙凤山现在村落于明代立庄	山区隋代以来聚迁型
沙窑	群山环抱，坐落在风景秀丽的大台山下，一沟两岸两塄四面坡上，相对集中	相传宋元时就有人居住，明成化年间，贾庄村贫民崔氏迁此立庄，以姓氏起名为崔家庄，后因村中有三个沙石坎，故改名为沙窑村，后续有李氏、郑氏、王氏、左氏、栾氏、何氏、沈氏、刘氏、郭氏迁来，十姓同居于此，以刨坡修地为生，繁衍生息，历代传承，距今已有600年的历史	深山明代迁建村

第五章 井陉域内古村落的形成类型及历史文化考察

· 147 ·

续表

村名	地理位置	形成历史	村落类型
小寨村	青山环抱，东面、南面石灰岩山体，丘陵地貌适于耕种，西面、北面红沙岩地貌，植被茂密，村落形状为长方形	据史料记载，唐末宋初即有人居。大明永乐年间，刘氏从山西榆次薛雨村移民迁此居住。因居于南北两道山梁间一小山丘边，故名小寨村。后又有魏氏家庭迁来村南西岸湾居住，取名魏家湾。后又有高氏和任氏、苏氏等家族迁来此处居住。任家居村中一个山垴上，起名任家垴。苏氏居村西，高家居村东，后均并入小寨村	山区宋元明迁建型
杨庄	地处太行山东麓，四面环山，坐北面南，甘陶河由东向西流过，貌呈"一边三台七道巷"	"杨庄"成村于隋朝之前。杨庄村得名传说颇多，而尤以宋代名将杨业后代避乱隐居于此一说为著名。井陉有句俗话："南属杨庄，北属洛阳。"戏中也常唱："杨庄家富户多，进城路过高家坡。"1949年之前该村是100多户的小山村，450余口人，大户人家居多	山区古道唐宋聚明迁建型
赵村铺村	井陉盆地东北，东高西低较平整的台地。东北从苍山根直下有流水沟，绕村北经石水口转向西南	明朝景泰年间，高氏、王氏先后从南宅和天护迁居此地，随后有杨氏、李氏、焦氏、孟氏、许氏、贾氏也相续迁居，商定建村。此地原有刘赵村张姓一户开饭铺，叫赵村的铺子，所以立庄名为赵村铺，距今600余年	深山隋聚宋元明清迁建要塞型
庄子头	四面环山，中为盆地，古村落在盆地中间的孤山之阳而设。村落形状为月牙形	庄子头村形成原因为繁衍与迁徙。依据天地阴阳八卦之说选址建村。依山之阳，水之旁设村，古村北靠九龙山主峰白花梁，山势雄伟，逶迤连绵，喻祖气庇佑不绝，祖龙有靠，这仅是其一，而来龙必须有势，来龙为长龙山，南照青龙山天苏峰四至齐备，五行俱全实为藏风避气之佳地，设庄建村之吉址	山区宋聚明代迁建驿道型

续表

村名	地理位置	形成历史	村落类型
良河西村	以山地、丘陵、沟壑为主的地貌特征,坐南朝北,东宽西窄	据吴氏、刘氏古坟茔碑文记载,最迟在明嘉靖前就有吴、刘二姓分别从本县吴家垴、上安西迁徙而来扎村落户。明万历前后,有尹、段、靳、吴门牛氏等户迁入。清雍正至光绪年间,先后迁入的姓氏有李、唐、王、梁、赵等。崔、徐、宋、张则在1949年后迁入。而历史上的牛、马、于、胡、岳、罗等姓氏已不知去向。现今,该村有20个姓氏,37个家族	山区隋唐宋元聚迁型
南寺掌村	主村域以山坡、河流为主要地貌特征,自然山庄以山洼、高坡、山梁为主要地貌特征,村址占山坡根及河道旁,形似半月	据传在唐代就有人居住,一直到明代,都是隐居之所,租南寺村地耕种,到明代洪武年间,张氏祖先从山西平定县青杨树村迁此立庄。到清、民国时期,周边村庄的井陉于家一带的村民,为了躲避战乱或者谋生,只携带儿女和一把镢头到南寺掌村的山沟、山洼、山梁居住。达40余户,200余口人,20多个姓氏,只留下郝、樊、王、仇、高、赵各一家。占全村人口的一半,1949年后都陆续返回原籍	山区明代迁建型
达柯村	位于井陉县西北部深山区,境内山峦起伏,沟壑纵横	明初,贾氏自山西洪洞县来此立庄。所居地山大沟深,原名为"大沟村"。清康熙年间许氏自本县城关迁此。为使村庄兴旺发达,林繁枝茂,故村名为达柯	深山明清迁建型
洪河槽村	洪河槽村四面环山,村落为T字形,是晋冀出口通道村之一	据传,唐初,许氏自外地迁此立庄	深山唐聚型
凉沟桥村	该村属山西背斜太行山断陷盆地西北边缘,地势由西向东倾斜,这里是小作河的入境地	凉沟桥村始建于明万历年间,开始只有一户姓许的人家迁徙至此,后发展到94户	深山明代迁建要塞型

续表

村名	地理位置	形成历史	村落类型
栾庄村	该村位于冀晋交界处,是冀晋通衢的主要关隘之一。主村倚山坐北朝南,村前河道环绕,地形呈扇形状	栾氏嘉庆年间自本县秋树坡迁此立庄,以姓氏命村,之后杨姓也由矿区赵村店迁来,此后两姓共同开发,繁衍生息,成为村中主要姓氏。原名"栾家庄",1966年后改为"栾庄"	深山清代县内迁建型
米汤崖村	该村北与平山接壤,西与山西盂县、平定毗连,村庄四周崇山峻岭。村庄分四片居住,呈不规则M形	汉代末年冯氏自外地迁此立庄。相传汉光武帝刘秀路经此地,在山崖下,渴饮清泉,饮后谓泉水有米汤味,且能止渴生津,后遂称"米汤崖"	深山汉聚型
松树岭	中间村落被四面山脉包围,地势较平,犹如盆地,呈倒三角形	起初是散落型分散居住,逐渐成大村落	深山清代县内迁建要塞型
小切村	该村属山西背斜太行山断陷盆地西北边缘,地势由西向东倾斜,山体较多,沟壑纵横、汇集交错	寻找天然溶洞水源生存地;农耕;明代移民迁来;经商	深山明代县内迁建型
小峪	井陉县西北部深山区,境内山峦起伏,沟壑纵横,村落条形弯曲,沿沟而建	迁徙落户在此,经过数百年演变而来。据家谱记载元末明初始祖梁士忠等人从山西平定娘子关城西迁徙至此	深山明代迁建村
五里寺村	村势东高西低,南靠土岸,北临威平公路,呈一字长蛇形坐落	五里寺村,原名五里铺。是先有庙,后有村。村中的"显龙观"约建于明隆庆年间。清雍正以后渐有人迁入,遂成村庄	山区明代迁建驿道型
庄旺村	村落地处天长古城,天户古城,307国道腹部金三角地域,地势开阔,青山一面坡,碧水抱村过,坐北面南,呈"人"字形状	金代时开始有人迁入,后渐成村庄	山区金代迁聚驿道型

上表的统计主要是依据对村落的调查资料，村落形成的具体年代可能与实际有一定差距，但这不影响对村落历史形成过程和类型的大致判断。从上表的统计看，井陉的村落大致可分成迁聚型和驿道型两大类。这就是说，井陉的古村落可能形成年代始于隋唐，甚至更早，但村落中所居的人却常常地是人非，即言，村落虽然仍在相同或相近的位置，但所居之人却不是一脉相传下来的。现在村落多是明清时完全固定下来的，但即使是这个时期，村落内的居民仍是不完全稳定的，或县内迁徙，或从山西迁来，也还是很频繁的。因此，从村落形成的历史可以概括出村落的类型，从村落的类型也可以看到村落居民多姓氏构成的原因。

第二节　井陉村落的祖坟、村庙与庙会

唐代以后，村落已成为乡村居民最普遍的居住方式，国家也一度用设置行政村的形式来加强对乡村的管理。国家的户籍制度在一定程度上也加强了村民对村落的认同性。村民逐渐在村落里稳定下来，一代代在这里繁衍生存。村落也成为村民心中最重要的归宿和地理认同坐标。由此，唐以后的村落有了和以往村（聚落）的不同特征——形成了具有鲜明家乡特征的村落。

构成家乡村落的重要标志，或者说重要特征，是"人、鬼、神"三位一体。所谓人，即在世活着的村人；所谓"鬼"，即去世的村民的先人；所谓"神"，即全体村民所认同的村落的保护神。这三者其中的前二者，表达的是一种血缘的延续。在农业社会的小农经济下，天然会生成的一种祖先崇拜；到唐以后随着官僚制的进一步建立和平民社会的形成，原本属于皇族的太庙制下移到官僚层，朝廷允许一些官员设立家庙；以后家庙的设立限制进一步放宽，直至最后不受限，普及平民百姓中。到宋代，在以范仲淹为代表的一批出身基层的官员的倡

导下，民间宗族制开始在社会兴起，由此村民的宗族化观念也成为人生中的重要活动的出发点。崇拜祖宗，慎修祖坟，成为唐代以后村民，尤其是从村中走出去，且富贵了的村民非常重视的人生事业。明以后，除祭拜祖坟外，还专门在村中修建家庙（祠堂），撰（续）写宗谱，成为这一时期民间宗族制普及的重要表现活动。这一时期，村落家乡的特征不仅反映在以血缘为基础的家族的构建上，还反映在以地缘为基础的"乡"的构建上，即设立"村庙"。村庙，即以村民所共同崇拜的某神为对象，为其所修建的供村民祭祀的房堂院落。唐宋以来，村落中大大小小的庙宇众多，但村中大都有一两个主庙，成为全村人共同主祭的大庙。主祭大庙的日子，就成为庙会。

赵世瑜先生认为，"庙会的出现必须具备两个条件：一是宗教繁荣，寺庙广建，而且宗教活动日益丰富多彩；二是商品货币经济的发展使商业活动增加，城镇墟集增加。实际上庙会之发展也有赖于这两个条件。"[①] 庙会最初在唐以后的城市的寺庙周围形成，如唐代的法门寺、宋代东京的大相国寺等。之后，庙会也逐渐由城市移向乡村，在县城和大镇的寺观、城隍庙周围，或者乡村地方较有名的寺庙前，形成庙会。差不多在明代以后，庙会又进一步深入乡村，在一些大的村落中有了本村的庙会。举办庙会有两个主要功能：一是文化娱乐功能，以娱神为体，娱民为用；二是商品贸易功能，庙会是一个各色人员的集会地，也是进行货物交易的大集，庙会在一定程度上也是商品经济繁荣的体现。这两个功能，是赵世瑜先生在研究华北庙会时特别强调的。但对于村落庙会而言，除了这两个功能外，还有一个重要功能，即社会交际功能。对于村落来讲，凡办庙会，都要成立会社，会社长负责庙会的会务领导和协调职责。一村庙会的文娱活动，常会邀请周边的邻村文娱团体来助兴，由此起到联络各村感情和互帮互助的作用。

---

① 赵世瑜：《狂欢与日常：明清以来的庙会与民间社会》，北京大学出版社2017年版，第158页。

对于村民来讲，凡办庙会日，必邀请亲朋好友，甚至平时没见过、不熟悉的人来村里赶庙会，来家中做客；来家里的客人越多，越证明自家人缘好，家人也越感到体面。趁此机会，拉拢一些社会关系，建立人脉，以便为以后"熟人多，好办事"打基础。

井陉大多数古村落中还保存着完整的中国传统村落特征的"旧迹"。在所调查的村落中还保留有不少明代以来的祖坟、祖谱和庙宇。村落中大都有一两个有固定日子的大庙会。庙会上的一系列活动，对了解中国乡村的传统，是极好的活化石。根据调查资料，试将井陉古村落的庙宇、庙会情况列表如下：

表 5-5　　　　　　　　井陉古村落庙宇、庙会情况一览

村落名称	庙宇	庙会
南障城镇大梁江村	龙王庙、建灵慈阁（关圣帝君与观间菩萨合庙）、圣母祠、五龙堂（龙王堂）、山神庙、虫王庙、老爷庙（关帝庙）、岱王庙、奶奶庙、全神庙（是各位神灵的行宫，唱戏时才把他们的牌位请来）	农历三月十八天齐庙（岱王庙）会
南峪镇地都村	联峰阁（财神阁、关帝阁）、观音寺、真武庙（临流阁）	农历正月十六全庄庙会，二月十九观音庙会，三月十八天齐庙会，五月十三老爷庙会，六月十三大王庙会，庙会均为民间信仰自发组织，香头由威信高、组织能力强的信仰者担任
天长镇梁家村	关帝庙、三圣庙（供奉"龙天土地""水草大王""齐天大圣"，俗称猴王庙）	五月十三关帝庙会；七月十一三圣庙会
南障城镇吕家村	关帝庙、玉皇庙	正月十六、五月十三关帝庙会
天长镇宋古城村	显圣寺、崔府君庙、观音堂、五道（盗）将军庙、玉峰山寺［明灵王殿（殿中主要供奉药王邳彤）。以后历代扩建广生祠、观音殿、玉皇殿、张仙祠、火神庙、财神殿等、摩崖造像］、文庙、城隍庙、小南门观音阁、苍山圣母庙	元宵庙会和三月二十三的玉皇庙会，四月十八的雪花山庙会
天长镇小龙窝村	观音庙、三关庙、山神庙	农历二月十九、六月十九观音庙会

· 153 ·

续表

村落名称	庙宇	庙会
于家乡 于家村	真武庙、观音阁、全神庙、白庙（白庙始建年月不详，于氏先人来此定居时，就有此庙）	正月十六是清凉阁庙会，二月十九、六月十九、九月十九是观音阁庙会，四月十五是白庙庙会，三月初三是真武庙庙会，六月十三是青山洞庙会。最盛大的是由白庙庄18个村的庙会，四月十三、十四两天所有花会在各村巡演，十五上白庙会演，庙会达到高潮
天长镇 蔡庄村	玄帝阁（真武庙）、白观音庙、山神庙、文昌阁、关帝庙、老张爷庙（天地爷、土地爷、河神爷、风娘娘、虫王爷）	二月十五白观音庙会；七月十四老张爷庙会
孙庄乡 北防口村	关帝阁、玉皇阁、龙王阁、火神庙、奶奶庙、河神庙、山神庙、老母庙、牛王庙、子孙庙、全神庙	正月初九村东举办玉皇阁庙会
南王庄乡 割髭岭村	火神庙、灵雨寺（冀仙姑）、永宁寺、老母庙、猴仙庙、白羊寺、土地庙、山神庙	二月二为（火神）庙会；二月十九和腊月十九为（老母）庙会；三月三（猴仙）庙会。现在的庙会是农历二月二日、五月二十五日的火神庙会
苍岩山镇 汪里村	寿圣寺、三官洞（骆驼岩下有天然钟乳洞，名三官洞，内供道教"天官、地官、水官"三官泥塑，年代不可考，下有地洞，洞壁有明末高僧满轩之修缮题记。经历史演变，村人将道教的创始人张道陵，及后来继任者张衡、张鲁当成"三官"，俗称"张爷"）、观音堂、五道庙、老母庙、三官庙、山神庙、凤凰庙、长岭庙、河神庙、五道庙、虫王庙、狐仙庙、老君爷庙、张爷庙、送生娘娘庙，大岭有大王庙，山神庙和龙王庙并列于大沟河滩	每年举行两次庙会，二月二山神庙会和七月初十龙王庙会

· 154 ·

续表

村落名称	庙宇	庙会
天长镇板桥村	三官庙、观音堂、老爷庙（关帝庙）、玉大庙（玉皇庙）、龙王庙、白脸大王庙、五道爷庙、山神爷庙、狐仙庙	每年正月十四摆的"九曲黄河阵"灯会
孙庄乡北白花村	老母庙、龙王庙、关老爷庙、马王庙	二月十九是该村传统的老母庙会
天长镇北关村	显圣寺、观音堂、五道（盗）将军庙、玉峰山寺（明灵王殿、广生祠、观音殿、玉皇殿、张仙祠、火神庙、财神殿）、雪花山上有碧霞元君庙	北关的庙会较为普通，最著名的有元宵庙会和三月二十三的玉峰山庙会、四月十八的雪花山庙会
秀林镇北张村	玄天爷阁（真武庙）、天齐庙（泰山神）、小苍山大庙［奶奶庙、大佛殿、万仙洞、阎王殿（后改为地藏王菩萨殿）、跨虎登山祠、灵官殿、月老祠和玉皇殿］、马王庙、五龙庙、三义庙、虫王爷庙、青岩寺、五道爷庙、龙王爷庙、老母庙、村西真武庙、河神庙与三星桥、东西大阁［西阁西奉财神东奉关圣帝，东阁西奉文昌东奉魁星（按顺序为财、义、文、元排列）］	正月十三老母灯会；小苍山庙会，每逢农历三月二十三日至三月三十日和十月分两次举办庙会。小苍山庙会为联庄庙会，南北张村、铺上、郝刘仇尹四西河、白彪、平山回舍、威州五街、白花、平望、罗庄、长岗、石棋峪、王莽、前头庄、北石门等村联合举办
测鱼镇测鱼村	寿圣寺、文昌阁、二郎庙、三官庙、武道庙、山神庙、大王庙、老爷庙（关帝）、天主堂、宜春阁（真武、观音、送子娘娘合庙）	著名的庙会有元宵庙会和五月十三的老爷庙会，七月十五的大王庙和栏杆石庙会
孙庄乡东元村	关帝庙、老母庙、四海龙王庙、送子娘娘庙、山神庙、河神庙、五道庙、白官庙、大王庙	正月庙会为每年正月十九，后改为正月初十。每年三月十八为送子娘娘庙会，每逢七月初七，均举办大型庙会，形式和正月庙会大致相同

续表

村落名称	庙宇	庙会
天长镇乏驴岭村	观音堂、三义庙、张果老庙、天帝庙、土地庙、虫王爷庙、河神庙、凤娘娘庙、地藏庙、阎王庙、五道庙、"正财神"赵公明庙、老张爷庙、狐仙庙	旧时，乏驴岭村没有自己村单独的庙会，所谓庙会是与蔡庄、张河西、李河西联合在一起的雪花山庙会。在乏驴岭村的庙会活动称"梳（熟）头庙会"。每逢农历四月十八日（后演变为二月十九）。农历七月十四老张爷庙会；正月十五元宵节前后三天有关老爷观灯会
于家乡高家坡村	关帝庙、观音阁（西阁）、东阁庙（供奉送子娘娘、白衣观音、眼光娘娘）	
天长镇核桃园村	关帝庙、苍山圣母庙、龙王庙、牛王庙、五道祠、井龙王庙、三官庙、山神庙三座、培振阁（文昌帝君、财神爷、药王爷、魁星爷、张爷）、大慈阁（观音）、层霄阁（玉皇、真武大帝、三官）	每年二月十九日老母庙会和三月十五苍山圣母庙会
小作镇卢峪村	广生祠及崖壁石刻佛像（后土娘娘、好多佛像）、龙王庙	
威州镇南固底村	福胜寺、观音老母庙、山神庙、大王爷庙、龙王庙、玉皇爷庙、子孙爷庙、河神爷庙、关公庙、文昌爷庙，各庙每年都有自己的节日，俗称庙会	正月十五是南固底村的庙会
南王庄乡南康庄村	关帝庙、山神庙、龙王庙、观音堂（观音菩萨、文殊菩萨、普贤菩萨三座神像）、三官阁、石佛寺（供弥勒佛）	每逢正月十六、五月十三是这里的传统庙会（以关帝庙为主）
威州镇南平望村	玉皇大帝庙、真武大帝庙、大王庙、龙王庙、圣母庙、三官庙、马王庙、五龙老母庙、子孙庙、二神庙、五道爷庙、灶门峪庙群、魁星庙	南平望村庙会，明清至今历代传承。单是大型的庙会，就有正月十一花会，四月初八圣母驾庙会（俗称二奶奶庙会），七月初六的大王庙庙会，九月初九的真武爷庙会等

续表

村落名称	庙宇	庙会
于家乡 南张井村	观音堂〔正面供观音菩萨（铜像），两侧供张爷、三爷〕、山神庙八座、老母庙、关帝庙、龙王庙、马王庙、全神庙	山神庙每年农历十月初一过会
南障城镇 七狮村	千佛崖石窟（千佛古洞）、睡佛殿（卧佛殿）、送子娘娘殿、关帝庙、观音庙、皇姑庙、龙王庙、马王庙、山神庙、河神庙、五道庙	正月十六庙会；农历三月十八至二十三千佛岩庙会
威州镇 三峪村	挂云山古庙群（佛像、碧霞元君殿内所供神像有眼光圣母明目元君、天仙圣母碧霞元君、子孙圣母广祠元君，两厢列有斑疹圣母保佑和慈元君、催生圣母顺度保佑元君、送生圣母赐庆保产元君、乳母圣母哺婴养幼元君、痘疹圣母立毓隐形元君、引蒙圣母通颖导幼元君，两位老张爷。 东西廊房是十帝阎君庙。有秦广王辉、宋帝王余、阎罗天子包、平等王陆、楚江王历、转轮王薛、都市王黄、卞城王毕、五官王吕、泰山王董。 无生老母庙分三间，左边是女娲娘娘，正座是无生老母，右边是伏羲、神农、轩辕三帝。 三清观长10米、宽8米，所供神像为太上老君、元始天尊、通天教主。 另有家亲庙、观音庙、火神庙、药王庙、玉皇大帝庙、四海龙王庙、福禄寿喜庙、文昌帝君庙……	每年四月十八是村里传统的挂云山庙会；丰化堂十月初九庙会
测鱼镇 石门村	关公庙、西岸寺、龙王爷、三皇姑	每年农历三月十八为石门村庙会
天长镇 石桥头村	天齐庙、后土祠〔俗称娘娘庙，后土祠是集佛、道为一体的寺庙。又名西莲寺，始建年代不详，现存明清时期重修碑八通，占地面积1200余平方米，坐北朝南，依次为三郎殿、圣母殿、大佛殿、东西廊房及僧人居住的土窑。三郎殿供奉泰山三郎（东岳大帝三儿子），也称华光天王、炳灵公、威雄大将军。圣母殿供奉后土娘娘，大佛殿供奉释迦牟尼佛〕	三月二十八东岳庙庙会（自宋朝始，每年此时立庙会，以祭东岳大帝）每年三月二十七、七月二十七举办两次后土祠庙会。正月十四开始到正月二十"联庄会"

续表

村落名称	庙宇	庙会
辛庄乡苏家嘴村	大庙（大庙由三座神庙组成，居中最大的神庙供奉有龙王、龙母、火龙、青龙、黑龙、白龙、黄龙、雨士、雷公、雷母、风娘娘、虫王、张爷、老母、全神、水神、火神17尊神像，神像"文化大革命"被毁，现存诸神牌位。位于龙王庙东边的是关帝庙，庙内供奉有关帝爷、周仓、关平三尊神像，神像"文化大革命"已毁，均为诸神牌位。位于龙王庙西边的是娘娘庙，庙内供奉有送子娘娘、眼光娘娘、斑疹娘娘、送子哥哥、送子姐姐5尊神像，神像"文化大革命"已毁，均为诸神牌位）、山神庙、老母庙、普济寺、普宁寺	老母庙会为每年农历二月十九，龙王爷庙会为每年农历六月二十
孙庄乡孙庄村	洪门寺（大雄宝殿两侧还有东西配殿，东殿供奉巡天大王，西殿供奉龙王）、四门阁（殿内东面供奉玉皇大帝，南面供奉玄武大帝，西面供奉文昌帝君，北面供奉南海老母，是典型的明代建筑）、巡天大王庙[巡天大王庙位于村中，庙内供奉雷公电母、十二龙王位神像（俗称龙王庙）]、送子娘娘庙、苍山圣母庙、东牌关帝庙、西牌关帝庙、二神庙、山神庙、马王庙、东峪沟大王庙、村东五道爷庙、村西五道爷庙、路神庙、三官庙。官房（孙庄村东、西、中三牌都建有官房，它是各牌议事、文化娱乐的场所，供奉全神案）	元宵节庙会；每年农历四月四日是孙庄村传统庙会，此庙会源于佛教文化，系文殊菩萨圣诞节
小作镇桃林坪村	南阁（白观音庙、财神庙）、洪门寺、三岔口大王庙（正殿3间大王庙，庙西一间是猴爷庙，西厢房3间有五位娘娘庙、瘟神、邳神、药王庙）、玄天上帝庙（真武庙）、观音堂庙、龙王庙、草鸡庙（草鸡庙神为吉祥之神，护卫村坊）、山神庙、河神庙、火神庙	四月十五三岔口大王庙五位娘娘庙会；正月二十五赵庄岭火神庙会（联庄会）
天长镇城内村	文庙、城隍庙、关帝庙	
天长镇吴家垴村	观音堂、关帝阁、代王庙（据村里老人口述，古时候旱情严重，山西旧关人抬代王爷途经吴家垴村东坡垴，杠夫们放下代王爷塑像休息，代王爷看到此处为九龙岭，上风上水，非常喜欢，就不愿走了。杠夫们休息好之后再起身抬代王爷，便无论如何也抬不起来了，无奈之下，只好在此建代王庙，将代王爷安置在此）	每年的阴历五月十三过庙会（关帝庙）；老母庙每年的阴历六月十九过庙会

· 158 ·

续表

村落名称	庙宇	庙会
孙庄乡西元村	老母庙[（佛爷庙）供奉有观世音菩萨、文殊菩萨、普贤菩萨]、保元寺（兼奉四海龙王）、关帝庙、九莲洞（王母娘娘）、大王庙、玉皇阁、灵官庙	西元村每年过四次会，每年的正月初八为走会，这是村里的统一庙会，这天是请各位神灵、爷爷到会场，这个庙会一年仅有一次；九月九和三月三都是九莲洞的庙会，这是为了纪念王母娘娘蟠桃的庙会，规模较大，吸引大批平山、石家庄的人来参加；七月七为大王庙会，是为了纪念牛郎织女所举办的庙会
小作镇仇家窑村	苍山大王庙[西厢房为偏殿有瓦房3间，从南往北依次供奉斑疹娘娘（为百姓防治麻疹）、眼光娘娘（为百姓防治眼病）、皇天娘娘、厚土娘娘（保风调雨顺，百姓丰衣足食）、送子娘娘（为百姓祈求生育子孙后代）]、龙王庙、井龙王庙、关公庙、观音老母庙、马王庙、山神庙及六道庙	正月十五庙会；四月十五三岔口苍山大王庙会（由桃林坪村、仇家窑村、出六里村合办）
于家乡当泉村	观音石阁（紫竹仙轩），在观音石阁旁，还建有真武殿、龙王堂、五道祠。另外还供奉着五龙圣母、韦驮、张天师等神像，堪称一个民间诸神庙	
微水镇皇都村	观音庙（庙内供有神位，门口是老张爷，内供有正位观世音，左供文殊菩萨，右供普贤菩萨）、大海老母庙（正殿供释迦摩尼，左供观世音菩萨，右供五龙朝圣母，东殿供关帝爷、财神爷）、窦王庙（正殿供有夏王窦建德，左有凌敬传令官，右有刘黑闼掌印书童）、大王庙、马王庙、崇兴寺（正殿供释迦摩尼，东殿供有药师佛、文昌爷、关公、财神神像，西殿供有阿弥陀佛、送子观音、地藏王菩萨、十殿阎君）	正月十六庙会；农历二月十九放火；每年农历六月十九唱戏；每年十月十五村民相互施舍粥饭
测鱼镇龙凤山村	大庙（三皇姑）、玉帝、观音、三官殿、关公庙、山神庙（3座）、土地庙、真武庙、玄武庙	龙凤山庙会，又叫玉皇庙会，每年三月初三，为开庙正日期

第五章 井陉域内古村落的形成类型及历史文化考察

续表

村落名称	庙宇	庙会
小作镇沙窑村	老母庙（供奉观音、文殊、普贤三位菩萨）、三圣母庙（供奉"三圣母"乃云霄、碧霄、琼霄三位娘娘，故有三霄殿之称）、关帝庙（庙的外面塑真武爷坐像）、龙王庙、虫王庙、马王庙、山神庙、全神爷庙	正月十六全神爷庙会
小作镇小寨村	双龙道观（三清殿、玉皇殿、老君殿、三官殿、龙王殿、苍山圣母殿）、汉武帝庙、魁星阁[南边为魁星庙，北边为白（素贞）观音庙]、老母庙（前老母庙，中老母庙，后老母庙）、送子娘娘庙、龙王庙、真武爷庙	正月十七庙会
苍岩山镇杨庄村	营子岩观音寺（供奉有伽蓝佛、三皇姑、弥勒佛、观音菩萨、普贤菩萨、文殊菩萨、玉皇大帝、老天爷、送子娘娘、眼光娘娘、斑疹娘娘、水母、山神等神祇）、普济寺（佛像、各种神祇、龙王堂）、玉皇观音阁、关帝庙	
北正乡赵铺村	龙王庙、文昌阁（文昌帝君）、长福阁（玄天大帝，后改为太上老君）、保泰阁（前殿奉关帝，后殿奉老母等神）、魁星阁（供魁星星君）、五道庙	正月十九过会
威州镇庄子头	五道（盗）将军庙、关帝庙（分北关帝庙、东关帝庙和西关帝庙）、老母庙（观音堂有两处，一处是村东老井旁东边观音堂内，供有观音、文殊、普贤、大圣，还有钟鼓二楼等配套建筑。在人们的信仰中，观音堂老母有消灾去难之传说。第二处是岸上的白观音庙，实为送子观音祈祷生儿育女）、观音堂、玉皇庙、龙王庙、全神爷庙、子孙爷庙、白马寺、文昌庙、天齐庙、供神楼	正月十六庙会；白马寺庙即农历七月初六庙会
微水镇良河西村	东阁关帝圣君庙村南观音堂（正面供观世音菩萨，左供普仙圣母，右供文殊菩萨。前面有关公、杨戬、韦陀、老张，还有十八罗汉、十殿阎君等）、青峰阁，俗称三官庙（天官、地官、水官，背面有送子娘娘）、村东有虫王爷庙，村中有五道爷庙，村北紫荆山二洼有马王爷庙、大洼下有五郎爷庙，村南有狐仙爷庙，这些庙宇后因各种原因具已销毁。村西的黄龙爷庙仍保存。真武爷庙	不详

· 160 ·

续表

村落名称	庙宇	庙会
测鱼镇南寺掌村	龙王庙（龙王庙三处，为大东洼金泉龙王，金木沟金玉龙王，窟窿沟青山龙王，均建于清代）、五道庙、仙神庙、山神庙、官房（内供木制全神牌位，逢过年全村人在这里摆放供品，张贴对联，点明烧香，祈求全神保佑人们一年的平安，过年三昼夜，十五三昼夜）	六月十三龙王庙会
微水镇罗庄村	文昌阁（阁上庙中前供有文昌帝君，后供有白衣观音，侧有老张爷等）、前老母庙（南屋供奉观音菩萨，北屋供奉苍岩山的三皇姑）、后老母庙、清凉寺、五道爷庙、山神爷庙	正月十九庙会
辛庄乡达柯村	观音庙、山神庙、泰山圣母院、老母庙、关公庙、龙王庙、老君庙、全神庙	二月十九达柯村的老母庙会；农历五月十三为洪河槽村关老爷庙会，庙主为洪河槽、达柯、小峪、辛庄、五弓五村。七月十三达柯村的龙王爷庙
辛庄乡洪河槽村	五全山泰山圣母院（庙主为达柯、小峪、洪河槽、辛庄、五弓）、白观音庙、关帝庙、老君庙、老母庙等	二月二十五洪河槽村的白观音庙会；农历五月十三日为洪河槽村关老爷庙会，庙主为洪河槽、达柯、小峪、辛庄、五弓五村
辛庄乡凉沟桥	全神庙、老君祠、老母庙、白观音庙、龙王堂（与洪河槽基本相同）	从正月十五到二十左右，各村定期过庙会，是时，大戏、社火以及拉花、善舞等一切民间艺术竞相演出，俗称"过会"，又称"赶庙"也称"闹红火"。晚上玩灯、放花火
辛庄乡栾庄村	龙王殿（庙内供奉老海龙王、五龙圣母、青龙、黄龙、赤龙、白龙、黑龙、苍山大王和虫王爷，左下侧供有账爷）、弥勒殿（内供弥勒佛像）、观音殿（内供观音菩萨）、娘娘庙（内供送子娘娘、后土娘娘、斑疹娘娘、眼光娘娘四位娘娘）、河神庙（内供河神一尊）、老母庙、邳神庙（药王邳彤）、狐仙庙	阴历三月十五的杏子山龙王庙会是联庄会（栾庄、辛庄、北要子、董家庄、洪河槽、小峪、五弓等）

第五章 井陉域内古村落的形成类型及历史文化考察

· 161 ·

续表

村落名称	庙宇	庙会
辛庄乡米汤崖村	观音庙（内供三尊菩萨神像，俗称老母庙）、龙王庙、五道庙、狐仙庙（米汤崖村狐仙庙有多处，但以冯氏狐仙庙最为著名）	正月十六庙会，二月十九老母庙会
辛庄乡松树岭村	全神庙、山神爷庙、龙王庙等	阴历三月十五的鱼桥岭龙王庙会是联庄会（白石头、熊峪、达柯、洪河槽、小峪、贵泉）
辛庄乡小切村	关圣帝君庙、小切村观音庙、五道爷庙、龙王堂、全神庙等	农历二月十九的观音庙会
辛庄乡小峪村	瘟神庙、全神庙。	五月初一瘟神庙会
威州镇五里寺村	显龙观	农历六月十五"显龙观"庙会
天长镇庄旺村	关帝庙、老君庙、老母庙、山神庙、送子观音堂	正月十九老母庙会

从上表中，可对井陉村落的传统庙会做如下分析。大概可分为四类：第一类是大多数村比较认同的，可称为全域性庙会如农历二月十九的观音庙会，这是村中最常过的大庙会，一些村还会在六月十九或九月十九再过一次；再就是农历五月十三的关帝庙会，俗称关老爷庙会，这个庙会全年只有一个时间。这两个庙会，过的村最多，虽是同一日子，但都是各村过各村的。第二类是区域性庙会，多是以某特定寺观为主，如雪花山庙会、小苍山庙会等，它是周边村落共同的庙会。第三类是虽非全域内的共同信仰，但会因各村的具体情况而设的庙会，如山神庙会、龙王庙会等。第四类为某村特有的庙会，如于家村的清凉阁庙会、割髭岭村的猴仙庙会等。为了能更清楚地看到此点，试对其列表如下：

表 5-6　　　　　　　　井陉古村落传统庙会一览

庙会类型	庙会名称	庙会时间（农历）	过庙村落
全域性	观音（老母）庙会	二月十九、六月十九	大多数村（村名略）
	关帝（关老爷）庙会	五月十三	大多数村（村名略）
	元宵庙会	正月十五	大多数村（村名略）
区域性	玉峰山庙会	三月二十三	天长镇周边村落
	雪花山庙会	四月十八	天长镇周边村落
	小苍山庙	三月二十三	小苍山周边村落
	白庙庙会	四月十五	于家村周边村落
	挂云山庙会	四月十八	三峪村周边村落
选择性	山神庙会	二月初二	汪里
		十月初一	南张井
	龙王庙会	七月初十	汪里
		六月十三	南寺掌
		六月二十	苏家嘴
		三月十五	栾庄、松树岭
	真武庙会	九月初九	南平望
		三月初三	于家村
	天齐（岱王）庙会	三月十八	大梁江、地都、石桥头
	火神庙会	二月二、五月二十五	割髭岭
		正月二十五	桃林坪
	瘟神庙会	五月初一	小峪
	白观音庙会	二月二十五	洪河槽
	送子娘娘庙会	三月十八	东元
	后土祠庙会	三月二十七、七月二十七	石桥头
	玉皇庙会	正月初九	北防口
		三月初三	龙凤山
	大王庙会	六月十三	地都
		七月十五	测鱼村
		七月初六	南平望
		七月初七	西元
	全神庙庙会	正月十六	沙窑

第五章　井陉域内古村落的形成类型及历史文化考察

· 163 ·

续表

庙会类型	庙会名称	庙会时间（农历）	过庙村落
属村性	清凉阁庙会	正月十六	于家村
	猴仙庙会	三月初三	割髭岭
	丰华堂庙会	十月初九	三峪
	全庄庙会	正月初八	西元
		正月十六	地都
	显龙观庙会	六月十五	五里寺
	三圣庙会	七月十一	梁家村
	张老爷庙会	七月十四	蔡庄、乏驴岭
	苍山圣母庙会	三月十五	核桃园
	千佛岩庙会	三月十八	七狮
	文殊菩萨圣诞节	四月初四	孙庄
	苍山大王庙会	四月十五	由桃林坪村、仇家窑村、出六里村合办
	白马寺庙	七月初六	庄子头

第六章　井陉村民传统生活的日常与精神世界

村落是村民生活的基本场所，村民的生老病死、衣食住行、喜怒哀乐，村民之间的利益与纠纷、与村落之外的社会关系、与官府的关系等，构成了村民生活的全部，也即其生活的日常和精神世界。

随着科举制的推行，唐代以来中国村落走出了不少平民出身的士人，他们因科举而入仕，在职时定居城市，失意或退休时又回到其出生之地，因此他们成为沟通城乡的桥梁，也使乡村保留和延续着中国文化的根脉。清末废除科举制后，西方式的学校大兴，这些学校大都设在城镇中，尤其是大学，大都建在大城市里；伴随着城市化的发展，现代化的生活方式也日益成为城市人的表征。越来越多的文化人、富贵之人更多地迷恋城市生活，其出生的村落越来越成为他们不愿回去，却常在口中或文中怀念的故乡。

伴随着一轮轮现代化、工业化、市场化大潮的冲击，越来越多的农村人开始走进城市，在从"盲流"到"农民工"的身份变迁中，原出生之地的村庄越来越成为他们不愿回去的"老家"。20世纪90年代末以来，伴随着城镇化和工业化的发展，大批量的村落因被城镇化而致消亡。以致国家不得不出台政策，以命名历史文化名镇名村和入选传落村落名录的方式对一些村落进行保护。但是由于城乡之间更多的是呈现对城市的单向流动，而城镇化对传统村落的巨大冲击，旧有的村落不断消亡，村民对现代化城市生活的日趋追求，对现代村民生活方式的影响，已是不可避免的。因此，本章对村民传统生活日常和精神世界的记述，就有一定的抢救和记录的史记意义。

第一节　井陉村民传统生活的日常

　　传统生活的日常，就是村民常说的"过日子"。村落的历史文化就是一代又一代的村民在"过日子"中形成的风俗和留下的痕迹。常言说"十里不同风，百里不同俗"，说的就是在传统农业社会中，农业人口的稳定性和与外界交流相对较少所致的封闭性，在地方社会容易形成多种多样的方言区和习俗区。

　　就井陉县来说，它是一个山区县，地理环境较为复杂，交通也很不方便，在历史上各个时代的文献记载中，对井陉的描述都有一个共同的特点，就是"贫穷"。到近代以后，随着城乡差别的拉大，井陉的贫穷显得更加突出了。清代雍正时期，常被历史学家冠以"盛世"；而就是在这一"盛世"时期所编纂的《井陉县志》中，对井陉的记述仍是"地瘠民贫，货物靡出"[1]。民国时期的报刊对井陉的记载更是"贫穷"，"本县位于太行山北部之东麓，故境内诸山，皆属太行山东坡之尾，山约占全县百分之八十……本县之山顶，皆为童山，可谓不毛之地，所以本县人民生活，极为困苦"[2]。但就是在这样条件艰苦的环境中，井陉人民以苦为乐，积极进取，绘出了极为多姿多彩的生活画卷。

　　我们看一下历史上井陉村民的生活日常。历史上普通人的生活日常多在文人笔记中有所体现，明清以后在官方所主持编纂的地方志，尤其是县志中，常常设"风俗"卷，以此集中体现当地人过日子的情况。清代《雍正井陉县志》卷1《风俗》中按照传统的"士农工商"

---

[1] 钟文英：《雍正井陉县志》卷2《市集》。
[2] 梁瑞麟：《农村通讯：河北井陉县概况》，《农业周报》1935年第4卷第4期。

四民分类，分别记述各自的生计情况：

> 士苦于贫乏者多，故耕读兼营。然颇以分自安，鲜荡检逾闲之习。农无旷土，积粪多方。冬月入山而樵，无宁晷。工亦知自励，但山陬僻壤，技巧不聚，无所取资，精巧者少。商之大者，民贫乏不能为之，贸易者不过陶冶柴薪菽粟枣果之类。

由此看出，对于井陉人民，无论属于士农工商哪一个阶层，相对其他地区来讲，都属于偏穷的层级。即便这样，井陉人民还是十分讲究礼节的，这一点突出表现在有关人的礼仪层面。对于人的礼仪，古人常概括为"冠、婚、丧、祭"四个方面。井陉县这四个方面的礼仪具体现在：

> 冠，成童则加帽，古三加礼久废。
> 婚，男通媒妁，具叙币于女家，遇节令有馈遗，娶必亲迎，后女家回奁，至贫未能行者，则略焉。……
> 丧，亲没，食粥，寝苫三日而殓。殡葬作明器，崇尚浮图做纸演戏，有挟酒食至丧次，歌饮以为消夜者。
> 祭，陉人无先祠，奉主于家，生日、忌日、清明、中元皆祭于墓，又于十月朔日，剪纸为衣，和楮钱焚之，名曰送寒衣[1]。

以上既为官方所认可的礼仪，也是由礼仪的民间实践而形成的礼俗，其中贯穿着儒学所一直提倡的伦理纲常和忠孝精神。随着帝制的崩溃，民主观念逐渐深入人心，伦理纲常对人们的束缚越来越得到松绑，特别是中华人民共和国成立以来，直到今天的改革开放，旧有的传统礼俗越来越变为一种外在形式，其原有的精神内核早已不存在了。有的甚至连外在形式也没有了。例如在婚俗方面，旧有的男女婚配须

---

[1] 钟文英：《雍正井陉县志》卷1《风俗》。

凭"父母之命，媒妁之言"，早已被今天广泛的自由恋爱所替代。即使是由媒人介绍，也得由男女的自由意愿决定，也无须"父母之命"了。

在日常生活中，节日是不可少的。自唐代以来，无论是过去还是现在，对于中国人来说最大的节日就是过年，即春节，也是民国以前中国人所惯称的"元旦"。清代井陉过年的礼俗是："元旦，拜神祀祖，卑幼拜尊长"，正月十五，即上元节时，"上元张灯，列火于门"。由此看出，井陉在历史上过年时就十分热闹。一直到今天，当其他许多地方的年节习俗在逐渐退化，让人觉得"年味"变淡时，井陉的年味却依然浓厚。

在过日子中，衣食住行最为紧要。管子有言"衣食足，知荣辱"。清代井陉人民的衣食情况都表现得与其总体贫穷状况相一致：

  衣，无华靡，绅士韦布，庶民短衣不能蔽体，甚至有冬无绵衣，夜乏衾枕，惟煤火御寒者。

  食，惟糠菜，士庶类然。每至仲秋，采取豆藿及椒桃榆槐树木等叶，腌渍在缸，以备冬月之需。①

在传统农业社会中，人们的衣食常常是自给自足，但这也不是绝对的。自给自足并不能满足百姓所有的需求，他们还需要通过市场互通有无进行各种交易，以应对过日子中的各种需求。清代时全县除县城外，还有9个大的集市，列表如下：

表6-1　　　　　　　　　清代井陉9大集市一览

集市所在地	集市日期
东关	每月逢八
北关	每月逢三

---

① （清）钟文英：《雍正井陉县志》卷1《风俗》。

续表

集市所在地	集市日期
横涧	二、七日
天户	四、九日
井陉店（威州镇）	四、九日
马山	一、六日
贾庄	一、六日
横口	四、九日
微水	二、七日

资料来源：（清）钟文英：《雍正井陉县志》卷二《市集》。

当然，在清代，井陉地方的市场化程度较低也是真的，《雍正井陉县志》卷二《市集》对此评论道：

> 古者前朝而后市，通商贾利有无也。井陉地瘠民贫，货物靡出，且五日一集，不过陶冶农樵布匹菽粟，以为贸迁，从无商货之所集，日中为市，日昃即散，诚能较度量、审牙行、办觞伪、平时估、疏积滞，则四民乐业，而用有攸利矣。

这时候井陉的县城是在今天的天长镇，古时的县城常被称为"在城"。在《雍正井陉县志》中没有记载在城的市集日期，或许是在城人交易有无，通常是在东关和北关的市集日期吧。东关是每月逢八日，北关是每月逢三日。对在城的人来说，相当于每月逢三、八日都有集市，也挺方便。

我们再看一下民国时期井陉的生活情况。编于1934年的《井陉县志料》卷6《实业》部分记载了此时期井陉县农工商的各种实工商场店铺及职业情况。其总述言："井陉地瘠民贫，邑人什九业农；以经济力薄弱，经营商务者绝鲜。又因全境皆山，运输不便，外人来此营商者，亦为数无几。间有业工者，但大都视为农家副业；其志以工业为生活者，殊不多见。"其实业主要有三大类。

（一）商业

（1）粮店 24 家，分布在东关、北关、威州、横口、微水、贾庄等各集镇。因本县所产粮食不够吃，粮店粮食多由山西等省贩运而来，也有少部分富裕区域将所产小米等粮运到周边鹿泉、石家庄等地贩卖的。

（2）饭铺，主要分布在县城和各集镇。大的饭铺能包办酒席。设在路边和各村乡的小饭铺，卖些简单的蒸馍、油果、烧饼、麻花、切面、烙饼等家常食物，盈利有限。

（3）面铺，这类店铺多是将当地的小麦、玉米、高粱、绿豆等粮食，运到水磨坊磨成面，再运回零售。当时全县约 20 家，也大都在县城和各集镇上。

（4）肉馆，当时全县有 10 多家，分布在大的集镇上，都是兼宰杀猪、羊、鸡等活物于一体，现宰现卖。

（5）茶叶铺，当时县域内共有 2 家：一家在东关，一家在横涧。

（6）水果行，都是由果商在水果产地收购后，批发给外地行商，或在店零售。

（7）京货铺，主要是销售外地所产并运来的绸缎、尼葛、绢布等物，主要分布在各市镇，因县民消费力不足，生意相对散淡。

（8）土布坊，多由商贩从周边获鹿、栾城等产棉县贩运而来的各种布匹。土布坊也散处各集镇。

（9）估衣贩，当时县内无专铺经营，主要由各商贩从各地贩运回来后，到各集镇推销。

（10）线货铺、卖货郎，贩卖各种针线和家庭所需细微之物。

（11）煤炭场，本县是产煤县，主要产烟煤，经营者设场或卖本地烟煤，或贩运山西阳泉的石煤，因所需量大，一般生意都较好。

（12）木炭厂，多由脚户从山西等地贩运而来，一般用于烤制糕点，所需量不大。

（13）木料厂，当时全县有 20 多家，多由商贩从外地收购而来，正丰煤所需最多。

（14）瓷器贩，多由挑贩或脚贩，随时从瓷窑贩运到乡村集镇零售。

（15）铁货铺，多由外地贩运而来，在各集镇设铺零卖。

（16）杂货铺，多销售家庭日常常用之物，城乡均有。

（17）书铺，共有两家，设在东关，销售文房四宝及各种书籍。其他还有药铺、纸烟铺、各种牙行、词讼店、澡塘等。

（二）工商合业

（1）蒸馍铺，当时全县有10余家，多设在县城及大的市镇，个别大的村坊也有，经营方式或设铺，或由挑郎走街串巷叫卖。大部分村民由于贫困，鲜有买馍吃的。

（2）点心铺，在县城通常有专业经营点，在乡村集镇通常是在杂货铺里销售。

（3）挂面铺，在乡村销售不多。

（4）粉房，即以绿豆、红薯等为原料加工成粉条的作坊。一般在农村较多，通常是在红薯收获后的初冬进行，红薯提取淀粉做成各种粗细不同类型的粉条、粉丝，剩下的粉渣，或喂猪，甚或饥荒时人也吃。

（5）油坊，即以大小麻籽、芝麻、花生、菜籽、棉籽、大豆等为原料，加工和销售食用油的作坊。当时全县有40余家，主要分布在各市镇和大的村坊中。

（6）醋铺。当时全县有10多家，因所需量大，生意都不错，经营方式有固定商铺，也有挑郎走街串巷卖的。

此外还有酒坊、鞋铺、毡房、染房、银楼、铜器铺、铁匠铺、瓷器窑、砖瓦窑、木器铺、笼铺、麻绳铺、皮铺、纸坊、炮捻房等。当然，对于井陉而言，在清末还有一个很有影响的行业，就是煤矿。民国时共有5处，分别是位于岗头的井陉矿、位于凤山的正丰矿、位于小寨的和记矿、位于赵庄岭的裕兴矿和位于白土坡的民兴矿。其中前二者较为繁荣，其余三者均面临资本不足的情况。

（三）农家副业

（1）安水磨。井陉县农民，每到农事完成后，沿河，尤其是沿绵蔓河的农户有在河上做水磨的行当。这种水磨主要是将各种树木碎片磨成末，提供给香坊来制作香用。也有加工粮食成面粉的。

（2）烧石灰。该县农民充分利用域内石矿石丰富的得天独厚之优势，在农闲时，就开石灰窑、烧石灰，以获得一些收入。

（3）纺织。该县靠近平山的冶河流域地区，因地势较平，可以种棉，因此在农闲时，该域农户有纺织的营生，主要织些粗布的毛巾、绑腿布等。

其他还有诸如织席、打苇箔、编荆器、放羊、赶牲口等行当。其中尤以赶牲口为累活。该县一些地方的农户，常养驴或骡一两头，在农闲时，常用驴或骡贩运煤炭到获鹿、平山等东边县去卖。也有到山西、河北等地做长途贩运生意的，但常常苦大利薄，生活甚是艰难。①

另外，民国时期井陉村民的日常生活，还反映在风俗上。署名重三的人在《井陉风俗写真》中写道："陉邑地处山陬，风俗人情，远异他邑。其可法者，衣食之俭朴，人情之笃厚，其可哂者，礼俗之陋琐，迷信之奉行。……"

（1）职业状况，所记和上述《民国井陉县志料》卷六《实业》中所记述的情况差不多，只是加了一条"境内有资开采煤炭矿数处，一小部分之贫苦民众，得从事于矿厂内之劳工职业"。

（2）服饰习尚，"井陉人民生计艰窘，农家衣服，无论男女，鲜无补缀，所著棉衣，内垫败絮，略御风寒，偶有齐楚者，亦系服用粗布，惟近来少年人，多喜购用洋布，然终系极少人数，言及丝织品，时髦束装，更为境内所不易睹者，本县衣着既如上述之粗陋，实已无习尚之可言也"。

（3）饮食情形，"本县饮食，若酒若肉，无论贫富，虽于庆吊鲜有

---

① 以上关于生活职业的描述，主要参考了《民国井陉县志料》卷6《实业》。

用者，至平日饮食，富者男子于农忙时，尚得食杂粮糕饼，妇女终年饮食，小米杂合面稀粥；贫户饮食，实又甚于吃杂糠咽菜之俗谚，令人闻睹，不胜恻然。本地食品，尚有包皮甜饼，及柿子窝窝两种，前者制以坏枣，和糠轧面，外包以水磨面，蒸之为饼。后者制以软柿，和黍面，亦蒸之为饼。此皆县区较富之民所不能下咽者。而陉地人民，食如甘饴，且非岁节庆吊，或款待戚友，平日尚鲜有用者"。

（4）居室情形，"井陉多石及石灰，砖瓦亦易制造，故居室尚可牢固，不讲华美，其较贫者，则彻石洞，或穴土岸为洞，冬暖夏凉，处之泰然，仍有穴居野处之风"。

（5）交通状况，"井陉道险，自古称著，近虽有正太路横贯全境，复有井陉、正丰煤矿二支线，终因四境皆山，除沿路线各村庄可称便利，其他各处，高山阻隔，仍不能直享其利，近年因提倡筑路，虽筑有县路数处，亦因财困工巨，虽有显著之进步，现一切运输，仍赖驴骡驮运，绝少单轮手车，或其他车辆"。

（6）婚丧礼制，"礼可分为八类，婚、丧、冠、祭、庆、吊、相见、问候是也。……"①

在有关民国时期井陉的文献中，除了上述的典志体记载该域民的生活日常外，还有一种场景式文章，它们用记叙和描述的方式，将当时农民的生活场景真实地记录了下来。重要的文章有两篇：一篇是赵德华撰《井陉农民生活状况》②，一篇是王廷焵撰《河北井陉妇女一年中的生活》③。

赵德华在《井陉农民生活状况》中写道："农民大概可以分为地主、佃户、工人和地主兼工人四种人。他们固然有贫富的不同，但是无论谁都是勤劳工作，富些的也不闲着，贫些的更要勤苦了。"

赵德华在文中写道：称作地主的人，不是靠商业买卖致富的，他

---

① 以上6种生活情形，载《县乡自治》1936年第6卷第4期。
② 载《东方杂志》1927年第24卷第16期。
③ 载《女子月刊》1936年第4卷第5期。

们主要靠起早贪黑劳动，加上节衣缩食，逐渐攒些余钱，每年买几亩地，渐次富起来成为地主的。井陉的大地主很少，即便最大的地主也没有超过十顷土地的。平常人，如果一顷地，在当地便成了财主。这些地主家里的人都要工作，即子弟上学校念书回家，也必须同家里人一起工作。只有特别缺人手的情况下，才雇短工。雇工时工人的饮食与地主家人相同。

所谓"工人"，是有少量地或无地农民给地主家打工，以一年为期限的叫"长工"，一个月的叫"月工"，临时雇工的叫"短工"或"找工"。长工一年的工价，合大洋30元左右，同时地主还要负担长工的饮食及抽烟、防晒及防雨器具等。月工或短工的工价比长工略高些。

此外，还有因自家土地不够种，去租佃地主土地来种的叫佃户。佃户或给地主粮食叫租，或给地主钱叫典。至于租价的数额，既有本地的惯例，也可根据具体情况双方协商。

井陉农民差不多家家都要养小驴，少的一个，多的五六个，喂养牛、马、骡子的也有，但不是很多。农民用小驴往地里驮粪，平时出门有时骑驴出行。

在饮食上，井陉农民平日三餐，伏夏时四餐，冬天有两餐的。

王廷炯在《河北井陉妇女一年中的生活》中写道：自井陉开煤矿后，大多数男子到了煤矿工作，家务和农活儿就主要靠妇女来完成了。她们只有新年或过节时才能稍轻松一下，其余的时间几乎都是在不停地忙碌着。春夏时，她们亲自或带着短工，把田里的活儿从浇地、割麦、打场、种谷等重活儿，都要做个遍；秋天是收获的季节，收秋持续时间长，各种杂活儿多，是一年中最累的时候，妇女们不停地往返于各种庄稼地里。除家务和农活儿外，妇女在天旱时，还要承担求雨的工作。常说妇女能撑半边天，井陉的妇女在这方面体现得尤为突出。

以上对井陉农民日常生活的描述都是出生或生活在井陉的本地人写的，另外在民国时期文献中也有外地人对井陉人日常生活的记述，黄华在《井陉道上——山西杂忆之二》中写到了井陉道上的妇女和孩童：

  仆仆井道上的，除了老爷式的汽车，英俊的骡队马队，还有负重百数十斤的妇女，和男子同样的强悍骁勇，习于射猎生活，与各种苦役，却不解烹调与女红。孩童也发育极早，有一个九岁的孩子，负重七十斤，健步如飞，真要使懦弱的浙江人看了发呆。

此文还比较了平定和井陉的不同，"从平定到井陉，距离虽是不远，已有了显明的分界：平定还带有一点原始风味，居民蠢愚中不失忠厚；井陉已染有一点都市气息，居民顽强中兼具浮滑；但两地居民习于勤劳，这的确是值得我们取法的地方"[①]。

小　结

  通过以上从清到民国时期各种文献对井陉百姓的日常生活的记载，我们大致可以领略到其生活的基本状况，总的来讲是由于井陉地处山区，条件艰苦，百姓大多生活贫困，但他们却意志坚强、不畏艰难，利用自己的吃苦耐劳和安贫乐道的精神，将日子也过得有滋有味。旧时的井陉百姓，总体教育和文化水平不太高，但这并不妨碍他们对美好生活的追求，也没有影响到他们的审美情趣。我们今天从井陉古村落中看到一栋栋精美的四合院，令人赞叹的整体设计、美轮美奂的建筑样式、精彩纷呈的雕梁画栋，还有那么多的各种碑刻文献，很难让这些与前述所讲的贫困落后与教育文化程度联系起来。由此，我们也不得不发出疑问：明清时期的井陉村落遗存与近代民国以来的文献记载相比较，我们能得到什么感受？显然，得到的感叹是：近代民国以来，井陉农村显然已呈败落之势！这难道不是中国整个农村在近代史上的一个缩影吗？

---

① 载《万岁》1943 年第 3 期。

附一：井陉传统特色食品

1. 煎饼

用料：玉米、豆类、小麦、食油、花椒。制作方法：用小黄磨将玉米、豆类、小麦磨碎后，用水泡 12 小时，泡软后用小黄磨搬（俗称搬磨），磨成沫，搬磨时放少许花椒调味，用专用煎饼鏊子，再进行摊制，营养丰富，味美可口。

2. 小煎饼、咸食

和煎饼一样，制作比较简单，用各种面粉合在一起，加水，放花椒叶或葱调味。稠稀适中，再用小煎饼鏊子摊。

3. 饼斋

饼斋和咸食基本一样，不同之处就是饼斋用的面是经过发酵的，制作的成品发玄，口感香脆稍甜。

4. 年糕

过年做年糕是传统习惯，每户每年都做年糕，做年糕用的黏米先用石磨推成面粉，加少量玉米面，加红枣和大红豆，用锅蒸，出锅切块存放。

5. 扒糕

用荞麦面打成糊状，用锅熬制，出锅后，盛在盘里、碗里，放凉后食用。

6. 拖刀面

井陉待客多吃面条，民间擅长手擀面条者很多，尤以板桥、核桃园一带的拖刀面较为出名，特点是面硬、片薄、切得细，而且面胎筋道耐煮，吃着筋脆爽口。

7. 缸炉烧饼

井陉自古民风淳朴，崇尚节俭，饮食以粗粮细作、细粮精作而独具特色，形成了绚丽多彩的饮食文化。"缸炉烧饼"即是其中最具代表性的细粮精作食品，而且历史久远、长传不衰。

8. 抿絮

井陉名食，主要原料绿豆面、白面，用温水和面。以抿絮床抿入锅内，出锅后浇上各种汤料，即可食用。汤料有芥菜汤、西红柿鸡蛋汤、炸酱卤汁，随客自便。抿絮入口光滑，豆香醇厚，具有健胃活血的功效。

9. 烤糊

小麦置之锅内，用大火干炒之，令其变色，磨为麦粉，掺入清米粥锅中，随掺随搅，待锅沸后，即成微红色之糨糊，此糊色美味香。

10. 杂面

把绿豆磨成豆粉，配少量的黄豆（去皮）加小麦，掺水搅拌，磨成细粉，和成硬面，晒干即可用。此物色泽深绿，长如拉面，细如毛粉，柔而有力，或做主食，或做汤面，滋味独特，妙不可言。

11. 苦垒

将玉米面和菜叶、槐花、萝卜叶等其中之一和好，放入锅中蒸熟。

12. 枣糊蛋

将红枣碾成面，过箩后剩下的糊渣，搓成团晾干。

13. 捞饭疙瘩杂面汤

先用开水将小米煮熟，捞在盆内按实。然后就米汤锅煮些菜叶并加适量盐，稍煮后，再用水磨玉米面掺黏米面做成的"疙瘩"（先将两种面和成较硬的面，用擀杆把面擀成饼，用刀切成菱形或用手搓成圆形均可）倒入，稍煮后放杂面条，滚几滚即熟，再用食油喷上葱花，吃时先盛半碗捞饭，上部浇上疙瘩杂面汤，其味道鲜美可口，而且耐饥。

14. 山药面饼子、山药面饸饹

将山药面用开水泼面，捏成饼子上锅蒸熟，可把饼子切成片像吃扒糕一样直接蘸蒜食用，也可把饼子用饸饹床轧成饸饹，浇上蒜汁凉拌食用，或者用凉熟菜（用芥菜根擦丝和叶切碎后腌制成）微炒后食用，特别爽口好吃。

15. 团子

玉茭面掺黏米面加热水和面，用小擀杖擀成圆片，放上馅包好上

177

笼锅蒸熟即可，用萝卜条加粉条、黄豆、油盐葱等为菜馅叫"菜团子"，用小豆或豇豆加糖为豆馅叫"豆馅团子"。

16. **饸饹**

将山药面捏成窝窝头样，形状有的圆、有的扁，蒸熟后用饸饹床压出后食用，山药面饸饹炒着吃非常好吃。另一种是将白面或是白面掺玉茭面、豆面等和好后，撅成面团，放在饸饹床上，压于锅中，煮熟捞出，浇上卤汤食用。

17. **疯老婆**

将晾干的嫩玉米豆用碾子轧成小颗粒，掺上萝卜丝，加水和成面团，捏成长条，手掌薄厚大小，上锅蒸熟就上蒜泥即可食用。如无嫩玉米豆，用玉米面也可。

附二：井陉传统粮食加工器具

井陉地处山区，其所生产的粮食种类主要以小麦、玉米、谷子、黍子、豆类为主，加工粮食的器具主要以石臼、石磨、石碾为主，也间或用水磨，改革开放后，逐渐开始用电磨了。下面将所调查村的传统粮食加工器具做一列表。

村名	现存石臼、石磨、石碾情况
天长镇梁家村	现有古石臼6个，石臼呈圆形，口直径25—30厘米，深度30—40厘米，上粗下细，底为锅形。石臼是古代居民生活的必需品，用来杵米捣面用的。梁家丁字街多，石臼就安放在丁字街上，一来杵米捣面方便，二来石臼为白虎口，在丁字街避邪。 有古石碾石磨12盘，是过去居民生活的必需品，是粮食加工的主要工具，现在仍有三盘石碾使用着，主要用于碾黏米蒸年糕用。小黄磨20多盘，现在有6盘利用着，过年过节摊煎饼、做豆腐忙个不停
天长镇小龙窝村	有古碾、古磨30盘左右
孙庄乡北白花村	该村米面加工，起初用石臼，清末民初，转向石碾、石磨，到1958年基本上达到了三户一磨，十户一碾。到20世纪80年代，村里有了电碾、电磨以后，大部分已经拆毁，现在所剩无几

续表

村名	现存石臼、石磨、石碾情况
天长镇乏驴岭村	村内遗存石臼十数个，多用大石块打制而成，能搬运。还有山地石臼：多在固体大山石上打制，由耕种山坡地的村民打凿。据说除用于粮食加工外，还可以收集雨水供人饮用，不能搬运。现发现石臼有骆驼岩石板上1个、罗圈沟掌石板上1个、小熊猴石板上4个。 石碾历史悠久，在乏驴岭高高的紫花寨山顶上，先人在一块大固石上打凿了一盘石碾，据考为宋元时期遗物。多安装在官地或多家共有的地方。动力用人力或畜力。分大碾、小碾两种，大碾不用碾架，只用一根长木轴纵向从碾轱辘（碌碡）中穿过，固定在碾盘中心的铁质竖轴上，推动木轴碾轱辘即可转动，此碾非畜力不能拉动，用于大量粮食加工；本村均为小碾，1964年安装电磨以前全村有5台。 乏驴岭村石磨类别分为三种：①水磨（大磨，老磨），村水磨源远流长，创始年代已难考实。水磨除了面粉加工功能外，还有一项磨椹（木粉，也称"香面"）功能。1963年以后，电磨代替了水磨的面粉加工。水磨的功能转向单一的木粉（香面）加工。2003年以后，为保护植被，保护生态环境，原料来源减少，绵河水量也越来越小，水磨经营受到影响，现仅有8家在运转（加工木粉）。②石磨，因本村有水磨，石磨的用量不大。电磨安装以前，此种磨是村民少量粮食加工的又一主要用具。全村现有3盘，一般与石碾安装在一处。③小磨，可灵活搬动，多用于加工浆汤类和颗粒类，如磨豆浆或拉豆瓣等，人力驱动，家存家用。目前，全村存有10余盘
南障城镇七狮村	现有古石臼12个，石臼呈圆形，口直径在25—30厘米，深度30—40厘米
测鱼镇石门村	石臼，现石门存石臼一套，分为臼和杵。在高30厘米、宽50厘米的不规则石头上凿一口径为25厘米左右的锅形坑，用硬木制作成上细下粗似圆棒槌的形状，叫作杵，把粮食放到臼里，用手握住杵，用劲捣，就把粮食制成米和面。至今石臼还遗留在石门"杈角"处。 石磨、石碾，该村尚存石磨11座，石碾6座，至今仍在使用
辛庄乡苏家嘴村	该村现有古石臼6个，石臼成钵形，口圆形，直径大多为20—30厘米，深度不一，古庄民用于杵米捣面用
小作镇桃林坪村	现有古石臼8个，有大石碾6盘、扇车6套、小石碾12盘、石磨26盘、小搬磨35盘。现代人们吃煎饼、做豆腐依然用小搬磨磨面粉加工
微水镇皇都村	现有古石臼15个，尤以大寨洞、大锣圈著名，以历史久远而驰名。石臼因石而异，形状各异，石质有红石、青石或就地造就。石臼口直径在30—40厘米，深度40—45厘米。 有石磨及石碾数处
小作镇沙窑村	该村石臼原有数十个，现遗存两个。在清中期，该村有了第一盘石碾和石磨；到清末，该村已有石碾12盘、石磨10盘、小黄磨16盘，现基本还在使用

续表

村名	现存石臼、石磨、石碾情况
威州镇 庄子头村	现有古石臼50多个，有明清时期古石碾、石磨、手搬磨30多盘。庄子头村的石碾、石磨保存较为完好。大石碾主要用来碾谷米，后发展为碾红薯片。小石碾主要用来碾红枣面、粘干（一种植物，碾碎后和红薯面压饸饹面，抿须）、推糕米、脱玉米粒、脱麦仁等，石磨主要用来磨玉米面、小麦面。手搬磨主要用来做豆腐、磨芝麻油
测鱼镇 南寺掌村	南寺掌村在明代居住时期还没有碾磨，只能用简单的石臼来制作米面加工，供人们生活之用，现存明代石臼一套，分为臼和杵。 现存清代石碾三盘，有大碾、小碾、西头碾，最早的是西头碾，大致在康熙年间，其次是小碾，大致在道光年间，最后是大碾的光绪年间，现在仍在使用。除此外还有各处山庄清代、民国的石磨还有5盘，但不再使用。 现存康熙年间石磨1盘半，以后的石磨更多，到1970年前，几乎每户都有
威州镇 五里寺村	有清朝时期石臼1台、大碾1盘、中碾2盘、石磨4盘，是古居民生活的必需品，用来碾米面

资料来源：根据各村的调查资料整理而成。

第二节　井陉村民的精神世界

所谓精神世界，亦即人在社会中为满足各种需要的心理诉求，依赖各种形式的文化娱乐、偶像崇拜、祖先崇拜、社会化生存等活动和组织，以寻求生存、延续、安全、利益等为目标，所进行的自慰和趋吉避凶的各种行为。个人的一切活动都建立在精神世界的基础上，由个人所组织的家庭、社会、国家的行为出发点，也无不与此对应的精神世界有关。人的精神世界，会通过各种形式的文化娱乐和文化信仰体现出来。对于村落居民来讲，其精神世界，既有个体层面的生存安全和愉悦的考量，也有团体层面的家庭及家族绵延、地域安全化等方面的考量。这些考量常通过文艺形式、祭祀祖先、宗教信仰、各种迷信等形式体现出来，久而久之，会由此形成民风民俗。我们考察井陉村民的精神世界，也大概是以这些方面为主要内容来着笔的。

我们先看一下历史文献中对井陉百姓有关祭祀及宗教信仰等方面的记述。《雍正井陉县志》卷三《祀典志》载："邑有秩祀、群祀。秩祀者，国家崇德报功之典，太常掌之，岁有定制。至于群祀，亦垂之会典，义有所取者。自二氏之说兴，人于诸天神佛崇奉者，不知凡几？匪独陉一邑为然。乃行之既久，人方深信而不疑。一旦欲从而厘定之，势必不能。"

以上所讲的秩祀即为国祭和国祀，亦即常言之正祀，为国家《祀典》所规定的，是国家礼制的重要方面。对于井陉而言，秩祀主要有文庙至圣先师孔子、崇圣祠、名宦祠、乡贤祠、社稷坛、风云雷雨山川城隍坛、厉坛等。

而群祀，即国家法定的允许民间祭祀的对象。为简明起见特将井陉的群祀列为下表：

表 6-2　　　　　　　　　井陉群祀一览

群祀名称	祭祀时间
文昌神	春秋二丁祭
魁星	春秋二丁祭
八蜡神	春秋二戊祀
马神	春秋二戊祀
先农坛	春秋二祭
武庙、忠孝祠、节义祠	春秋二祭
后土神祠	农历七月二十七
明灵王	农历三月二十三
真武庙（亦即古所谓玄冥水神）	农历三月三
崔府君庙	农历六月六
东岳庙	农历三月二十八
金龙四大王庙	农历五月五日
显泽大王庙（龙神）	农历八月二十二
三官庙（道家尊为帝君，以司天地水府为三元）	农历逢三元日
碧霞元君祠（相传黄帝之女，炼形东岳而为神）	农历四月十八

资料来源：《雍正井陉县志》卷三《祀典志》，本衙藏本。

民国时期所撰的《井陉县志料》第十篇记载了井陉县宗教情况，其言：

井陉宗教，在南北朝以前已不可考，隋唐两代，建筑寺庙颇多。

宋元以来，尤更仆难数。不第山明水秀之区，多为僧道所占，甚至各乡皆有庙刹，各户皆有神龛，因果轮回符咒图谶之说，深入人心，牢不可破；释道二教，遂普及于全县境内。顾其信徒。学识高深者极少。彭翼、毕鹏等虽为人所艳称，亦不过习吐纳工符咒而已，他无足取。清同治时，白莲教徒黄老和李秀祯等人，占据邑南銮驾山，声势颇盛，当时愚夫愚妇受其蛊惑者，不计其数。嗣黄李被剿，于是"八卦""九宫""先天""后天""三圣""善友"及"万国道德会"等教，相继而出。自时厥后，迎神赛会，圆经大醮，风行一时；彼此效尤，遂为邑民习俗之大累。顾各该道组织，纯系秘密性质，外人莫能测其底蕴；第观其遇庙焚香，对山川日月怪石大树顶礼膜拜，称之为"焚香教"，固甚相宜。近来乡俗流传，愈演愈烈。其势力潜滋暗长，匪可言喻……

　　清光绪初，邑民信奉天主教者，只有东冶村孔姓一家；不及数年，即无形消减。庚子以后，普通人民心理人，仇洋愈甚，对于外教，更不容纳。民元二间，英国"耶稣教"徒，法国"天主教"徒，先后来县传教，时逾七八年，皈依耶教者，不过二三十人；其信奉天主教者，仍寥寥无几。民九北五省大旱，本县亦灾区之一；十年春国际统一会委托天耶两教教徒来陉施放赈粮，两教教徒，乘机传播教义；一时贫民为生活问题所迫，从之者如归市。嗣后建设教堂，邀名人演讲，或设教会学校，极力扩充势力，但人民之信教，本非出于自然，故时移事迁，则其信仰力，当然日减一日，远不如前此之盛焉。

　　本县向无回民，故无所谓"回教"。近年第五区北良都村，有回教徒二人寄居，然亦客籍，非土著也。

　　总计邑中宗教，惟"白莲教"余孽潜势极大；各乡人民信奉之者，约居十分之六七；其中尤以女子居最多数。顾该教性质秘密，其信徒确数无从调查。此外各教均不甚发达。

前揭黄华《井陉道上——山西杂忆之二》中也提到井陉人的信仰情况："井陉的迷信极重，那地方的人崇拜薛仁贵，正和江浙人信仰关公一般。薛王庙到处皆是，根据'彩球配亲'的传说，井陉人遇到婚姻疑难不决的时候，就由女的先到神前虔诚祷祝，然后捧起神前特别供奉的'彩球'家中去问吉凶，求符水，结'鬼婚'，说什么前世的姻缘未了，所发生起病来，只要到'鬼婆'家中去和'鬼'结过'婚'，就算完此心愿，病也霍然全（痊）愈了。"这实际上是"鬼婆"和当地痞民勾结在一起以"鬼婚"为幌子，来欺骗年轻貌美女子，从而达到奸污目的的罪恶行为。后来这事被揭穿后，"鬼婚"的不良习俗才销声匿迹。[①]

与迷信相对应的，就是旧时井陉还有一些陋俗，如清代《雍正井陉县志》卷一《风俗》载："又县北乡村，旧有打麻郎恶俗。共立麻郎神庙于贾庄村北，元宵后，持石执杖，有斗死而不悔者。……"据今属井陉矿区贾庄村的《易俗化淳碑》[②] 载，"打麻郎"之恶俗，早在明代就在贾庄十分盛行，当地历任县令多次严令禁止，却难以根除。万历时知县游有常在任时，对此恶俗又进行了一次打击，让东西贾两村合并为一村，才彻底化解矛盾，根除此恶俗，因为撰写了《易俗化淳》文并刻石立碑以志贺，碑文如下：

县北三十里贾（音古）庄，有杨六郎祠。祠迤北曰西贾，祠迤南曰东贾。每岁元宵，两贾聚众争谒祠。以先登为丰谶。执长梃，击鼓竞斗，杀伤不讼，期次年复斗，阵上取赏。邻乡助哄，好事者乘马远观，交相唆激。名曰"打麻郎"。自金、元据地以来相沿，迄今不改。

万历六年戊寅春，土人以其事告。余谔然。曰："兹夷俗也！方今圣明盛世，胡为乎有是哉！"亟下令：毁祠戒众，示谕我民。曰：方春时和宜，安生乐业，父慈子孝，兄友弟恭，夫和妻柔；

---

① 载《万岁》1943年第3期。
② 此碑高2.4米，宽1.2米，厚0.3米。青石质地，现立于井陉县贾庄村南兴国寺大门西侧。

士勤学，农勤耕，工勤艺，商勤市，以义相胜乃为良民。神明佑之，吉无不利。如蔽锢旧习，倡乱起争，定严拿首恶，以"白莲教"拟罪；相邻助哄者，罚；远观唆激者，罚。耆老英杰，有能约束各姓，变旧从新，安分守礼者，特加奖异。是年，夏不雨，秋歉。民汹汹曰：不斗"麻郎"之咎征也！余曰："恶何言哉！"

谕以祸福，训以礼让。既而已卯、庚辰大有年。邑之人始大悟。

辛巳春，两贾之民议曰：斯俗之蔽，缘东、西分贾，实为衅端。今两贾合为一庄，岁时相庆，无蹈前愆。

噫！俗蔽久矣！兹刑不一试而豺狼易习，岂司牧者能哉！以民心之神也古，谓不易民而化者非耶！犹恐久而违也。乃劝之以诗，刻之贞石。俾民歌之。一唱三叹，其或有遗思乎！

诗曰：圣世衣冠古，清时礼乐新。

何缘元国俗，竟斗六郎神？

温语开迷惑，先躬返朴淳。

年年报丰稔，同乐大明春！

大明万历十年春二月望吉；知井陉县事、文林郎、新安思堂游有常撰

恶俗虽除，但影响还是很深远的，到清代《雍正井陉县志》的风俗卷中，仍对之记载，加以警示。据说此地"打麻郎"的风俗与北宋的杨延郎（后易名延昭），民间俗称杨六郎有关，当地民众在此建杨六郎祠[①]，亦称麻郎祠。

---

① 关于杨六郎祠：似乎是在明代逐渐重视，并在陕西、山西、河北边关一带渐普遍为一种民间信仰。黄宗羲编纂的《明文海》卷六九"碑三"陈栢《忠节庙碑》载："（宋）真宗咸和之际，其（指杨业）子延昭复以团练使守高阳关。契丹之侵遂州也，众以城小莫不色惧，延昭乃集众登陴固守，以候援至。且汲水灌城悉为坚冰，城赖以完。今所遗插箭及祭刀诸石，土人谈之烈烈如昨日事。凡水旱疾病有祷辄应，是延昭之忠愤犹有存者。"杨六郎祠在陕西泾源，山西雁门关、代县，河北的飞狐、倒马关、井陉等地都有，且流传的关于杨六郎守关的故事也大同小异。

根据井陉学者许力扬的考证,"打麻郎"是贾庄一带旧俗,百姓崇拜麻郎神,拳师封麻郎神为祖师,弟子均称为"麻郎手"。每年正月十六至二十日,麻郎手各据高岗,以卵石相互击斗,称"打麻郎神会"。在这个时候,不管亲疏远近,互相争斗至体残颅伤。斗至一人殒命时,众人皆称:"麻郎神收走矣!今岁必丰。"众人将死者焚于神前,绕庙庆贺。行凶者不悔,被祸者不怨,故该地多有善以卵石击人者,皆百发百中。[①]

其实,从前边的碑文不难读出,所谓的"打麻郎"与原来东、西贾两村之间的矛盾有关。但两村之间的矛盾是如何形成的?民间也有传说:

相传宋朝灭亡后,井陉一带老百姓崇敬杨家将精忠报国的高风亮节,在原先西贾和东贾两村之间的高岗上建了一座杨六郎祠。这一举动为元朝占领者完颜氏所不容,他们暗中派人拆了庙宇。当地老百姓为了掩饰占领者的耳目,便将"杨"字改为"麻","麻"字中的"林"取杨家将后人众多之意,以"广"盖"林"而成"麻"。每年元宵节期间在祠前聚集,官府屡禁不止。后来占领者便绞尽脑汁,把崇敬杨家将变成"打麻郎",说麻郎神是打拳耍棒者的祖师爷,学练拳棒的人必须叩拜麻郎神。东、西贾两村初学拳棒者必须在正月十六至二十这几天各自集中起来,去争占麻郎祠,先占领者为荣。后来发展到执棒揣石攻占祠堂。两村人攻上败下,又攻上又败下,期间双方被打伤的不到县衙告状,被打死者其家属不埋怨,且以打死一人为最佳。还认为麻郎神见收矣,年岁必丰。他们还将死者用火烧于祠前,在祠周围欢呼雀跃。打斗期间,十里八乡的人都来观看,有的还骑着马转来转去呼叫起哄,鼓动双方拼死决斗。到了明代,两任县令为了革除此种恶习,都曾

[①] 张瑞谦:《投石互殴出人命 乐此不疲数百年——井陉"打麻郎":从血腥走向文明》,《河北农民报》2018年3月1日,第B6版。

下令拆毁祠堂，禁止打麻郎，并对起哄挑唆者进行严厉惩罚。随着两村村民的逐渐觉悟，终于在1581年春天，将东、西贾庄合并为一个村子，并且镌刻合庄诗于石上，教育后人，以防有违。①

这个传说有真实的成分，也有编的故事。《易俗化淳碑》文中的"诗曰：……何缘元国俗，竟斗六郎神？"一句，似在印证旧东西贾两村之间的矛盾，确实与元朝建立后，当政者的挑拨有关。但其中将"六郎祠"改为"麻郎祠"的细节，似又有编故事之嫌。因为"麻郎"是山西的方言，是对"麻胡"的另称。《朝野佥载》云："石虎以麻将军秋帅师。秋，胡人，暴戾好杀，国人畏之。有儿啼，母辄恐曰：'麻胡来，啼声即止。山西此俗直到解放初仍有。'"②

以上讲的是旧时井陉村民有关迷信和恶俗方面的情况。另外，民间宗教对井陉村民的影响也很大。

1986年版《井陉县志》第三十八篇《杂志·宗教》载："旧时，人们虽信奉佛教，但无严格的宗教仪式和宗旨，只是在逢年过节供奉天地、土地、老母、财神、灶王之类，烧香上供，叩头祈福。县内各村均建有寺庙，内塑关帝、老母、龙王、玉皇等像；有的村庄，庙宇较大，神像更多，诸如三尊天官、四大天王、五圣老母、南斗六郎、北斗七星、上下八仙、十殿阎君等。还定期举行香烟庙会三至五天，老百姓赶庙烧香，求神许愿，顶礼膜拜，佩（披）红挂匾。"③ 这里所提的"旧时"，应指1949年以前的时候。之后，政府大力破除迷信，兴办教育，提倡科学，民间迷信活动有所减少，到"文化大革命"时，已无公开的迷信活动，由于破"四旧"，庙宇、神像等被人为破坏不少，甚至一些珍贵文物也被当作"四旧"破坏掉了，很是可惜。

明清以来，除了像《井陉县志》和《井陉县志料》中所提到各种

---

① 根据当地民间传说整理而成。
② 侯文正：《傅山文论诗论辑注》，山西人民出版社1956年版，第123页。
③ 河北人民出版社1986年版，第769页。

宗教外，直到中华人民共和国成立前后，井陉县还存在许多带有迷信色彩的会道门组织。"旧时，井陉有会道门37种。即一贯道、先天道、后天道、圣贤道、佛教会、如意道、大刀会、父母道、九宫道、三教会、北斗道、黄沙会、善友道、接清道、理善会、老母道、三圣道、佛爷道、一心道、天师道、黄香道、神教道、神圣道、烟酒礼、小版道、学香会、天门道、迷迷道、收元道、白莲道、小背道、同乡会、太极道、家理道、娃娃道、长毛道、共进会。会道门分布较普遍，全县除十六个外，皆有其组织。主要会道门是一贯道、先天道、圣贤道和后天道。"①

这些秘密组织虽然在中华人民共和国成立后都明令取缔，但其顽固势力仍然隐藏在民间，时不时地露一下头，既扰乱民心，又对社会造成危害。如一贯道于1942年传入井陉，发展迅速，直至1949年前，其势力遍布井陉各地96个村，1951年被政府彻底取缔。先天道于20世纪初传入井陉，发展迅速，1949年以前，井陉境内约120个村有其势力活动，之后被取缔，但其残余势力不断搞复辟，直至1983年才被完全消灭。圣贤道约20世纪20年代传入井陉，因信奉关羽，又叫"老爷道"，带有很强的迷惑性。1949年后被政府取缔，但之后也多次死灰复燃，直至1976年才被彻底消灭。后天道在20世纪初传入井陉，于1951年被取缔，但之后也多次死灰复燃，直至1975年才被完全消灭。②

以上主要以明清以来的地方文献和报刊记载，对改革开放前井陉域内百姓的精神世界做了粗线条梳理。总体来看，此时期以中华人民共和国成立为界分为两个阶段：1949年，井陉人民的精神生活，更多地受宗教影响比较大；民间百姓所信仰的宗教，已不再是纯粹的佛教，或是道教，它们是杂糅了佛、道及神鬼等迷信为一体的民间宗教；其

---

① 《井陉县志》，河北人民出版社1986年版，第770—772页。
② 同上。

中有的宗教色彩还强一些,但还有一些广泛散布在民间,以会道门的形式传播的秘密组织,它们以宗教的形式来组织群众,打着所谓或治病、或救助的幌子,来迷惑百姓,达到不可告人的目的,对社会危害很大。但许多群众或是被逼迫,或是被迷惑,常常是执迷不悟,以致这种会道门在民间很有市场。1949年后,政府对会道门进行了严厉打击,依法进行了取缔。但因为会道门组织常常和社会上的一些民间崇拜联系在一起,具有很大的迷惑性,因此,一些被取缔的会道门又会死灰复燃,给社会一次次地带来危害。据1986年版《井陉县志》的记载,直到1983年左右,民间的会道门才彻底被消灭。由此足见,民间宗教对井陉百姓影响之深。

改革开放后,党中央提出了"两手抓,两手都要硬"的战略方针,通过农村经济体制改革,逐渐改变了过去贫穷的局面,通过大力发展教育,农村民众的科学素养和知识文化水平逐步得到了提高,这对从根本上改变民众落后的精神意识提供了重要保障。20世纪80年代后,中共中央开展了一系列提高人民大众的思想道德水平的教育措施。例如1981—1986年,由全国总工会、共青团中央、全国妇联等9个部门联合推行的,在全社会,尤其是在青少年当中,开展"五讲四美三热爱"活动;1987年以来,党中央又倡议在全国开展"学雷锋树新风"和"公民道德教育"活动。井陉县响应党的号召,使这些活动在县内也得到了很好的开展,取得了良好的成效。因此,改革开放后,井陉县全体人民,特别是农村民众的精神文明程度有了很大的提高。

井陉县优秀民俗文化保存种类的多样性、相关活动开展的热烈性,已成为太行山东麓县份中突出展现太行山文化的优秀典型。经过改革开放后精神文明的洗礼,旧有的迷信及其他危害社会的东西已经荡然无存;目前在民间社会广为流传的,都是那些寓意平安、吉祥和民众为追求幸福、美好的生活,反映积极、健康、向上精神的新风尚。现将所调查村落的主要民俗活动列表如下:

表6-3　　　　　　　　井陉古村落主要民俗活动一览

村名	戏曲及剧团	特色民俗形式	其他民俗形式
大梁江村	山西梆子	打扇鼓	不详
地都村	晋剧团（班）	地都社火、地都皇纲、地都太平车、地都"跑驴"	民间舞蹈花会节目
梁家村	晋剧，诞生了须生表演艺术家——"自来红"梁照	鹦垴拳	不详
吕家村	不详	打扇鼓、扭秧歌	太极拳
宋古城村	晋剧、京剧	皇纲、北关白脸社火、城内拉花、北关太平车	火流星、龙灯、狮舞
小龙窝村	小龙窝晋剧团	拉花、社火、秧歌	有"戏窝子—龙窝村"的雅号
于家村	晋剧	拉花、社火、渔家乐、转黄河	高跷、耍龙灯。自从白庙村改名"于家村"后，实行了保甲制，全村以街区和家族的"股"（先祖于有道生有五子，每子为一股），建立了西、南、东、北、中五甲，甲下设"会"：西甲以西边口一带和大股为主，下设天长会，民俗活动有渔家乐、拉花、晋剧折子戏等。南甲以大西头、小西头、观音阁一带和二股、五股为主，下设老母会，民俗活动有耍叉、高跷、老娘送外甥和龙灯等。东甲以东头街和五股、康家为主，下设黄河会，民俗活动有转黄河、斗鼓等。北甲以高头凹和四股为主，下设菩萨会，民俗活动有社火（武术）。中甲以官坊和五股、大股为主，下设真武会，民俗活动有什样镜、秧歌、大头娃等。各甲各会都有自己的皇杠，全村共有12架杠，光于家一个村就可以过一天的庙会，实属少见

续表

村名	戏曲及剧团	特色民俗形式	其他民俗形式
蔡庄村	晋剧	神龟舞；抬阁舞	流行于蔡庄的民间小调
北防口村	村晋剧团	社火会、扭秧歌、打扇鼓、跑旱船	老娘送闺女、吹歌会、唱钉缸、补锅、民间小调小放牛等民间舞蹈艺术
割髭岭村	丝弦，割髭岭丝弦是该村村民自发组织的业余剧团，是石家庄丝弦的一个流派	不详	不详
汪里村	晋剧团	武术（社火）、跑灯、抬皇杠、耍叉	愿戏，愿戏也叫小戏，是为祈求神家保佑，许下心愿，为达到自己愿望而还愿唱的一种小戏
板桥村	晋剧	秦皇古乐（河北省非物质文化遗产）；板桥村九曲黄河阵灯会（河北省非物质文化遗产）	打扇鼓（民间宗教舞）、板桥高跷
北白花村	白花"高盛班"丝弦（石家庄丝弦发源地）、河北梆子	白花社火	白花秧歌
北张村	山西梆子	拉花、抬皇杠	拉花、大头舞、高跷
测鱼村	晋剧	九曲黄河阵、测鱼战鼓、打铁火	测鱼村立戏房排练戏剧（晋剧），是在1928年。跑龙灯、抬皇杠、跑旱船、妖精斗火龙、披身子火、狮舞、拳术
东元村	晋剧	东元村武术	秧歌
乏驴岭村	晋剧"久行班"	驴岭武术	流行于乏驴岭的民间小调目前有10多首，它们大多从20世纪初流行至今
高家坡村	高家坡村丝弦剧团	古拉花，文艺拉花组建于1914年	曲调舞蹈；高家坡村丝弦剧团组建于1924年

续表

村名	戏曲及剧团	特色民俗形式	其他民俗形式
核桃园村	晋剧（核桃园是晋剧传入井陉的第一村）、丝弦	东、西社火、九曲黄河阵、打铁火	扇鼓、跑驴、舞龙、说书、扇令（佞）官、十五晚上的照喜好、聒喜好、十六早上添喜好、花会
卢峪村	晋剧	不详	高跷队
南固底村	山西梆子	南固底拉花被列为国家级非物质文化遗产保护项目	剪纸、村武术队
南康庄村	村晋剧团成立于清末	红脸社火	扇鼓，曲艺类：柳琴剧，三句半，大实话、跑灯等
南平望村	南平望村河北梆子艺术团，成立于清代	南平望拉花，是井陉县拉花三大流派之一，已有五六百年的历史	社火
南张井村		南张井老虎火	
七狮村	晋剧团成立于清代	扭拉花、吹歌会、跑旱船	七狮村有扭秧歌、打扇鼓、老娘送闺女、唱钉缸、补锅、民间小调小放牛等民间艺术
三峪村	不详	挂云山武术、二鬼抱跌舞蹈	扭秧歌、骑毛驴、
石门村	晋剧	石门拉花、九曲黄河阵、二鬼抱跌，二鬼抱跌是一人背驮着二鬼摔跤道具而进行表演的民间舞蹈，又叫"二娃摔跤""二喜摔跤"	石门秧歌、扇鼓；踩高跷、跑旱船、跑龙灯
石桥头村	不详	石桥头战鼓、脸社火	石桥头扇鼓。扇鼓，又称太平鼓，起源于汉代，是我国北方民众喜闻乐见的一种亦神亦俗的民间舞蹈艺术形式，表达祛邪、避灾、祈福的美好愿望
苏家嘴村	苏家嘴晋剧团成立于清代	红脸社火	不详

续表

村名	戏曲及剧团	特色民俗形式	其他民俗形式
孙庄村	孙庄村东牌京剧团，中牌河北梆子剧团，西牌丝弦剧团。三剧团在清代咸丰年间先后成立，迄今已有200多年的历史	浇凌山，始于明代迄今已有近600年的历史，是县内独一无二的非物质文化遗产。名播燕赵，誉满三陉	孙庄村中牌渔家乐；西牌秧歌；东牌武高跷，东、西、中三牌都有社火
桃林坪村	桃林坪晋剧，始于1948年	花脸社火、桃林坪皇纲	曲艺：老娘送闺女；拆楼
吴家垴村	不详	吴家垴拉花；吴家垴白脸社火；吴家垴藤牌打老虎	不详
西元村	不详	抬皇杠	武术
仇家窑村	仇家窑村晋剧团	仇家窑花脸社火，与桃林坪、桃王庄3个村的花脸社火同源同宗，为同一师傅传授	霸王鞭
当泉村	明代天启年间，当泉丝弦，倚戏供庙，延续至今	不详	不详
皇都村	晋剧	跑旱船、扭拉花、打扇鼓	扭秧歌；《龙华佛乐》《萧鼓聒天乐》
龙凤山村	山西梆子、龙凤落子	龙凤山摔跤	秧歌、打扇鼓、评书
沙窑村	丝弦，始建于20世纪30年代初期，前身是《老君爷会》，50年代正式组建丝弦剧团；晋剧，民国初年，为了走会老班主左连明联合八家俗称八大股，成立"轿会"，又称"全神爷会"（沙窑村晋剧团前身）成立于20世纪30年代初	武会，沙窑村分南北两个武会，同时起源于民初，兴盛于20世纪四五十年代	不详

· 192 ·

续表

村名	戏曲及剧团	特色民俗形式	其他民俗形式
小寨村	小寨丝弦，至少有100年历史	抬皇纲、小寨飞叉、小寨高跷	不详
杨庄村	"丝弦"分东路、西路，是特有的较古老的剧种之一。杨庄西路丝弦剧团，可以说是中国丝弦第一团。其创建于明代崇祯年间，第二次制箱于乾隆年间，至今已有400年的历史	杨庄的"武术"又称"社火"	皇纲、火流星、龙灯、舞狮
赵村铺村	晋剧	太平杆火	拉花、霸王鞭、秧歌会、武术
庄子头村	庄子头丝弦	庄子头社火	不详
良河西村	靳老彦丝弦剧团（清后期成立）	独特的民间风俗——烤大笼火	社火、跑灯、秧歌、杂耍
南寺掌村	南寺掌晋剧	撑虚耗	不详
罗庄村	罗庄晋剧	罗庄武术、罗庄打铁火	不详
达柯村	晋剧	蹿铡刀、耍叉	面塑
洪河槽村	晋剧	蹿铡刀、耍叉	不详
凉沟桥村	晋剧	蹿铡刀、耍叉	不详
栾庄村	丝弦	耍叉	高跷
米汤崖村		花脸社火	不详
松树岭村	丝弦	蹿铡刀、耍叉	不详
小切村	山西梆子	蹿铡刀、耍叉	不详
小峪村	丝弦、山西梆子	蹿铡刀、耍叉	不详
五里寺村	晋剧		不详
庄旺村	晋剧、丝弦	庄旺拉花、庄旺河灯	不详

第六章 井陉村民传统生活的日常与精神世界

从上表可以看出，井陉人爱唱戏，因靠近山西，这里村民们最喜爱晋剧，俗称山西梆子。在所调查的58个村落中，其中有晋剧团的就有36个，占所调查村落总数的62%；其次为丝弦，共14个村，占总数的24%，其中有5个村，既有晋剧团，也有丝弦剧团；而河北省当地最具特色的地方剧种河北梆子，在井陉却不怎么流行，只有3个村，多在井陉县东侧靠近鹿泉、平山、元氏县地方。而国粹京剧，更是少得可怜，只有在孙庄和宋古城两个村子有剧团，远不如晋剧和丝弦受欢迎。结合前面章节我们可知，旧时每个村都有戏台，有的还不止一处；戏台，大多与庙宇相对，那时唱戏，主要目的多与娱神有关，即先娱神、再娱人。旧时，村中庙会、节日多，诸如求雨、祈晴仪式也多，再加之富裕家庭在婚丧等人生礼仪等唱戏的时候特别多，因此村中的戏班也特别忙碌。忙碌也就意味着收入不菲，由此会促进戏班发展，其中还会出一些在当地颇有人气的名角。

20世纪90年代以后，随着城市和商品经济的发展，越来越多的村民被吸引到城市来打工，村里的青壮年越来越少，戏班里人流失很大，戏班的生存越来越难，很多都因无法坚持不得不解散，演员们也都自谋生路了。现在除了春节和当村的大庙会还有唱戏外，其他时间已很难在村中找到凑一出唱大戏的人马了。村中的红白事期间，偶尔会有戏班，多是吹手班们自己兼职来唱的。

除唱戏外，井陉最具特色的民俗形式是拉花、社火和打铁花。下分别述之。

拉花是北方秧歌的一种，现主要流行于井陉地区，是一种非常适合在街头行进时表演的一种化装式舞蹈形式。旧时，常在民间节日、祭祀、庆典、庙会之时演出，带有强烈的娱神和自娱性质。

拉花的传统性很强，现在的拉花表演形式也基本是在传承历史的基础上进行的，没有进行大的改动。在服装上，其样式以清代为主；在化妆方面，比过去简单了许多；在道具上，基本沿袭了旧传统；在动作上，也基本是以传承为主。关于拉花的历史，现在能确证的是清代乾隆年间已经在表演了,因为目前在井陉南正村和南石门村还保存着写有"乾隆八年"的拉花道具和乐器文物。但从其表演剧本的唱词和表演的动作来看,至少在明代已经开始拉花表演了;甚至有个别从事历史人类学研究的学者通过与考古发现的壁画、乐奏俑等分析,认为井陉拉花有可能与春秋战国中山国时期的文化有关,拉花有可能带有白狄鲜虞族支的文化特征。①

井陉拉花行进式舞蹈,带有非常明显的地域性特征。例如井陉道路山高坡陡、崎岖不平,因此"表现走路爬坡的动作很多,爬坡需要迈步高抬腿,身体前倾,下坡则是双膝处于拘谨状态,身体稍仰,因而男性舞步为'起要跋,膝要屈,踩要稳'。女性的舞步为'进要弓,退要丁,脚外撇'"②。

井陉拉花起源于民间,是真正的草根文化,因此其流派的不同,就主要体现在各村拉花形式的区别。现在井陉拉花主要有7个流派,即东南正拉花、庄旺拉花、南固底拉花、南平望拉花、小作拉花、石门拉花、吴家垴拉花。其具体区别,根据对这些村的调查及《井陉县志》资料,列表如下:

表6-4　　　　　　　　井陉拉花流派一览

拉花流派	拉花流派特征	拉花起源及其传说
东南正拉花	东南正拉花的基本特点是:粗犷有力、豪放大气、有柔有刚、刚柔相济。表演人数为6人,3男3女,所有道具有花伞、霸王鞭、包袱、太平板、花瓶。男女角在脸上都画有莲花或梅花图案,丑婆脸上还画有一道斜印,以示避邪之意。传统表演队形有"四老观花""掏剪妇股""一条鞭""二龙并进"等	一说因外出逃难,沿途卖艺乞讨而形成;一说是南正村民化装成艺人,潜入山中,灭山寨贼寇,后人据此故事加以编排而成

---

① 参见河北科技大学影视人类学学者李建苏老师的未刊稿《中山乐舞的历史辉煌与民间遗存》。

② 《井陉县志》(1985—2004),新华出版社2006年版,第1039页。

续表

拉花流派	拉花流派特征	拉花起源及其传说
庄旺拉花	庄旺拉花具有古老浓厚的乡土气息，其音乐曲调、舞姿动作具有自己独特鲜明的地方特色。 拉花"燕戳水""扫罗裙""八板步""拧肩""翻腕""拧臂""撇脚"等若干舞蹈表演动作，从手到脚至肩，左右摆动、上下配合，富有节奏感，全部动作可概括为六句话，即"屈膝展臂双肩耸、举扇拧腕腿屈伸、欲蹲先起臂上扬、晃肩摆胯双脚拧、柔和细腻多含蓄、秀媚俊俏目传情"。 拉花的服饰：男青年头戴瓜皮帽，上身穿大袍，下身穿彩裤，手腕扎扣袖，腰带前挂钱袋，嘴上戴着用竹管、铁丝、头发做的"小胡子"，左手执弓形货架，架上挂满各色绒线、丝绦等物，右手摇着拨浪鼓，演出时随着音乐节奏嘴唇努厥，饶有风趣。女角色均穿对披大袸，罗裙，腰系彩绸，手拿彩扇、手娟。小姐肩上斜背一个红包袱，脸部右眉上端画一白印，其意为煞邪避邪，祈求平安。 拉花表演形式：传统扮演人物为8人。即货郎、小姐各1人，其他男女青年各3人，其表演形式为体现古代爬坡走路的姿势，即开场先以集体出场，而后以肩的一顶、一耸、一拧、一压以及臂和手的翻、拨、抻、收等有节奏地变换队形。爬坡则要高抬腿迈步，身体前倾。下坡则是双膝处于拘谨状态，身体稍仰，犹如雨天登山，山陡路滑之状。再辅之以"上山步""穿十字""人字形""一条鞭""掏剪子股"等队形切换，配之以传统的寺院曲调，整个形式异彩纷呈、壮观热烈，表演水平达到极致。 拉花的乐曲及乐器：乐曲由浓郁的寺庙音调、民间曲调组成，古朴典雅，清爽动听，深沉美妙，刚健稳重。乐器主要有：大管、小管、笙、横笛、唢呐、云锣、大鼓、小鼓、小钗、大钗等十多种，乐队由10人组成，乐曲主要有："雁南飞""卖绒线""绣荷包""腊梅花""摘花椒"，由老艺人自编自奏，具有浓厚的民族风格和庙宇气息	据考证，庄旺拉花始于明朝，盛行于清末民初。其民间艺术源于一个美丽的传说，相传很久以前，在山西大槐树下住着一个名叫"拉花"的村姑，心灵手巧、楚楚动人，绣得一手好针线，不满父母包办婚姻，对卖绒线的货郎产生爱慕之情并私定终身，双双离家出走，巧遇朱元璋移民大迁徙来到井陉，在庄旺村定居。为纪念他们冲破封建社会包办婚姻陋习，弘扬自由恋爱精神，以昭后人，将这一爱情故事编绎成民间舞蹈，并以她的名字将舞蹈定名"拉花"，延续至今

续表

拉花流派	拉花流派特征	拉花起源及其传说
南固底拉花	南固底拉花属北方秧歌，"固底拉花一片功"的说法在井陉妇孺皆知。因其具有刚柔并济、粗犷含蓄的独特艺术特色，被誉为河北省最具代表性的四大舞种之一。南固底的拉花以"跷子拉花"闻名，属于文拉花。表演时，有10人上场，最前面的是装扮成老公、老婆模样的两个人，当地人称为"老头儿"和"老婆儿"，脸均涂成腊黄色，穿黄或灰色布袍，其中老公公脸上挂着很长的胡须。中间四个年轻的女性：两个是媳妇，两个是姑娘。前面两个穿大红色碎花袍子，戴着套头，黑色的假发能下垂到地面，表演时得盘在脖子上才行。另外两个穿粉色花袍，头上戴着红花枝头饰，脸上是白色底装，在眼睛和耳朵边则分别有花的图案，显示出女性的温柔。姑娘后面跟个拿着扇子的公子哥，他书生打扮，身穿浅蓝色碎花大衣，头戴巾帽，两支斜翎一颤一颤的，脸上化白妆。后面两个是摇头晃脑的管家，倒是和京剧里的武生打扮有点像，穿黑衣，戴黑帽，头上斜插一朵花，脸打白底，脸颊画有梅花，以寓"五福"，即"寿、福、康宁、修好德、考终命"。前额到鼻子之间画蝎、蛇、蜈蚣、壁虎、蟾蜍五毒，希望能够降虫毒。最后面的是扮演丑角的演员，当地人称之为"傻小子"，头扎一尺长的小辫——"冲天角"，上身穿绿色褂子，大红色的裤子提到演员的上半身，右眼眉旁红鼻梁向左斜至颧骨画一白色的斜线或白点，有文献说是为了达到煞邪的目的，"傻小子"一般找身材矮小的人扮演，扮演者可男可女	关于拉花的起源有这样一个传说：明朝一个叫杨名举的人在外做官，返乡时将数簇牡丹带回，在本村老君庙内敬神，每年都吸引众人观看，为纪念这件事，民间艺人将其编为舞蹈。因为拉花从头饰到身上的衣服都满带鲜花图案，所以演员就出现了身背花、头插花、脸绘花、肩挑花，无处不花的装束。这似乎也印证了当地艺人关于拉花起源的传说。此外还有其他几种起源，一说"拉花"是"拉荒"的谐音。百姓们携儿带女背井离乡逃荒在外，在大街上边走边唱、述说苦情、乞求施舍，久而久之形成了一种有定性的乞讨形式——"拉荒"。因"花"与"荒"为地方谐音，故称"拉花"。还有一种说法，古时井陉深山里的村民、村姑在劳动中相助建立了真挚的爱情。男的含情试探，女的羞喜遮掩，接着便是男女双方对天三拜（"凤凰三点头"），意在海誓山盟，白头偕老。女的手中的花篮代表采药篮子，男的手中的霸玉鞭代表打柴用的扁担，反映了劳动人民的生产活动与甜美的爱情生活
南平望拉花	南平望拉花多年来积聚了多少老艺人的精华，使其动作粗犷豪放，刚柔相济，屈伸大度，张弛有力，被作为井陉拉花经典动作，广泛应用。其特点为：进要蹲，腿要蹬，双臂抻似拉弓，拧腰侧身腿颤动，扇花开闭带风声，张弛有力变化快，坚韧刚毅见柔功	南平望拉花演绎着一个美丽的传说，有诗歌为证： 冯氏此立庄，日出营作忙。 村有拉花队，年节走四方。 西山忽来寇，霸女做妾房。 壮士冲冠怒，伞扇暗器藏。 山岗伴送乐，贼暮淫酒狂。 智平盗匪寨，太平拉花扬。 后来村里艺人把这个故事进拉花里，壮士动作似拉弓射箭，美女动作柔中带刚、窈窕妩媚，一直流传到今，长盛不衰

续表

拉花流派	拉花流派特征	拉花起源及其传说
小作拉花	小作传统拉花以一家祖孙三代人逃荒为背景，由3男3女组成，道具由花伞、霸王鞭、包袱、太平板、花篮组成。随着时代演变，逐渐由以前的行进表演，变为今天的扭秧歌表演	小作拉花，原称"拉荒"，据说产生于元代，与当地百姓纷纷逃亡，沿途卖艺乞讨有关
石门拉花	石门村的拉花以"拧肩""翻腕""扭臂""吸腿""撇脚"等动作为主要舞蹈动律，以"花瓶""花伞""彩扇""霸王鞭""太平板"等为主要表演道具，加之可称为独立乐种的拉花音乐伴奏，形成刚柔并济、粗犷含蓄的独特艺术特色，可谓风格独特，美不胜收。它舞姿健美、舒展有方、屈伸有度、抑扬迅变，善于表现悲壮、凄婉、眷恋、欢悦等情绪，表演人数不等。拉花道具内涵丰富，各有其象征寓意，如伞象征风调雨顺，包袱象征丰衣足食，太平板象征四季平安，霸王鞭象征文治武功，花瓶象征平安美满，等等。一般为4—11人表演，其中主要曲目有《六合同春》《卖绒线》《盼五更》《下关东》等。石门村的拉花精致漂亮，举手投足都透露着人们对丰衣足食的喜悦和对美好社会的憧憬	
吴家垴拉花	吴家垴拉花名曰《破孟州》，是井陉拉花独具特色的一派古装拉花。明显有庄旺拉花的痕迹，但其自身特点更为显著，靠管弦和打击乐（俗称家伙）伴奏。因此，被人称作"武拉花"。传统的吴家垴拉花有9人表演，角色分别为货郎、傻相公、丑婆、两个少妇、两个姑娘、两个男青年，表演以丑婆、傻相公为主，充满嬉戏、挑逗、玩闹的活泼气氛。它的动作吸收了其他姐妹艺术《渔家乐》《丑秧歌》的精华。经历代艺人加工，演变为自身风格，动作刚劲有力，舞姿亦庄亦谐，节奏分明，堪称井陉拉花又一特色	传说是隋末唐初，大将罗成破孟州时施一计谋，命将士们乔装打扮成货郎和卖艺人混进城中，然后里应外合攻下城池。后经艺人将此内容赋予拉花表演中，沿传后世

资料来源：《井陉县志》（1985—2006）、各村调查资料。

中国舞协原副主席贾作光先生曾言，拉花作为民间艺术形式，具有较强的规范性、淳朴性、表演性和独特性。"在音乐上，它带有宫廷味，是把宫廷音乐带到民间来了，但也不是完全宫廷的，有地方的民俗小调融合在一块，就形成了拉花的音乐特点。"因此拉花的表演就突出在细腻中有粗犷，粗犷中有细腻。①

"社火"原本指的是民间的各种娱乐活动，如秧歌、老娘送外甥、跑驴、武术、高跷、跑旱船等。后来人们逐渐将武术一项析出自立，独享社火之称，一直延续至今。"社火"在华北地区民间甚为流行。华北地区在历史上是战争的重灾区，一有战争，此地必为双方必争之地，因此，此地百姓深受其苦，习武自卫也就成为民众自然之选。现在沧州地区有"武术之乡"的称号，其实这只是华北地区民间"尚武"精神的一个缩影。不仅平原地区因地势平坦，无逃身之地而习武，太行山东麓一带的山区、山前平原一带也是习武成风。在改革开放前，这一带的村落大都有武术队，就是俗称的"社火"，每到过年、过庙会时，总会在本村或串村表演。与周围县份比，井陉的社火实战性更强。笔者出生的平山县的村落中在20世纪八九十年代也大都有社火，但在表演时的动作多是程式化编排好的，且速度较慢；但井陉的社火就不同了，笔者小时候曾亲眼看过与平山相邻的井陉小作村和小寨村的社火表演，真的就跟打仗一样。如今30多年过去了，井陉的社火也发生了一些变化，由于村落青壮年人口大量到城市中打工，社火成员的后续性严重不足，加之家庭独子化严重，为避免损伤，许多家长不希望自己孩子练武，即使愿意练武的，也都不愿像旧时那样像实战一样训练，更多是为了强身健体，表演的成分更多些。因此，看现在的社火，如果不和之前进行对比的话，感觉挺热闹，但凡年纪稍长一些，见过旧时表演的人，感觉反差还是很大的。除井陉外，周边县的村武术队很多都不存在了，有的是现在变成了秧歌队，有的是什么文艺团体也

---

① 参见贾作光《井陉拉花的风格特点及发展方向》，《河北舞蹈》1999年第1期。

没有了，村落的民间文化跟过去相比一落千丈，让人叹惜不已！

与他县民间文艺的沉沦相比，井陉的民间文艺还算保存得很好，每至过庙会，会有区域性文艺团体展演，到过年时节会达到高潮，除了各村自发组织外，还会有政府部门统一组织全县文艺活动大会演。该县自20世纪80年代以来，每年正月十六在县城举办全县民间艺术大会演，又从1994年开始，改为民间艺术节，如今已成功举办25届，一届比一届精彩。政府的这些举措，无疑对民间优秀传统文化的传承起到了积极作用。

再回到井陉的社火上来。井陉的社火种类大概可分为红脸社火和白脸社火两类。当然，即使是同属这两类，每个村的社火队也都有各自的师承和流派。下面择要列表述之。

表6-5　　　　　　　　　井陉社火类型一览

村庄名称	社火类型	社火特色
地都村	红脸社火	有300年历史，描述的是三国、梁山等历史时期的战斗场面，实战性强，具有浓郁的古代色彩和传统的民俗风格。共有三战吕布、铁龙山、梁山、三捉孟良、呼延庆打擂、蜈蚣岭等20个回子轮流表演，每个回子都是一个优美的故事。表演时有铿锵有力的锣鼓助阵，精神抖擞，豪情奔放，以防、退、攻、守为骨架，以闪、转、腾、挪显功夫，以器械对打论技巧，架式儿优美，对打顺畅，武艺高超。社火脸谱精彩，脸谱根据所扮演的人物而画，红、白、黑三色，粗犷中见细腻，英武中透刚烈，个性鲜明，栩栩如生，色彩鲜明。曾在清代嘉庆年间被朝廷封为"皇家护卫队"
梁家村	社火	河北省非物质文化遗产——鹦塔拳。鹦塔拳因村名（原名鹦塔山庄）而得名。康熙年间，梁氏十世人梁效去少林寺学艺三年打出少林，回乡后和祖拳相结合又吸收几种名拳精华创立鹦塔拳，拳术十三路，故事回子7个。其特点是手眼身法。斜形拗步、技上加计、刚柔并济、动作优美、强身健体，又有较高的观赏性，一代一代传承

续表

村庄名称	社火类型	社火特色
北白花村	社火	1900年前后形成独具一格、威震一方的"白花社火"。主要器械是三节棍、白杆枪和大刀。白花的社火似烈火，功夫赛神功。目前，社火在传承上已青黄不接，迫切需要国家采取措施进行发掘和抢救
核桃园村	东、西社火（村东、村西两支社火队）	社火会成立于清代。 东社火经常上场表演的有7个回子。常跑的阵路有"一字长蛇阵、二龙戏珠阵、三更偷营阵、四面埋伏阵、五虎捧寿阵、六合阵、北斗七星阵、八卦阵、九锁连环阵、韩信乱点兵、凤凰双展翅阵以及珍珠倒卷帘阵"，还有专用的敬香牌子阵；李田科为东社火的阵法传承人。拳术有小生拳、大红拳、太祖拳、柴禾拳、少林踩、十二腿、二郎拳、八策锤、梅花拳。 西社火经常上场表演的也是7个回子。常跑的阵路有"八卦阵、九曲黄河阵、五星阵、二龙阵、长蛇阵"。传说过去西社火共有十一路拳术，现在传下来的有八路拳术，即功夫拳、黑虎拳、霸王拳、大红拳、二郎拳、猴拳、太祖拳、小生拳。同时，西社火还有"流星"表演，是回路表演前的开场戏
南康庄村	红脸社火	南康庄是远近闻名的武术之乡，据今已有300多年历史。属红脸社火，以《三国演义》《隋唐演义》《水浒传》等传说中英雄故事为主，加以改编；演出时以战鼓伴奏，两面大鼓、锣、钹等，道具为兵器（历史传说中人物各自使用的），服装为古代戏装，化妆为戏剧人物脸谱。
三峪村	社火（武术队）	该村的武术自古有名，号称挂云山武术。武术师出少林，崇尚武德为主，强身健体，在武术中属硬功夫，三分柔七分刚，刚柔并济，以刚取胜，是少林武术风格，十八般兵器样样俱全，刀枪为看家之器，十六路拳法变幻无穷，小洪拳、大洪拳高深莫测；60多场回子，场场都有独立完整的历史背景
石桥头村	红脸社火	石桥头社火因常用黑、白、红等油彩勾勒古时脸谱，佩戴古装行头，有故事情节，统称"红脸社火"。其派别均采用少林及洪拳的对打套路，演绎了三国、梁山等经典故事

续表

村庄名称	社火类型	社火特色
桃林坪村	花脸社火（村民俗称，属红脸社火）	桃林坪花脸社火已有600多年历史，描述的是三国、梁山等古代名将的战斗故事，原来共有24个回子，因年代久远已有8个回子失传，现还保留有16个回子。与其他社火不同的是，每个演员像古装戏演员一样，身着古装，使用真刀真枪进行表演，再现古代名将战斗的场面。每个演员的脸谱是由本村老艺人使用祖传秘方配制的颜料勾画而成，分为红、白、黑三种颜色，色彩鲜明，画在脸上不管演员出多少汗水，每种色彩之间都不会混淆。一个脸谱代表一个人物，要想了解桃林坪社火的内容细节，只有从演员的脸形和招式上仔细观察，才能辨认出每个演员的角色身份和表演内容。桃林坪花脸社火世代相传，生生不息
吴家垴村	白脸社火（白脸社火，就是白脸，不化装，表演的就是武术）	吴家垴社火（有服装）是白脸社火，起源于清同治年间，有杨令回子、三节鞭回子、大刀回子、三杆红缨枪回子和剪刀阵等三个阵。 白脸社火与红脸社火武打不同，要打得真实，打到要害处，互不相让。有时还打得头破血流。加上打击乐伴奏，更加热闹非凡。吴家垴社火所到之处被围得水泄不通，就是看吴家垴的真功夫。吴家垴社火曾名冠天长，打遍天长无敌手
仇家窑村	花脸社火	仇家窑与桃林坪、桃王庄三个村的花脸社火同源同宗，历史悠久，为同一师傅传授。桃王庄为上三路，仇家窑为下三路，桃林坪为中三路。仇家窑花脸社火动作独特，招式强劲有力，对打协调顺畅，环节紧凑快速，实战性极强，脸谱描绘堪称一绝，具有浓厚的古代实战与太行传统民俗武打风格
庄子头村	社火	庄子头的社火源于宋代，兴盛于元末明初，流派分红脸社火和散打社火，后转变为白脸社火。在武功的练习上庄子头可谓高人频出，道光、同治两朝先后出过武秀才何定邦和何良玉，以及威震平定、井陉、平山、孟县的武术教练何长合

资料来源：各村2014年村落调查资料。

以上介绍的拉花和社火是井陉民俗活动的典型代表，拉花反映的是井陉"文"的一面，社火反映的是井陉"武"的一面。井陉人民用这一文一武传承了这一地区千年的文治武功，在这片古老的大地上镌上了深深的井陉印迹。

另外，打铁火也是能代表井陉特色的重要民俗活动。井陉罗庄的打铁火最有名。据当地村民讲罗庄打铁火始创于 300 多年前。传说该村的尹氏老艺人 15 岁到山西给一家铸锅作坊当童工，在劳作期间常把废铁水倾倒山下，发现铁水碰到灌木丛上火花四溅非常好看好玩。后来，他把熔化铁水的技艺带回罗庄，和伙伴们研究出"棍舀棒打"的表演技艺。罗庄打铁火大致分为"炼火"和"打火"两个操作步骤。第一步是砌造炼铁炉，把生铁熔化成铁水；第二步是把炼好的铁水锅子夹出来，一人用挖有小坑的湿柳木棍（俗称操火棍）舀起铁水，另一人用打火棒猛击其棍，铁水受震冲撒到用树枝编织的碰火架上，瞬间喷金溅玉火花飞扬，灿烂多姿美不胜收。① 该村打铁火被列入河北省非物质文化遗产名录。近年来，该村将打铁火作为重要的旅游资源加以开发，成为罗庄旅游的一张重要名片。

除罗庄外，核桃园的打铁火也颇有特点。核桃园的"打铁火"由来已久。相传，过去村里住着一个铸造铁锅的人，一个夏天的晚上，他趁晚上凉快开炉铸锅。火上那坩埚里的铁水已经熔化，他正要准备往模具里倒铁水，房顶的一块泥土正好掉在坩埚的铁水里边，这一坩埚铁水全报废了。铁匠顺手夹起坩埚朝对面的墙上泼去，溅起了朵朵银花。这一泼不要紧，却引起了铁匠的兴趣，他一连熔化了好几坩埚铁水往对面的墙上泼，溅起的铁水银花一次比一次美丽，看得人们眼花缭乱。后来村人便把这铁水银花当作一种文娱活动，并给它起了一个名字叫"打铁火"。②

笔者在 2018 年的正月十六亲自见证了核桃园打铁火的全过程。井陉大部分村庄有正月十六过会的传统。核桃园村这天也非常热闹。白天的上午、下午街上走会，受邀的各种社火进行拉街表演。早就听说，晚上会进行打铁火的花会。为了亲自见证一下这久负盛名的"老玩意

---

① 取自罗庄村落调查资料，2014 年。
② 取自核桃园村落调查资料，2014 年。

儿"，笔者和一位做非遗调查的同事专门在中午以后赶到核桃园村。一到村外，便感受到节日的气氛：村子的各条街道上都挂上了彩色的坠子，花花绿绿，煞是好看。从村里传出的锣鼓声响彻云霄，洋溢出洋洋的喜气。空地上都停满了外地来的汽车，平时看着挺空旷的村子，一下子突然被各种车辆填成了拥挤状。

我们好不容易挤出个车位，停下车，辗转好几条高低不平、弯弯曲曲的胡同，才进入村中心。在一所能容十来桌的院落内，正在进行着流水宴席。原来，井陉有个传统，每个村庄在庙会期间都免费向来赶庙会的客人提供餐饮。核桃园村今年给客人吃的是手擀刀切面。虽是普通的面、普通的白菜卤，可对于大多数来自城市的外客，却是如此的稀罕。客人们吃得津津有味。看着客人们的吃相，真正领略了什么才叫"大快朵颐"。此情此景不觉也勾起了我们的食欲，禁不住也拣了个空位，呼噜了两大碗。

吃饱喝足后走出大院，打听出村里晚上打铁火是在离村龙王庙不远的一块较平整的坡地上。听村里人讲，打铁火是由村里的龙王会来组织和筹办的。打铁火约在晚上七点半举行。早在下午两三点就点起了铁炉。为提高化铁的温度，尽管已用了现代的鼓风设备，但要保证生铁能充分化成铁水，还是让大家在四周足足期待了好几个小时。那时在气候上虽已立春，但在气温上仍属寒冬。周边一片漆黑，在这片空地上，四个铁炉燃腾起汹汹的火焰照着一层层半围的观众们。不少摄影爱好者早已选好位置，架起了"长枪短炮"，都在热切地期待着那一刻。

打铁火马上就要开始了。几位壮小伙在一位老人的指挥下，在放花前举行了一个简短的祭拜仪式。之后，便由一位领头先开炉，用铁钳夹着铁勺，将铁水滴在专用的木锨上，小伙随即将木锨上铁水甩向前边的树上，顿时，火花四射，犹如飞花溅玉一般，红遍了半个天空。其他小伙儿也开始接力，随着铁花的唰唰声，火花四射，周围便成了不夜天。小伙子们用娴熟的技艺让铁花在近一个小时里不间断地飞向半空。周边观众一阵阵的欢呼声、尖叫声将打铁火一次次推向高潮。"火树银花不夜天"的盛景，在古老村庄的山坡上如梦如幻地展现了。

在井陉有比"打铁火"还有名的放火形式，被列入国家级非物质文化遗产，即南张井村的老虎火。与打铁火不同，它属于中国传统民间烟花的一种。南张井老虎火，传说始于清朝康熙初年，是由本村一村民从山西偷艺而来，此艺概不外传，也没有文字秘籍，全靠一代代艺人口传实授而传承，至今已有300多年的历史。根据公开资料所载，"南张井老虎火的种类可分为：文火、武火、架子火、表演火、老杆火。文火有：起火、宫花、拖白莲、金盏玉台盘、就地跑、喷花、星星草等。武火有：铁炮、灯炮、锅子火、炮打满天星、一窝猴等。架子火有：猴捅马蜂、张飞登鼓、七节火、火烧战船等。表演火有：老虎火、伞火。老杆火含：四门倜底、五马破曹、葡萄火、十二连灯、老爷开门、八阵图、八角青龙、仙鹤透蛋。其中'老虎火'为代表火种最为精彩，最受欢迎。所谓'老虎火'是用荆条编成老虎状，肚置'就地跑'等火种，背置锅子火，口吐白烟，眼发蓝光。烧放时，两人拉，一人推，皆光着膀子，火在虎上，人在火中，甚是壮观。"

余 论

井陉域内古村落只是太行山东麓众多古村落的一部分，它们既有着太行山东麓区域的共性，也有着井陉自身的鲜明特色。井陉古村落最重要的特点就是历史文化资源丰富且源远流长，大部分文化形式一直传承到现在。井陉古村落的古老建筑、古树、石窟、古碑、古墓，以及见证井陉早期人类文明的考古遗址等，都引起古建、历史、考古、艺术、旅游等学科学者的特别关注，加之井陉村落内反映百姓精神生活的多元崇拜、艺术形式等，更引起人类学者的强烈关注。

以往很长时间，大家对井陉最直观的印象就是"穷"。近些年来，受国家新农村建设政策和"乡村振兴战略"的影响，无论是地方政府还是学界都向井陉投入巨大的热情。政府是想让学者们给地方把脉，开出致富良方；学界是想利用地方丰富的自然与文化资源进行学术研究，当然也有很多学者想与政府的经济发展战略结合，进行"产学研一体"的实用性研究。

对于政府而言，由于对致富效率的追求，在新农村建设方面，"大干快上"，取得了立竿见影的效果；不少村落的面貌的确有很大的改观，但由于过于追求格调一致，在村落的面貌提升上，不顾实际"一刀切"的风格，对古村落来讲，与村落的整体环境很不搭调。

对于古村落的村民而言，他们追求致富的愿望非常强烈。在这种情况下，村民特别响应政府"开发村落历史文化资源，大力发展旅游"的号召。我们毫不怀疑发展旅游产业是引导村民走向富裕的重要途径之一，但切忌过度开发。古村落已成为我们今天濒临消失的宝贵资源。古村落作为历史遗产，是不可再生的，在某种程度上，保护比开发更重要。但我们也不能以保护为借口，剥夺每个村民追求富裕生活的向往。因此，基于保护性的开发，应是保护古村落的重要方式。珍惜古村落，爱护古村落，才是真的保护古村落。

附录　作为家乡的村落

——平山县张齐村的历史变迁

张齐村距离平山县城约15里，过去单程步行差不多得1个小时，按照传统设市集的半径最大值：步行半天的往返距离，也可算作县城集市圈。平山县是千年古县，最早在春秋时就有行政设置，战国时曾设蒲吾郡，秦汉时设房山县。其后，虽历有变更，但相对稳定。平山县最早定名是在唐肃宗至德年间，因唐官兵打退安史叛军，收复长安，改房山县为平山县。①2000多年以来，平山县的名称、辖域虽有变易，但县城城址或县治治所相对稳定，和今天县城所在地差不多。

平山县与山西为邻，是山西到华北平原的重要通道，历来为兵家必争之地。平山县东西绵延300余里，位于太行山向华北平原的过渡带。地形变化明显：近3/4是太行山东麓山区，余1/4中又有差不多1/3属于向平原过渡的丘陵地。河谷及平原地带约占全县域面积的1/6。滹沱河和冶河都发源于山西，它们一北一南像两条玉带穿过平山县，而县城就建在两条河流的交汇地带。

春秋，三家分晋后，平山县域处于赵国的北边边界，但却是中山国统治的核心区。历史上平山县相对封闭，其方言独树一帜，与周围的井陉、鹿泉方言有明显区别，据说是相对完整地保留了中山国时期的语言体系。在这一点上，地处相对更加偏僻的张齐村体现得尤为

---

① 同时改名的还有改鹿泉县为获鹿县；改鹿城县为束鹿县。

突出。

张齐村的村名很有趣，看似是由张和齐两大姓构成的村，其实不然。现村中张姓只有一家，还是外来的，齐姓没有。据说张齐起始，由张、齐两家在现村址南约1000米的南边桥一带建村，因两姓而名村为张齐。但不知从何时起，这两姓在村中已消失。1996年版《平山县志》第一编"建置"第三章"乡镇村"载：张齐"元末建村，榨油作坊多"。

张齐村背靠狮子山①，东西南三面被低矮的丘岭环抱。修建于1958年的南跃渠从村南穿过，是该村最重要的灌溉水源。该村一条大沟从村西北发端，向东南方向贯穿，将村子分为两部分。旧村有两条主街，都呈东西方向，北侧被称为西头街，先呈东西方向，后跨沟东延，使村东西连成一体。村的标志性建筑之一的戏楼，就在这条街上。南侧的主街，也呈东西向，将村子中分为南北两部分，村的标志性建筑观音堂位于街的中段。之后由于村子不断扩大，不少人家都将新房建在了村东、村北、村南边上，以致过去属于村北、村南边的道路变成村内的街道。现在的张齐村，在旧有两条街道的基础上，又加了南新街和北新街两条街道。

村子东南西北的街道都与周边村子相通，其中村南的两条通道为大道，在过去可以走马车，和官道相连，通向县城和县外的其他地方。

从张齐村北越过狮子山，就是一马平川的滹沱河谷，当地人俗称北川。从村北一东一西有两条山谷可以穿过，现在被硬化为水泥路，可以通汽车。村北到狮子山还有一条陡峭狭谷，岖崎难走，即使徒手步行，也十分困难；但在过去空手，或带轻便东西时，还是有不少人穿行，因为这儿比另两条路近很多。村东北狮子山下，过去有道家胜

---

① 《平山县志料集》卷2《地理门·山脉》载："狮子山在县西北二十里，其脉自西来，约数十里，至此突出高数十丈，形如狮子。山之阳有龙王堂，随山势之高下以建庙，上有井，足供数十人之用。山口曲折非至近不能见，庚子之乱，避兵此山者，甚众。"（台北）成文出版社有限公司1933年版。

地逍遥观，这里还是过去平山十景之一的"龙堂夜月"。

> 龙堂近接王母台果老祠，庭树相望，仙灵幽胜地也。丛冈岭峻，层级而登玉皇阁。倚山壁立，皓月浮空，光华凝碧，参差树影，散步空阶，不殊水中荇藻也。所称明月山益空者欤。诗曰：
>
> 仙官幽峻接天台，
> 岩兀池平月正开。
> 金魄度云澄峭壁，
> 玉流悒露沁危台。
> 晖分秋色波分影，
> 冰做清肌雪做胎。
> 良夜空山群籁寂，
> 星槎遥泛斗牛回。①

张齐村属于温带季风气候，冬季寒冷干燥，夏季炎热多雨。在1958年南跃渠修建之前，该村纯属靠天吃饭。修建南跃渠后，该村在村东南、西南、西北建有3座扬水站，修建长长的引水渠，通过扬水站，可以让全村差不多1/3的中高田得到灌溉，加上由于村南地势较低，可以直接用渠水灌溉，成为平浇地。高浇地和平浇地加起来约占全村农田的2/3，旱地也就只占到1/3弱。

改革开放前，张齐村主要粮食作物为小麦、玉米和高粱，之后高粱渐少，主要粮食作物以小麦和玉米为主，10多年前还曾广泛种水稻。由于属丘陵地带，地形多样，特别适合种植杂粮和各种经济作物。杂粮有各种豆类、芝麻、谷子、黍子、荞麦等，经济作物有棉花、黄麻、蓖麻、葵花等，蔬菜和粮食兼具的有红薯、土豆、蔓菁等。在历史上平山县发生过多次灾荒，每当灾荒发生时，总会有不少人去逃荒，甚

---

① 《咸丰平山县志》卷8《艺文附平山十景诗·龙堂夜月》，中国地方志集成本，第208页。

至要饭；但张齐村的人，很少有出去逃荒和要饭的情况，重要原因之一，就是这儿杂粮多，可以在不同时节耕种，村民们总能找到填饱肚子的东西。

与周围村相比，张齐村居此稍早。《平山县志》载其建村于元末，而周边邻村，诸如北望楼、东望楼、北白楼，以及狮子山北的大吾、封许大齐、王家大齐、小齐村等，皆建于明初永乐年间。但从各村的民间习惯及风俗看，几乎没什么区别，而且最能体现区域性的方言特征也大致相同。在农业社会中，农村居民住所稳定，家乡观念极重。其社会活动范围极小，多以共同的集市为中心，形成核心区域社会圈，由此会形成相同的方言、风俗等。从大范围讲，就会形成"十里不同风，百里不同俗"的现象。张齐村属于东回舍镇中心集市圈，同时由于它又属于大吾寺庙的范围圈，因此，张齐村的社会圈兼涉东回舍镇和大吾（北川）两个区域。这两个社会圈的方言相似。但与10里外的孟贤壁镇和15里外的平山县城社会圈，尽管距离并不远，但在方言上有了很大差别。例如，"斤"，张齐读"jing"，孟贤壁和平山一带读"jin"；再有"勺"，张齐读"shuo"，孟贤壁、平山一带读"she"。再到20千米之外的"南甸"和"温塘"一带的方言差别就更大了。

前边讲过张齐村位于一个北面靠山，东、西、南三面环岭的低坳里，从风水学讲，它的选址具有背风、纳气的特征。但与周边村相比，在过去战乱频仍的年代中，张齐村交通不便，相对封闭，安全是其最大的优势。在南跃渠修建前的年代中，这里就是靠天吃饭。因为缺乏精确的文献记录，但从其周边地理看，这里的雨水总体上能够满足当地人生存的需要。张齐村西和村子中有两条大沟。另外离张齐村西3里远的王家庄村也有一条大沟，与此相连，它们都发源于狮子山和其绵延至西的红山山麓，与此相对应，在山间也各有一条大山谷。不难判断，山南的大沟是由于下雨时，山上的洪水长期冲刷所至。这些沟壑形成于何时，尚未可知，但可断言，历史上这里发生过很大的洪水。这些沟深数米,绵延至 3000—5000 米。说明未知的过去,这里雨水丰沛,甚至多暴雨。不必说太早的过去,即使在 20 世纪 80 年代,村子的沟中就是季节性河流,村外的沟中水流常年不断,一些平地被村民改造成水田。因此从气候上讲,这里是非常适合居住的。

张齐村的饮用水主要靠水井。但村里土质不好,多胶泥,胶泥地下水味苦涩,无法饮用,只能用来洗刷。全村的饮用水,基本分片,同一区域合用一口井,被称为"官井"。全村里的"官井"约有 10 口,基本每口井可满足 20 户左右使用。对于水质好的井,村民会不怕远、累,甚至跑好几里路来挑水吃。

张齐村人的谋生方式,绝大多数家庭仍然以种地为生。这里是一年两熟,秋收玉米,夏收小麦。玉米和小麦就是这儿的主粮。南跃渠修成前,这里靠天吃饭,适合种植小麦、玉米的大田不多,收成低,因此收获量也少。村民只能靠一些杂粮来维系日子。南跃渠修成后,水利条件大大改善,村里一半以上田地被改造成高浇地和平浇地,加之 20 世纪 80 年代以后化肥和良种的普遍使用,粮食产量得到了很大提高。

张齐村的住户主要由谷、盖、王三大姓氏组成,其中谷和盖两大姓尤多,占全村住户的 2/3 强。王姓虽人数不占优势,但在村中有一定势力。王姓从户数而言,仅有两大家,但由于人丁兴旺,不到三代,其家族规模可达 30 多户,100 多人;如再加之姻亲,人数可达 200 人之多。王姓户数不占优,但由于男丁众多,在村中人多势众;加之,王姓在 20 世纪 70 年代以来的 40 多年中,占有村干部的位子;王姓中有不少子弟在改革开放前后,或从军,或从工,或从教,出了不少吃商品粮的人。因此,王姓在村中一向有优越感。这种状况,在 21 世纪后,随着老一代王姓人的逝去,其优势也渐衰。

张齐村的谷、盖两姓分占村东和村西两部,具体来说,谷姓主要分布在村东和东南,盖姓分布在村西、村北和西南。两大姓的同姓是否同宗尚未深考,但在现实生活中,却分为不同的家族。当村人惯称为"家里"。以笔者较为熟悉的谷姓为例,张齐村的谷姓至少分为3个家族。"家族"的主要作用是在家族成员婚丧嫁娶的事务中互相帮衬。但在20世纪90年代后,家族的重要性在逐渐淡化。

据1996年《平山县志》[①] 第一编"建置"第三章"乡镇村·行政区划"载,明朝洪武年间,张齐社为全县15个里社之一,直到清咸丰时,仍为24个里社之一。

按照研究华北乡村地名的学者的观点,凡称为"社"的村,为本地原始住民,而称为"庄""屯""营"的村,多为迁建村。结合上文的记述,张齐村始建于元代后期,是当地的原住民,也因此在明代初期初立为社。

关于张齐原村址位于现村址南的南边桥一事,据村中的老人传说:南边桥距现村址南约1000米,中间有一条宽约50米的大沟,这条大沟的起始,即在现村一带,估计是因现村西、北为丘陵和小山,下大雨时,山坡上的雨水会沿山坡流向村中,长期冲刷形成大沟,从北至南五六华里,直到东望楼村、大该村东南形成巨大的湿地。20世纪80年代,从东望楼至王平一带,有一片很大的芦苇荡,那时每到端午节包粽子用的苇叶很多就是由村民在这里采的。现在早已荡然无存。

南边桥就是架在这条大沟上长约200米、宽五六米的小桥。此地地势较低,特别是在南跃渠修成后,这里的农田全部为平浇地,是张齐村最大最好的农田片区。沟里的一些台地还可以种植水稻。但早在20世纪80年代时,这里已看不到任何曾为村落的痕迹。唯一的一个与人信仰有关的小建筑,是一处狐仙庙。那只是一个盖的拱券的小房洞,也就一人高,只可容纳三四人。那时已没有什么香火,常常充当农民的避雨和阴凉之所。

在40年前的现村,在村中心一南一北有两座大庙,北为龙王堂,对面是戏楼。这座戏楼很有特点,是架在一条沟上,台基正是架在沟

---

① 平山县地方志编纂委员会编,中国书籍出版社1996年版。

上的拱券，上边盖成戏楼，下面拱券可以充当排泄洪水的水道。南为观音堂，这座庙的规模稍大些，为南北向，周边有配房，对面也有戏楼，组成一个四合院。20 世纪 70 年代时，庙只有残存的一小点，整个院落已成为大队（村）部。

从这两处大庙的布局看，明显带有明清时期村落的特点。40 年前，村中有不少长寿老人，那时已有 80 多岁，由此上推其出生年龄应为 19 世纪末 20 世纪初，即清末时期。这些老人出生时，张齐村就在现址。由此推论，张齐村可能在明代初年就已从南边桥迁到了现址。

20 世纪 80 年代，张齐村还基本保持传统村落的样子。村子里还保留不少大院落，很高很宽的大门，显然属可以停放大马车的那种。这说明这个村在 1949 年前不属于特别贫困落后的村庄。之后，这里还是中心中小学，周边村的孩子可以在这里上到初中毕业，这种情况直到 20 世纪 80 年代初，还是这样。

张齐村还出了不少为新中国胜利和社会主义建设事业做过重要贡献的名人，突出代表是盖福姐，她在 1960 年 3 月 8 日和被称为"子弟兵母亲"的戎冠秀等四人，被评为全国妇联的"三八"红旗手。

和大多数村落一样，张齐村如今也成为"空心村"。原住在村中心的一些人家自 20 世纪 80 年代中期以来，逐渐开始在村外四周建新房，村内的老房子如今有的已坍塌，有的已破落不堪。尽管由于近些年来随着新农村建设，村内的主要街道已硬化，沿街两旁的房屋墙壁也被粉刷一新，村内环境显得整洁了很多，但随着商品经济的大潮，越来越多的人家已将主要精力放在了挣钱上；越来越多的青壮年或做买卖，或到城里打工。过去自称为"庄户主子"的村民，对拾弄地里营生越来越意兴阑珊，很多人家已放弃种小麦，只种一季秋粮。这放在 40 年前是不可思议的。

土地是农民的根儿，当村民逐渐对种地不再十分专注时，村落也就失去了对村民的吸引力。村内"有本事"的人家，通过各种努力实现了进城的愿望；对这些人来讲，曾经出生的村落越来越成为概念上

附录 作为家乡的村落

的家乡，而不是实际生活的家。如何让家乡的灵魂回归村落，让它也和现在村民向往的城市一样，让现在成为城民的游子，也重新回归村落？或许只有当城乡之间的人口能形成双向流动时，乡村真正的振兴愿景才会实现。

参考文献

（一）古籍及地方志

1. （后晋）刘昫：《旧唐书》，中华书局 1975 年版。
2. （宋）欧阳修、宋祁：《新唐书》，中华书局 1975 年版。
3. （宋）薛居正：《旧五代史》，中华书局 1976 年版。
4. （元）脱脱：《宋史》，中华书局 1977 年版。
5. （元）脱脱：《辽史》，中华书局 1977 年版。
6. （宋）王溥：《唐会要》，上海古籍出版社 2006 年版。
7. （清）徐松：《宋会要辑稿》，中华书局 1957 年版。
8. （宋）司马光：《资治通鉴》，中华书局 1956 年版。
9. （宋）李焘：《续资治通鉴长编》，中华书局 2004 年版。
10. （唐）皇甫枚：《三水小牍》，中华书局 1958 年版。
11. （唐）张鷟撰：《朝野佥载》，赵守俨点校，中华书局 1979 年版。
12. （唐）刘𫗧撰：《隋唐嘉话》，程毅中点校，中华书局 1979 年版。
13. （唐）段成式撰：《酉阳杂俎》，方南生点校，中华书局 1981 年版。
14. （唐）李德裕：《李文饶文集》，《四部丛刊初编》影印本，商务印书馆 1929 年版。
15. （宋）李元弼：《作邑自箴》，四部丛刊续编本。

16. （宋）孟元老撰：《东京梦华录笺注》，伊永文笺注，中华书局 2006 年版。

17. （清）董诰：《全唐文》，上海古籍出版社社 1990 年版。

18. 曾枣庄、刘琳主编：《全宋文》，上海辞书出版 2006 年版。

19. 国家图书馆善本金石组编：《隋唐五代石刻文献全编》《宋元石刻文献全编》，北京图书馆出版社 2003 年版。

20. 周绍良：《唐代墓志汇编》上下册，上海古籍出版社 1992 年版。

21. 周绍良、赵超：《唐代墓志汇编续集》，上海古籍出版社 2001 年版。

22. （明）黄宗羲：《明文海》，中华书局 1987 年版。

23. （北魏）郦道元撰，陈桥驿校注：《水经注》，中华书局 2013 年版。

24. （唐）李吉甫：《元和郡县图志》，中华书局 1983 年版。

25. （宋）乐史：《太平寰宇记》，中华书局 2000 年版。

26. （宋）王存：《元丰九域志》，中华书局 1984 年版。

27. （明）陈珂：《嘉靖武安县志》，《天一阁藏明代方志选刊续编（4）》，上海书店影印 1990 年版。

28. （清）蒋光祖等：《乾隆武安县志》，国家图书馆藏，清乾隆四年（1739）刻本。

29. （清）黄彭年：《畿辅通志》（光绪本），商务印书馆影印本，1934 年。

30. （清）钟文英：《雍正井陉县志》，《中国地方志集成·河北府县志辑 7》，上海书店出版社 2006 年版。

31. （清）王滌心：《咸丰平山县志》，《中国地方志集成·河北府县志辑 10》，上海书店出版社 2006 年版。

32. （清）刘荣等《光绪广昌县志》，《中国地方志集成·河北府县志辑 36，上海书店出版社 2006 年版。

33. （清）陈詠等：《光绪唐县志》，《中国地方志集成·河北府县志辑36》，上海书店出版社2006年版。

34. （清）周斯亿等：《光绪重修曲阳县志》，《中国地方志集成·河北府县志辑39》，上海书店出版社2006年版。

35. （清）常善修等：《光绪井陉续县志》，《中国地方志集成·河北府县志辑7》，上海书店出版社2006年版。

36. 王用舟等：《民国井陉县志料》，1934年铅印本。

37. 杜济美等：《民国武安县志》，《中国地方志集成·河北府县志辑64，上海书店出版社2006年版。

38. 《井陉县志》编纂委员会：《井陉县志》，河北人民出版社1986年版。

39. 石家庄市地名公办公室编：《石家庄市地名志》，河北人民出版社1986年版。

40. 平山县地方志编纂委员会编：《平山县志》，中国书籍出版社1996年版。

41. 河北省磁县地方志编纂委员会编：《磁县志》，新华出版社2001年版。

42. 梁建楼等：《井陉县志》（1985—2004），新华出版社2006年版。

43. 张亚杰：《河北政区聚落地名由来大典》上册，九州出版社2016年版。

（二）现代论著

1. 侯文正：《傅山文论诗论辑注》，山西人民出版社1956年版。

2. 齐涛：《魏晋隋唐乡村社会研究》，山东人民出版社1995年版。

3. 马新：《两汉乡村社会史》，齐鲁书社1997年版。

4. 侯旭东：《五六世纪北方民众佛教信仰——以造像记为中心的考察》，中国社会科学出版社1998年版。

5. ［韩］具圣姬：《两汉魏晋南北朝的坞壁》，民族出版社 2004 年版。

6. 李孝聪：《中国区域历史地理》，北京大学出版社 2004 年版。

7. 侯旭东：《北朝村民的生活世界：朝廷、州县与村里》，商务印书馆 2005 年版。

8. 谷更有：《唐宋国家与乡村社会》，中国社会科学出版社 2006 年版。

9. 段宏振主编：《北福地易水流域史前遗址》，文物出版社 2007 年版。

10. 黄宽重主编：《中国史新论·基层社会》，联经出版事业有限公司 2009 年版。

11. 曹隆政、李兰珂：《李唐祖籍在隆尧》，（香港）银河出版社 2012 年版。

12. 谷更有：《唐宋时期的乡村控制与基层社会》，天津古籍出版社 2013 年版。

13. 张渭莲、段宏振：《太行山东麓地区先秦文化的认识历程》，文物出版社 2015 年版。

14. 孙继民：《中古史研究汇纂》，天津古籍出版社 2016 年版。

15. 赵世瑜：《狂欢与日常：明清以来的庙会与民间社会》，北京大学出版社 2017 年版。

16. 刘萍、何克宁：《石家庄·井陉》卷上，《河北传统村落图典》，河北教育出版社 2017 年版。

17. 马佶：《石家庄·井陉》卷下，《河北传统村落图典》，河北教育出版社 2017 年版。

18. 赵德华：《井陉农民生活状中》，载《东方杂志》1927 年第 24 卷第 16 期。

19. 丁文江：《漫游散记六：太行山里的旅行·太行山的东坡——所谓太行"八陉"之一的井陉》，《独立评论》1932 年第 13 期。

20. 李如竹：《井陉四面皆山》，《河北月刊》1934 年第 2 卷第 12 期。

21. 梁瑞麟：《河北井陉县概况》，《农业周报》1935 年第 4 卷第 4 期。

22. 王廷炯：《河北井陉妇女一年中的生活》，《女子月刊》1936 年第 4 卷第 5 期。

23. 重三：《井陉风俗写真》，《县乡自治》1936 年第 6 卷第 4 期。

24. 黄华：《井陉道上——山西记忆之二》，《万岁》1943 年第 3 期。

25. 孟浩、陈慧、刘来城：《河北武安午汲古城发掘记》，《考古通讯》1957 年第 4 期。

26. 史念海：《战国至唐初太行山东经济地区的发展》，《北京师范大学学报》（社会科学版）1962 年第 3 期。

27. 佟伟华：《磁山遗址的原始农业遗存及其相关的问题》，《农业考古》1984 年第 1 期。

28. 方酉生：《我国水井起源的探讨》，载《江汉考古》1986 年第 3 期。

29. 李炳海：《伏羲女娲神话的地域特征与文化内涵》，《河南大学学报》（社会科学版）1992 年第 2 期。

30. 马新爱：《论磁山文化的特征与源流》，《河北学刊》1995 年第 4 期。

31. 邓小南：《关于"泥马渡康王"》，《北京大学学报》（哲学社会科学版）1995 年第 6 期。

32. 木易：《白族本主崔君考》，《云南民族学院学报》（哲学社会科学版）1998 年第 1 期。

33. 沈志忠：《我国原始农业的发展阶段》，《中国农史》2000 年第 2 期。

34. 王颋：《宋、元代神灵"崔府君"及其演化》，《社会科学》

2007 年第 3 期。

35. 田建飞：《河北井陉县常坪村的古戏楼》，《中华戏曲》2008 年第 2 期。

36. 杨金廷、张润泽：《赵简子、赵襄子的东进战略与滏口陉》，《光明日报》2009 年 8 月 4 日第 12 版，《史学》。

37. 刘芬芬：《涉县娲皇宫庙会与古上巳之遗风》，《寻根》2011 年第 2 期。

38. 孙家洲：《从内黄三杨庄聚落遗址看汉代农村民居形式的多样性》，《中国人民大学学报》2011 年第 1 期。

39. 张祖群：《"太行八陉"线路文化遗产特质分析》，《学园》2012 年第 6 期。

40. 韩海山：《唐尧故里在河北唐县》，《唐尧文化研究文集》，华夏出版社 2012 年版。

41. 井陉县文物保护管理所：《井陉柿庄宋墓群发现唐代纪年墓》，《文物春秋》2013 年第 6 期。

42. 宋燕鹏、王晨：《宋元时期长子崔府君信仰的嬗变》，《山西档案》2013 年第 2 期。

43. 常玉荣：《河北涉县地地区女娲信仰圈的形成》，《河北工程大学学报》（社会科学版）2015 年第 1 期。

44. 李梓等：《井陉 280 多株百岁古树"没户口"》，《燕赵晚报》2017 年 3 月 12 日，第 A03 版。

45. 张瑞谦：《投石互殴出人命乐此不疲数百年——井陉"打麻郎"：从血腥走向文明》，《河北农民报》2018 年 3 月 1 日，第 B6 版。

46. 黄金灿：《槐树历史文化意蕴趣谈》，《中华读书报》2018 年 5 月 16 日，第 15 版。

（三）学位论文

1. 傅俊：《南宋的村落世界》，博士学位论文，浙江大学，2009

年版。

2. 高伟:《武安阁的技术统计和保护》,硕士学位论文,河北师范大学,2010年。

3. 崔青凯:《石家庄古树名木资源调查及保护技术研究》,硕士学位论文,河北农业大学,2010年。

后　　记

　　这部小书是著者的一个自选题目，后来侥幸入选河北省教育厅社科基金重大招标项目。看似深思熟虑的项目计划书，到真正着手撰写时才领略到想把原先的构想转化成现实，其难度是如何之大！首先，"太行山东麓"是整个太行山以东包括低山丘陵和山前平原的一条长长的地带，涵盖河南、河北、北京两省一市，村落那么多，不可能一一平均着笔、面面俱到。其次，目前对古村落的研究是多个学科关注的热点，尤其是在当前各地政府都将发展旅游业当作经济转型的重要抓手时，古村落无一例外地都被当作属地的重要旅游资源，加以开发；也因此关于古村落的各种各样的宣传册，或打着所谓的"保护性开发"旗子的献策书，在市场上十分风行。如何避免趋同，也是著者深感头痛的问题。

　　本书的选题属于基础研究，著者本心上还是想把它作为一个学术问题来关注。著者自入行以来，一直在做乡村史的研究，尤其在古代国家与乡村社会方面着力颇多。如此10多年来，逐渐从开始时的无所畏惧，到现在常常是谨小慎微。一方面可能是随着了解的深入，未知的领域是越来越多，因此不敢轻易断言了；另一方面也不否认，总想与众不同、不想所谓的随波逐流，但事实是这变成懒惰的借口。

　　好在还有课题的时限逼迫，还有主管部门的催促。只好千方百计地压制自己的惰性，搅尽脑汁，以还债的心态，才非常费劲地挤出这些许文字。跟原先的课题设计相比，在纵向上拉长了时段，将太行山东麓的古村落放在村落形成史的整体维度上；在横向上，将研究重心放在太行山东麓河北段，重点对滏口陉、井陉、蒲阴陉所在地域的村落形成史做了考察，并将井陉域内的古村落作为个案，对其域内古村落的历史文化做了较为详尽的总结与评析。这样的设计被强烈地打上了历史研究的烙印，充分发挥了著者史学工作者的优势——文献的运用与解读。从文献的运用看，这本小书是不折不扣的长时段研讨，所运用的史料跨度从唐宋一直到民国；这对仅从事唐宋史研究的著者而言，是一个非常大的挑战！但作为古村落，所谓的"古"既是历史，也是历史延续到现实的存在。因此，对其历史文化的考察，必须进行田野考察，对考察所得的历史文化内容，进行归类、整理、总结和分析，这已经涉及人类学专业的知识和技能，而著者对此完全是门外汉。因此，本书对古村落历史文化的调查与研究方面的外行性是难以避免的。

著者出生于农村，在村落中生长了近20年，在心理和行为习惯上已被深深地烙上了农村人的印迹。以前在村里时，因为过于熟悉，以致对其熟视无睹，并且反其道而行之，急切想加入"端公家饭碗"的队伍，拼尽全力摆脱了"庄户人"，离开了农村。工作以后也甚少回乡，儿时的村落逐渐成为一种记忆。近些年随着年龄的老大，旧时的人、旧时的事、旧时的生活环境、让旧时的村落常常在自己的心头萦绕。加之城市病的各种问题，反让自己怀念起旧时农村的好来。个人的研究方向也因此受到了影响，逐渐开始由乡村史转向更为具体的村落及村落社会史。

中国有句俗话叫"旁观者清"，因此在历史研究方面，为了让研究成果更具客观和公允，研究者常常将自己置于旁观者的位置。但中国还有句古话叫"事不关己，高高挂起"，用在历史研究上，对研究者而言，如果仅以"旁观"的姿态，因"事不关己"，不可避免会产生"高高挂起"的副作用，由此而得到的所谓"客观"和"公允"的认识，常常是没有温度的，有时甚至会背离人性和生活常识。如何让历史研究，除了追求客观与公允外，还要让其有温度，洋溢着人性的光辉，也是著者对学术研究的一种理想追求。

感谢河北省教育厅对本书选题立项的大力支持，感谢河北师范大学社科处处长韩来平教授对本书的关心与期盼，感谢邢铁老师和孙继民老师长期以来对我的关心与帮助，感谢史广峰博士对本书提供的资料支持，感谢中国社会科学出版社宋燕鹏编审对本书出版的大力支持！

脚下的路还很长，未来著者将一步一个脚印，朝着理想的方向，努力前行！

著者
2018 年 12 月 18 日